21世纪高职高专

Huizhan Cehua

会展策划

（第三版）

卢小金 编著

东北财经大学出版社
Dongbei University of Finance & Economics Press
大连

图书在版编目（CIP）数据

会展策划 / 卢小金编著. —3版. —大连：东北财经大学出版社，2016.8（2017.11重印）
（21世纪高职高专精品教材 · 会展专业）
ISBN 978-7-5654-2438-0

Ⅰ. 会… Ⅱ. 卢… Ⅲ. 展览会-策划-高等职业教育-教材
Ⅳ. G245

中国版本图书馆CIP数据核字（2016）第188175号

东北财经大学出版社出版
（大连市黑石礁尖山街217号 邮政编码 116025）
网 址：http://www.dufep.cn
读者信箱：dufep@dufe.edu.cn
大连图腾彩色印刷有限公司印刷 东北财经大学出版社发行

幅面尺寸：185mm×260mm 字数：310千字 印张：15.25 插页：1

2016年8月第3版 2017年11月第8次印刷

责任编辑：张旭凤 责任校对：齐 心
封面设计：冀贵收 版式设计：钟福建

定价：26.00元

教学支持 售后服务 联系电话：（0411）84710309

如有印装质量问题，请联系营销部：（0411）84710711

第三版前言

本书自2012年出版第二版以来，我国会展业的产业规模和经济效益继续保持持续快速的增长，同时在产业发展理念、经营模式、项目运作方式和技术创新等诸多方面都发生了很大的变化，中国在世界会展业中的地位也在不断上升。

当前，我国正处于经济转型升级的关键时期，正在由工业大国逐步转型为服务业大国，将形成服务业主导的经济结构。会展业作为现代服务业的重要组成部分，已经成为我国国民经济增长的新引擎。

为了使本书进一步反映会展业发展的最新情况，更加切合会展专业教学和行业人才培养的需要，编者在第二版的基础上再次进行了修订，对部分知识进行了更新或补充，使本书尽可能更全面地反映会展业的前沿信息和发展趋势。

由于能力所限，本书可能存在疏漏或不足之处，我们殷切地希望各位专家和行业人士对本书提出宝贵的改进意见，使它的编写能越来越完善、越来越适应高等职业教育的需要。

编　者

2016年7月

第二版前言

《会展策划》一书自2008年出版以来，得到了高职高专院校同仁的普遍好评。为了使本书与会展专业的教学改革、创新以及会展行业的发展保持同步，编者在第一版的基础上进行了修订。修订版进一步充实了大量的最新会展策划案例，对原版存在的某些知识空缺做了补充，汲取和借鉴了会展界学术发展研究的一些最新成果，并对书中的统计数据进行了更新，使修订后的教材具有更强的时代感。修订版对最后一章的会展策划文案做了较大篇幅的改动，修改后按照会展筹划阶段、会展运作阶段和会展结束阶段的顺序对相关策划文案写作进行了详细的介绍，使之更加完整实用。

会展策划的知识会随着产业的进步而更新发展，我们将继续对此给予密切关注并适时修订本教材。由于能力所限，本书可能存在疏漏或不足之处，我们殷切地希望专家学者对本书提出宝贵的改进意见，使本书的编写修订能越来越完善、越来越适应高职高专教育的需要。

编　者

2012年5月

第一版前言

我国市场经济的发展逐渐走向成熟，企业越来越多地需要利用会展这个平台向社会传达企业的信息、向消费者展示和推介它们的产品，现在会展业覆盖了经济的各个领域，成为各种经贸活动的桥梁。会展业已经成为我国第三产业一股重要的力量，它正受到人们的普遍关注而成为热门的产业。随着会展业的兴起，我国会展企业对会展人才的需求越来越大。在会展专业人才的知识构成中，会展策划是必不可少的基础知识。本书正是为满足会展人才建设的这方面需要而编写的。

会展策划是一项系统工程，在会展策划时要综合考虑很多因素，如政策法规、行业背景、旅游、交通通信、物流、营销、设计等，成功的策划必须将各种资源有效地整合利用。它从项目立项到项目实施以及最终的项目评估和修正，要涉及会展项目立项策划、会展实施方案策划、会展品牌策划、会展营销策划、会展项目管理策划等方面的内容。本书是根据会展策划的系统流程顺序进行编写的。第1章对会展策划的基本概况进行介绍，让学生对会展策划有一个基本认识；第2章讲述会展立项策划的过程；第3、4章分别就会议和展览实施方案策划进行介绍；第5章对会展策划过程中的品牌策划问题进行介绍；第6章是会展相关活动策划；第7章介绍会展营销策划，重点让学生学习掌握会展营销的战略战术策划；第8章是会展项目管理策划；第9章介绍会展策划中会使用到的文案知识，使学生能将头脑中的想法用文字语言表达出来，成为其他人能够理解的方案。

本书结合高职高专学生的特点，将会展策划的基本理论与实践应用结合起来，通过大量的案例分析和技能训练，让学生变抽象的理论为一般的实用性知识，通俗易懂，易于学习和掌握。

本书编写人员的具体分工如下：卢小金编写第1章、第7章，郝庆智编写第2章、第5章，黎春红编写第3章、第6章，唐颖编写第4章、第8章，陈扬扬编写第9章。全书由卢小金统稿。

本书在编写过程中，参考和引用了部分国内外相关的研究成果和著名网站的资料，在此谨向被引用了成果和相关资料的作者、网站表示诚挚的谢意。由于编写人员水平有限，本书如有不当之处，敬请广大读者批评指正。

编　者

2008年5月

目　录

第1章

会展策划概述

学习目标

在学习完本章之后，你应该能够：
了解会展策划的特点与作用；
明确会展策划的内涵；
熟知会展策划的内容和基本流程；
掌握会展策划的基本原则。

【引例】

第九届江苏省园艺博览会园内活动方案策划征集公告

为更好地演绎第九届江苏省园博会“水墨江南园林生活”的主题，增强园博会的人文关怀内涵和互动体验，进一步扩大本届园博会的知名度与美誉度，现面向全社会具备活动策划、组织、执行资质的各类文化、传媒公司公开征集第九届江苏省园博会开闭幕式及开园期间的花事园事整体活动方案。具体内容如下：

一、总体目标

全面展示苏州特色和吴地文化，在创意性和参与感上体现苏州太湖园博会的游览价值，并通过举办一系列游园活动以丰富游客的体验感，增加园博会可观、可游、可感的机会，打造一届具有深刻文化内涵和典型江南气质的园林园艺盛会。

二、策划内容

整体活动策划方案要充分结合园博会主题，活动策划应秉持富有创意、展示特点、成本可控、易于执行的要求，具体为：

1.第九届江苏省园博会开闭幕式创意策划方案。

2.园内活动策划方案：根据展园的空间布局和建筑风格进行整体规划和设计，合理利用或整合室内、室外的闲置空间资源组织开展的活动策划内容。

三、策划要求和具体策划内容

（一）总体要求

1. 活动主题突出，凸显本届园博会“一园江南梦”的概念，突出园林、生态、文化、生活等关键要素，提升园博会活动品牌；

2. 内容丰富，形式多样，载体新颖，打造综合性的游园体验活动，可通过举办如室内外演出、主题展览、亲子体验、互动参与、创意装置等多种形式的活动来丰富游园感受；

3. 策划系列活动方案，要求创意新颖，各子活动环节连贯性强、参与性广、具有可执行性，体现形式生动、立意深刻的特点。

（二）具体要求及策划内容

策划要求内容的完整性，方案的科学性、前瞻性、经济性和可操作性。具体要求见表1-1。

表1-1 **第九届江苏省园博会开闭幕式策划的具体要求及内容**

序列	项目	内容	具体说明
1	整体策划	市场分析	国内外节庆趋势分析、区域节庆竞合分析、主要品牌节庆策划与提升、主要品牌节庆执行实效分析，核心客群分析
		产品分析	落地项目产品分析：（1）资源深度梳理，包括文化特色、影响力挖掘；（2）产品竞争力分析，包括同类竞合分析、差异化表现分析
		项目定位	整体定位、目标市场、客群定位
		活动主题	围绕园博会“一园江南梦”的口号及“水墨江南，园林生活”的主题进行策划，塑造品牌影响力
		开闭幕式	创意文本（重点策划开幕启动环节及环境氛围，要求符合园博会绿色、集约、低碳的风格要求）
		创意活动	园内活动整体策划（活动总体布局、创意形式）
		招商策划	活动招商合作策划设想
2	创意设计	基础物料	专用海报、单页设计、专用易拉宝、水旗等设计示意
		现场氛围	主题形象及氛围包装设计示意
3	宣传设计	媒体选择	传统媒体、新兴媒体、拍客、微信、微博等
		策划内容	创意文本、新闻点营造、传播设想
4	执行策划	执行文案	形成各项策划案执行方案和经费概算

四、项目时间

第九届江苏省园艺博览会活动时间安排：2016年4月18日—5月18日，为期一个月。策划方也可根据实际活动要求，在开园前期做好相关前序活动，或在闭园后做好相关收尾工作。

五、应征须知

（一）应征资格和报名要求

1.独立法人资质；

2.对苏州和吴中的文化历史、现实发展有充分了解，具有节庆活动举办、主题公园活动策划及执行经验的公司或团队。

（二）报名时间

凡有意参加活动方案应征的策划单位请于2015年8月5日17：00前持报名资料及对应的原件到苏州市吴中区园博工作局（吴中区文曲路×××号）报名，主办方将同时提供有关策划资料。

（三）报名时需提供的资料

1.报名人有效身份证件及法人代表授权书；

2.企业法人营业执照副本及复印件；

3.类似节庆或主题活动策划组织实例一例。

以上所有资料复印件需加盖单位公章并装订成册。

六、策划成果提交时间

2015年8月25日17：00前。

七、工作程序安排

1.2015年8月25日17：00前，应征机构提交策划设计成果（需要专人送达，地址同上）。

2.主办单位组织对所有提交成果进行初审，征集文件达到要求和报名资料属实的合格策划机构方能提交评审。

3.主办单位组织方案评审，主办单位将通知合格设计机构到现场汇报设计成果，由专家评审委员会进行评审，确定征集名次。

八、奖励奖金

本次征集活动评选出入围方案三个，并按照得分高低确定第一、二、三名。具体奖励如下：

第一名：负责第九届江苏省园博会开闭幕式及园内活动总体方案策划及方案深化工作，形成第九届江苏省园博会开闭幕式方案及园内活动总体方案，方案策划及深化服务费用10万元。

第二名：奖金3万元。

第三名：奖金2万元。

九、相关事项

1.本次活动应征方案必须为原创作品，入围方案的著作权、使用权等归第九届江苏省园博会组委会所有，未入围方案不予退回。

2. 本次征集评选活动的最终解释权归第九届江苏省园博会组委会。

十、咨询和联系

地址：吴中区文曲路×××号

联系人：朱小姐

联系电话：0512-695×××××

资料来源：根据相关资料整理。

这一案例表明：会展项目的成功举办离不开策划。成功的会展策划，会产生强大的市场效应，并使会展项目准确地达到预期的效果，形成会展效应。

1.1　会展策划的内涵、特点与作用

会展是会议、展览、节事活动等集体性活动的总称，是指在一定的地域空间由多个人聚集在一起形成的定期或不定期的集体性的物质、文化、信息交流活动。它包括各种类型的会议、展览展销活动、体育竞技活动、各种节事活动等。如中国进出口商品交易会（广交会）、中国会展高峰论坛、上海世界博览会、奥运会、南宁国际民歌艺术节等都属于会展的范围。会展涉及信息、管理、经济、旅游、建筑设计、贸易、艺术等众多学科的知识，有很强的综合性。

1.1.1　会展策划的内涵

策划是指充分利用现有信息和资源，判断事物变化发展的趋势，全面构思、设计，选择合理、有效的方案，使之达到预期目标的活动。策划是一个综合性的系统工程，目标是起点，信息是基础，创意是核心。会展策划就是会展企业根据搜集和掌握的信息，对会展项目的立项、方案实施、品牌树立和推广、会展相关活动的开展、会展营销及会展管理进行总体部署和具有前瞻性规划的活动。会展策划是对会展活动的全过程进行全方位的设计并找出最佳解决方案，以实现企业开展会展活动的目标。

成功的会展活动源于成功的会展策划，成功的策划源于对社会资源的有效整合。会展策划是对相关社会资源整合的过程，是一个系统工程。因此，用系统的观念去认识资源，用系统的方法去分析整合资源，用系统的功能去实现资源的优化是会展成功策划的创造性思维原理之一。一般而言，会展策划系统包括策划者、策划对象、策划依据、策划方案和策划效果评估等要素。

1）策划者

这是会展策划的主体，其要负责会展的项目开发、市场调研、方案策划、销售方案制订和营运管理等相关活动控制，起到控制全局、把握全局的作用，策划者的素质高低直接影响策划的质量。

2）策划对象

策划对象是会展策划的客体，可以是某项整体会展活动，也可以是会展项目中的

某一个要素，如会展项目宣传、品牌设计等。

3）策划依据

策划依据既包括策划者的知识结构、专业信息储备，也包括会展项目的行业背景、政府政策法规、市场条件、企业本身的资源状况等，它是会展项目策划的基础。

4）策划方案

策划方案即策划者为实现会展策划目标，以文字或图片为载体，针对策划对象设计的一套策略、方法和步骤，是策划成果的展示，其目的是将策划思路与内容客观、清晰、生动地呈现出来，并高效地指导实践行动。

5）策划效果评估

会展策划方案实施以后，通过对会展项目实施过程的分析、评价及效果反馈，以检验会展项目活动是否取得了预期效果的行为，这是对策划方案实施的效果进行评估，为以后的会展项目策划提供参考。

1.1.2　会展策划的特点

会展策划具有以下特点：

1）目的性

会展策划是一项具有明确目的的活动，它是会展理论在会展活动中的具体应用。在进行会展策划时首先要明确会展活动应达到什么目的，如有的会展项目是以建立和维护展出者形象为目的，有的是以为参展商建立和巩固客户关系为目的等。目标设定是进行策划的首要任务，策划者应围绕目标进行方案设计。

2）系统性

会展策划是对整个项目的运筹规划，是一个系统的、综合的过程，不能只考虑某个方面的因素或实施某个方面的单一手段，在策划时要针对会展项目的各个方面、各个环节进行权衡，会展项目的市场调研、主题的确定、项目的营销、广告、公关、人员安排、管理等必须一起配套考虑、综合实施，这样才能得到最好的效果。

3）风险性

人们在决策时总希望选择达到目标的最佳途径，但是内外部环境是在不断变化的，许多因素是策划者无法预测和控制的，因此，会展策划产生的结果总是存在一定的不确定性。在进行会展策划时应尽可能将未来活动的不确定性及风险降到最低。

4）可行性

可行性是指会展策划方案在实施过程中要切实可行。会展策划方案必须经过围绕策划目标定位、实施方案、经济效益等方面的分析，论证其切实可行才能实施。这要求策划者对企业自身的实力、企业外部情况要充分了解并进行分析，对会展项目在执行过程中可能遇到的问题和障碍进行充分的考虑，并设计好应对的策略。

1.1.3 会展策划的作用

对于会展项目的组织者来说，会展策划是会展运作的核心环节，对于参加会展项目的客户来说，会展策划提供的是参与会展项目的具体计划。会展策划的作用主要体现在以下四点：

1）规范和统一企业的会展经营活动

会展策划方案是会展企业经营活动的框架和行动指南，为会展项目的执行提供总体的指导思想。它强调的是企业整体行动，各部门都要在方案的指导下统一行动，围绕企业制定的目标实施各项活动，做好各项工作。

2）提高资源的利用效率

对于企业来说，所拥有的资源是有限的，合理和高效地利用资源是提高企业效益、保证会展项目正常运转以及企业长远发展的重要保证。资源包括人力资源、资本、信息资源、时间资源等，好的会展策划方案通过对资源的合理调配、组合，充分挖掘各种资源的潜力，实现资源的充分利用。

3）减少企业的经营风险

"人无远虑，必有近忧"，会展企业在激烈的市场竞争中，由于内外部的环境不断变化，会遇到各种风险和威胁。会展企业在项目活动展开前进行的精心策划，可以帮助企业避开各种风险，实现企业的稳健发展。

4）增强企业的竞争能力

好的会展策划方案能够充分发挥企业的自身优势，利用一切可以利用的条件和机会，最大限度地保持企业的主动性，增强企业的竞争能力，从而增加企业在市场竞争中达到预期目标的机会。

● 1.2 会展策划的基本原则

会展企业在进行项目策划时要遵循市场经济运行的客观规律和会展活动的基本原则。会展策划的基本原则有：利益主导原则、整体规划原则、可操作性原则、创新性原则、规范性原则。

1.2.1 利益主导原则

会展企业要获得可持续发展，每一个项目的推出都应实现某种预期的目标利益，企业在策划时应该考虑的利益包括：

1）会展企业自身的利益

会展企业对每一个会展项目都要在人、财、物、时间等方面进行投入，这些投入都希望获得报酬。所有会展策划都是从企业的利益出发而开展的，策划任何项目都要在考虑使企业尽量实现"投入-产出"的最大化的基础上进行，能否保证会展企业自身利益的实现是衡量一项策划是否成功的主要指标。企业的利益包括长远利益和短期利益，在策划时应合理协调长远利益和短期利益的关系，保证企业健康持续发展。

2）目标客户的利益

会展企业的目标客户是会展企业生存发展的根本。只有满足客户的要求，为客户实现价值，企业自身的利益才能得以实现。因此在进行会展项目策划时，要充分考虑到客户希望获得哪些利益，并为此进行合理的设计安排。比如一项展览策划，就是要通过策划，为参展企业提供使其在参展中获益的方案，包括展位的设计、展品的摆放、广告的投放、专业观众的来源、参展商的贸易机会等。一项理想的会展策划应该是一项实现客户和企业自身利益的双赢的策划。

1.2.2　整体规划原则

会展策划是一项系统工程，它要将相关联的事物联系起来并进行整合，再围绕企业的整体目标展开。一场成功的会展项目的举行，从展前的准备到展后的评估，包括会议场地的选择、食宿安排、出席者邀请函的设计和分发、会展期间的组织与管理，所有这些事项都是会展的组成部分。为保证会展的成功举行，策划者要对每一项工作进行统筹安排，在有限的时间内用最有效的方式进行计划和协调。企业的策划是为企业的整体目标服务的，虽然有时在对某个细分目标进行策划时会有所侧重，但局部工作应服从整体目标，以整体目标的实现为重。

1.2.3　可操作性原则

会展项目策划不但要为会展活动提供策略指导，而且要为它们提供具体的行动计划，使会展活动能够在总体策略的指导下顺利进行。会展项目的实施是会展项目策划的直接目的，会展项目的策划应该有充分的可操作性。会展项目的可操作性原则上要求在做项目策划案时，要结合市场的客观实际情况，以及会展企业的具体情况、实施能力进行。否则，再好的策划创意都将失去意义。

1.2.4　创新性原则

创新是会展企业得以发展的动力，是会展项目赖以生存和发展的主要手段。会展策划的创新就是在进行策划设计时不要拘泥于现状，应源于现状而高于现状，立足现在而着眼于未来，运用超前的创意设计出新颖而又可行的行动方案，达到出奇制胜的效果。会展策划的创新主要表现在：会展理念的创新、目标的选择与决策创新、组织与管理的创新、会展设计的创新。

1.2.5　规范性原则

会展策划的规范性原则要求：首先，必须遵守法律的原则，在不违反法律法规的前提下开展览会展策划。我国会展方面的法规主要包括国务院颁布的行政法规和其他一些规范性文件，如《中国加入世界贸易组织服务贸易谈判中关于展示和展览服务中的承诺和减让》以及国家工商行政管理局发布的《商品展销会管理办法》《展览会的章程与海关对展览品的监管办法》等。其次，必须遵循伦理道德的原则，在不违背人们的价值观念、宗教信仰、风俗习惯等条件下进行策划。另外，会展策划还必须遵循行业规范，做到管理规范、程序合理、操作有方、竞争有序。

● 1.3 会展策划的内容和基本流程

1.3.1 会展策划的内容

会展策划是一项综合性的工程，它所涉及的内容包括：会展项目立项策划、会展实施方案策划、会展品牌策划、会展营销策划、会展项目管理策划等。

1）会展项目立项策划

在会展策划工作中，会展企业首先面临的问题就是必须确定举办什么样的会展项目以实现自身的经营目标。会展立项策划是举办会展项目的第一步。在进行项目立项策划时，会展企业对即将要举办的项目进行广泛的市场调查，充分掌握各种市场信息和相关产业信息，了解相关法律法规。在此基础上，通过采用“新立题材、分列题材、拓展题材、合并题材”中的一种方法或几种方法的综合形式进行会展项目题材的选定。最后建立起会展项目的基本框架，提出举办会展项目的初步规划，包括会展项目的名称、举办会展项目的机构、会展项目适用范围、会展项目的开办时间、会展项目的规模、会展项目的定位、招展招商计划、现场管理计划、相关活动计划等，并利用现有的信息采用科学的分析方法对该会展项目的市场发展前景作出初步预测。

2）会展实施方案策划

会展的实施是会展活动的中心环节，也是会展策划的重心。举办一个会展项目需要多方面进行配合，也需要对多方面进行协调。为此，会展项目的组织者需要制订一系列的具体实施方案来保证会展项目的成功。例如，一项展览会的实施方案包括指定展位承建商、展品运输代理商和展览会旅游代理，制订展览会接待方案，编制参展商手册，建立展览会网站，具体安排广告宣传工作、招展工作、会展设计工作及会展相关活动等。这些实施方案可以分为三大类：展览会支持性方案、现场管理方案和招展招商方案。

3）会展品牌策划

品牌作为现代市场竞争的重要手段之一，其地位越来越突出。有优秀品牌的会展项目在会展业中具有无可比拟的优势，它是会展企业面对瞬息万变的市场环境而能立于不败之地的重要保证。例如，每年举办的广交会，由于其强大的品牌号召力，每年的展位都供不应求，前来参加的专业观众络绎不绝。因此，通过各种有效的途径来树立会展项目的品牌形象，是会展策划的一个至关重要的组成部分。企业在策划时，应就会展项目进行品牌定位，制定树立品牌的基本策略和品牌宣传与推广的措施，通过树立品牌形象吸引目标客户，建立企业的核心竞争能力。

【知识链接1-1】

如何建立博览会品牌

专家提出，建立博览会品牌需要采取以下五个步骤：

第一，通过大量的、科学的专业市场调研分析，建立博览会的核心价值、定位以及一个动态的客源预测体系。

第二，确立博览会品牌形象，建立博览会品牌金字塔和品牌体系结构。

第三，启动并引入品牌并进行广泛的视觉形象传播。应研究全国各地公众与企业的特性，设计区域性的传播与推广方式。

第四，借助于现代传媒和各种营销载体，进行及时、有效、多元、广泛的宣传，将博览会主题、丰富多彩的内容、多样性的价格和个性化的服务进行广泛推介。

第五，对博览会品牌活动的实施进行监测和评估，对出现问题的原因进行深刻剖析，找到改进的关键因素。

资料来源　刘登义.打造有超强竞争力、基业长青的博览会品牌［EB/OL］.［2016-03-16］. http：//www.caexpo.org/gb/aboutcaexpo/caexponews/t20080401_78579.html.

4）会展营销策划

会展营销策划极为重要，它不仅是提高会展企业营销效率的重要途径，也是贯彻企业营销理念的重要一步。通过营销策划过程，企业可以系统地整理自己的想法，科学地选择营销方法和步骤，高效率地将会展的产品或服务推向目标市场。会展营销策划包括营销战术策划和营销战略策划两个部分。营销战术策划主要包括会展产品策划、价格策划、销售渠道策划、促销策划、服务策划等内容。营销战略策划主要包括寻找会展企业的市场营销机会、选择目标市场、市场定位策划、企业发展战略策划、企业竞争战略策划等内容。

5）会展项目管理策划

会展项目管理，就是会展项目的管理者在有限的资源约束下，运用系统的观点、方法和理论，对会展项目涉及的全部工作进行有效的管理，即从项目的投资决策开始到项目结束的全过程进行计划、组织、指挥、协调、控制和评价，以保证项目目标的实现。会展项目管理是保证会展企业能够按时在预算范围内完成其目标的重要工作，它能有效地控制、解决会展项目实施过程中出现的跨领域、跨部门的复杂问题，提高会展企业的运营效率。会展项目管理策划包括会展服务与现场管理策划、会展物流管理策划、会展沟通管理策划、会展危机管理策划。

1.3.2　会展策划的基本流程

1）成立策划工作小组

会展策划工作复杂，涉及面广，需要集合各部门的人才分头负责，集体决策，所以要成立会展项目策划工作小组。会展策划工作小组组成人员包括：

①策划主管。策划主管负责沟通、协调各策划人员之间的工作，全权负责策划方案的制订或修订。

②策划人员。策划人员负责拟订会展项目计划。

③文案撰写人员。文案撰写人员负责撰写各类会展文案，包括会展常用文书、会展业务社交文书、会展业务推介文书、会展业务合同文书等。

④美术设计人员。美术设计人员负责各种类型视觉形象的设计，包括广告设计、展示空间设计等。

⑤市场调查人员。市场调查人员负责进行市场调查及提交市场调查报告。

⑥媒体联络人员。媒体联络人员负责进行媒体宣传推广。

2）进行市场调查与分析

会展市场调查与分析是会展策划的基础，它是以科学的方法，有系统、有计划、有组织地收集、记录、整理和分析与会展相关的各种信息，从而为会展项目的确立和会展方案的设计提供有科学依据的活动。只有在全面收集有关会展信息，并加以科学分析的基础上确立的会展策划，才能确保其总体目标的实现。在进行市场调查时，不仅要考虑本地区的优势和主导产业，还要考虑重点发展中的行业、政府扶持的行业等。

会展市场调查与分析的内容十分广泛，主要包括以下五个方面：①产业环境；②目标市场；③政策法规；④同类会展；⑤自身资源。

【案例分析1-1】

展览会招商市场分析报告

1.整体综述

本次市场调研主要选取市场：义乌商贸城、和平市场、宏远市场、文化路山货市场、崤山路酒水市场、桥头汽车城；涵盖产业：服装鞋帽、农产品、小商品批发、山货、糖酒饮料、家用汽车及汽车装饰用品等。

通过市场调研，商户普遍反映今年销售较往年差，尤其对往年春节前刺激较大的产业，如服装、鞋帽、农产品、山货及酒类商品受整体政策及社会环境影响，销售同期大不如往年。同时，市内商户普遍对展览会兴趣不浓厚。

2.近期展览会

10月1日—5日	三门峡日报社举办汽车展	三门峡体育馆
11月15日—23日	2013冬季毛皮服饰展	华创前广场空地
12月1日—15日	全国品牌服装巡回展	三门峡体育馆
1月18日—24日	第四届全国年货展销会	文博城

3.区域市场分析

3.1 区域情况分析

本案地处三门峡市中心区域，位于和平路与大岭路交汇处，交通便利，周围常住人口较多，直接辐射主要居住小区：棉纺厂家属院、量仪厂家属院、梁家渠村、水文局家属院、豫西师范家属院、康乐小区、华盛御景、公园九号、华创国际、壹号城邦等众多居民小区。周边拥有商场及超市：千禧超市中心店、华润万家、时代百货、大张百货、丹尼斯百货、丹尼斯超市、建业步行街等，毗邻核心商圈。

3.2 周边环境分析

居住人群分析见表1-2。

表1-2　**居住人群分析**

所处小区	居住人群	消费能力
棉纺厂家属院、量仪厂家属院	普通工人、周边小商贩租赁	低端市场，平价打折商品
梁家渠村	本地村民、外来临时人口租赁	低端市场，平价打折商品
水文局家属院、豫西师范家属院	原有水文局、豫西师范退休员工居多	中、低端市场，有消费能力，但多半年龄较大，消费较少
康乐小区、华盛御景	商品住宅	中、低端市场，少量高端市场，一般事业稳定，有较强消费能力
公园九号、华创国际	商品住宅	中端市场，少量高端市场，多为年轻人群，有较强消费能力，
壹号城邦	商品住宅	高端市场，部分中端市场，消费能力很强

靠近居民区，有很大的潜在消费群体，但是本案周围直接受众群体为公园路市场辐射群体，普遍消费能力较弱，而且本案场地在市民印象中长期为工厂厂房，大众意识定位比较浅薄，严重影响日后招商品质。

3.3　分类市场分析

分类市场分析见表1-3。

表1-3　**分类市场分析**

类型	名称	消费群体	消费情况
超市	千禧超市中心店	中低端市场，偏重低端	人流众多，多为周边居住人口，消费情况一般
超市	华润万家	中低端市场，偏重中端	人流巨大，位处核心商圈，消费情况较好
百货	时代百货	中高端市场	人流一般，位处核心商圈，消费情况较差
百货	大张百货	中低端市场，偏重低端	人流巨大，位处核心商圈，消费情况很好
百货	丹尼斯百货	中高端市场，偏重高端	人流一般，位处核心商圈，消费情况较差
超市	丹尼斯超市	中高端市场	人流巨大，位处核心商圈，消费情况好
购物街	建业步行街	中低端市场	人流一般，位处核心商圈，消费情况一般

整体来说，本案靠近核心商圈，对提升本场地有很好的推动作用，而且也可以适当分流中心区域的人流，比较适合于中端偏向低端的市场定位。

随机调查人群对展览会销售看法问题汇总如下：

只关心专业市场，不关心展览会　　约占65%

会购买，但要有明显价格差异才会购买　　约占96%

无所谓展览会不展览会的　　约占26%（年轻人居多）

本案位置搞展览会可能与否　　约占98%不看好

4．周边市场分析

周边市场分析见表1-4。

表1-4　**周边市场分析**

名称	调查所属行业	调查数量	反映主要问题
义乌商贸城（多低端批零商铺，现在租金优惠1年2 000元，多为夫妻小店）	服装、车饰、家饰	服装13家；车饰5家；家饰5家	人手不足，双节期间义乌商贸城举办大型促销；对本次展位费感觉较贵
和平市场（低端农贸菜市场）	蔬菜、农副产品	8家	租金太贵；人流没有成熟市场人多
宏远市场（低端批零市场，种类繁杂，管理不规范，靠近居民区，有成熟的消费市场）	日杂批零	16家（涵盖日杂及酒水饮料）	租金较贵；考虑到人流可能没有宏远市场量大
文化路山货市场（门店较大，资金承受能力强，但今年销售不景气）	土特产	18家	销售不景气，不愿做展销；对展览会市场相对麻木
峭山路酒水市场	酒水、饮料	一般门店12家	销售不好；对展览会相对麻木
峭山路酒水市场	酒水、饮料	大店7家	认为我们所提供的展览会档次不符合其品牌定位
桥头汽车城	汽车销售	12家	汽车展销用地大，租金较贵

我们走访的市场基本覆盖了符合本次展览会要求的所有行业的固定市场商家，总计走访样本96家店面，由于今年市场销量下滑，以及近年来市区展览会举办频繁，众多商家对展览会持观望态度。多数（83家，约占86%）商家对展览会所能产生的实际效果持怀疑态度，近年来展览会众多，但参展多为外地商户，本地商户参展较少。

商户由于今年销售量下降，部分商户（26家，约占27%）希望能有一个较好的销售场所进行年底冲量销售，但对于本案所处地段并不看好。

商户普遍（91家，约占95%）希望能有一场拥有一定规模的展览会带动自己经营产品的销售，但是对于本案设计展位费难以承受，只有5家表示能接受展位费，意向中能接受价位为80元～160元每平米（24家，约占25%）。

5．竞争分析

本案所处同时间展览会竞争对手分析见表 1-5。

表 1-5　**同时间展览会竞争对手分析**

对比项目	文博城年货展销会	本案	优劣对比
时间	1 月 18 日—24 日	1 月 12 日—27 日	优
地点	文博城	和平路与大岭路交汇处	优
公共交通	略低（如有政策导向另计）	拥有较多公交线路	优
周边人口	较少	较密集	优
消费设定	中低端年货消费	中低端年货消费	等同
展商资源	全国展商	主要面对市内展商	劣
政策扶植	政府支持，形象工程	自筹自办	劣
知名度 / 美誉度	拥有市内较高知名度	无知名度	劣
服务水平	多年经验，服务详尽	无经验	劣
宣传力度	宣传力度大	暂无	劣
百姓认可度	略低（商品质量差，价格一般）	暂无	劣

总体来说，我们与文博城展览会相比较有一定优势，但是劣势更加明显，主要集中在我们缺乏政府支持、展商资源和知名度三方面。就目前来说，招商难度较大。

6．分析结果

综上所述，此次市场调研我们得出结论：建议放弃同时举办年货展销会，转而进行专属商品特卖会。同时，针对本案后期招商方案及策略，我们给出以下几点建议：

（1）招商方案建议：建议适当投入广告宣传，树立自己的知名度、便于展商工作开展；

（2）招商实施过程建议：需配备展商相应工具，如统一的招商名片、招商折页等工具；

（3）招商媒体投放策略建议：建议开发沿厂临主干路、临街和市区内主要公交站广告位及小区内电梯广告位。

资料来源　佚名.展览会招商市场分析报告［EB/OL］.［2016-03-20］.http：//wenku.baidu.com/.

分析提示：通过现场调查法对市场情况进行客观分析，是常用的一种市场调查分析方法。这种方法获得的数据资料最为真实可靠并具有较强的时效性，具有很高的参考价值，为企业策划决策提供有力的依据。

3）制订会展项目的行动方案

会展项目的开展需要制订一个统筹兼顾的方案，要选择合适的举办时间，各项会展活动在时间和空间上也要做到相互搭配。

（1）使方案具体化

会展策划方案的思路和架构建立以后，应形成一个可供操作的具体措施，并要明确如下内容：会展项目的目标、实现会展项目目标的环境、会展项目营销战略战术、会展相关活动的开展、会展策划方案的效果与评估、会展策划方案实施的附加条件。任何一个会展策划方案都会受到人力、财力、时间的限制，应实事求是地分析方案的可行性。在制订方案时，应征询各部门的意见，与各方进行沟通、协调，争取得到各部门的支持，使策划方案能成功实施。

（2）设计行动日程表

会展对时间的要求十分严格。举办会展的时间一旦确定就很难更改。因此，会展项目的行动日程必须要精心设计，策划方案的制作和实施不能拖延，每个环节的开始和结束都应该有明确的时间，这样才能保证方案的实施能够按时按质进行，否则就会严重影响会展的成功举行，甚至最终导致会展的失败。

4）制订预算方案

开展会展项目，涉及资金的调度和使用以及项目收支结算。企业对项目的收支、盈亏要有初步的预算，以便进行财务管理。在制订策划方案时，必须要考虑企业的资金状况，资金的使用安排要合理。良好的财务管理和预算控制是筹办会展最重要的因素之一，如果预算安排得当，可以起到增加收益、提高效益的作用。在制订预算时必须做到有计划、有步骤，不断更新信息。

会展项目预算成本费用一般包括：

（1）场地费用，主要是指展览场地或会议场地的租金、场地装备费用等。

（2）行政管理费用，包括公司行政管理人员的工资、行政办公费用等。

（3）宣传推广费用，包括广告宣传费用、资料设计和印刷费用、资料邮寄费用、新闻发布会费用等。

（4）招展和招商费用，如代理费、佣金等。

（5）相关活动经费，包括技术交流会、研讨会、纪念品、酒会、接待费用等。

（6）其他不可预测费用。

举办一项会展项目的收入一般包括：

（1）会务费或展位费收入。

（2）门票收入。

（3）企业赞助收入。

（4）其他收入。

【案例分析1-2】

2015某国际新能源技术论坛暨产品展览会经费预算

（一）专家往返交通费：

外宾：15 000元×15人=225 000.00元；

内宾：3 000元×50人=150 000.00元。

（二）住宿费：30 000.00元。

（三）餐费、茶歇、水果等：300人×150元/天×3天=135 000.00元。

（四）会议场租费、会标、代表证等：30 000.00元。

（五）展馆租费：2 000平方米×100元/展期×3天=200 000.00元。

展览布展标展：20个×2 000元=40 000.00元。

特装：4个×20 000元=80 000.00元。

开幕式主席台背景：7米×4.5米=15 000.00元。

鲜花：200盆×50元=10 000.00元。

气球：50个×200元/天×3天=30 000.00元。

拱门：10个×600元/天×3天=18 000.00元。

条幅：100条×60元=6 000.00元。

地毯：3 000平方米×15元=45 000.00元。

图片展板：40个×120元=4 800.00元。

引导牌、警戒线等：2 000.00元。

（六）礼仪服务：10人×400元/天×3天=12 000.00元。

保安：20人×200元×3天=12 000.00元。

保洁：10人×200元×3天=6 000.00元。

电工：2人×200元×3天=1 200.00元。

（七）河西太阳能电站、风电场考察租车：20 000元。

（八）宣传费用：20 000.00元。

（九）会刊：100 000元。

（十）不可预见费用：100 000.00元。

以上项目合计：1 315 200.00元。

资料来源　佚名.2015甘肃国际新能源技术论坛暨产品展览会方案［EB/OL］.［2016-04-24］. http://wxphp.com/wxd_6epr87l1dj9acj39pw6p_2.html.

分析提示：这是2015甘肃国际新能源技术论坛暨产品展览会的经费预算方案。制定预算方案是会展策划不可缺少的环节，合理的经费预算不仅能使会展项目获得理想的经济效益，也是会展实施过程中进行成本控制的主要依据。

5）撰写项目策划方案

撰写项目策划方案就是将会展策划的最终成果整理成书面材料，即策划书，也叫企划案。其主体部分包括现状或背景介绍、分析、目标、战略、战术或行动方案、效益预测、控制和应急措施，各部分的内容可因具体要求不同而详略程度不一。广义的会展项目策划方案可以涵盖经市场调查而产生的可行性研究报告、项目意向书、项目建议书以及广告策划书、宣传手册等，包括围绕某次会展的展前、展中、展后所有的策划文案。

会展策划书是表现和传送会展策划内容的载体，一方面是会展策划活动的主要成果，另一方面也是企业开展会展活动的行动计划。它的作用主要有：第一，帮助会展策划人员整理信息，全面、系统地思考企业面临的各种问题；第二，帮助会展策划人员根据企业内外部环境找出企业开展览会展活动存在的问题，为企业寻找解决问题的方法及其依据；第三，帮助会展策划人员与企业决策者进行沟通；第四，帮助企业决策者判断会展方案的可行性；第五，帮助企业管理者更有效地实施会展管理活动。

6）评估与修正

会展策划的评估与修正主要包括项目考评、阶段考评、最终考评和反馈改进等内容。

（1）项目考评。会展策划的实施一般是分项目一步一步进行的。因此，每一个项目完成以后都要对项目和整个会展策划案进行回顾，以判断项目的完成情况，及时发现和解决问题。当项目完成不理想时，会展策划人员与会展管理者要找出原因和解决对策，必要时，还要对整个会展策划方案做出调整。

（2）阶段考核。阶段考核一般在一个标志性的项目完成以后进行。例如，一个会展企业分三阶段进行会展营销渠道网络的建设：第一，在本省布点；第二，在周边省区布点；第三，在全国各大区布点，其中又分很多小的项目。当本省布点完成以后（标志着第一阶段工作完成），会展策划人员与管理者需要对第一阶段的工作进行回顾和总结。这样做可以防止会展策划在实施中出现大的偏差。

（3）最终考评。最终考评就是对会展策划实施的结果进行分析，看会展策划的期望值与实际结果是否有差异。若发现较大的差异，必须作一些重点研究，比如分析差异产生的原因，找出实施存在的问题和改进点，总结出对下次会展策划立案及实施有益的教训、启示和创意等。一般而言，会展策划者应将会展策划实施结果的研究、分析做成会展策划结案报告书，提供给上级或委托方，其中重点是预测与结果的差异分析。

（4）反馈改进。对会展策划人员来说，会展策划实施得到结果并不标志着策划的结束。结果出来后，会展策划者还必须对会展策划经过和结果做充分的分析、检讨，从中找出经验、问题和教训，并将其有效地反映在下一次会展策划中。

【情景模拟1-1】

场景：某展览公司要举办一个车展，假如你是这个项目的策划经理，试组织你的团队拟订这个展览会的策划方案。

操作：

（1）以小组为单位，每组各设一名小组长担任策划经理，负责组织项目成员开展工作。

（2）根据本章所学知识设计策划方案，把方案制作成PPT。

（3）各项目分别派一名代表在课堂上陈述方案，并接受老师和同学们的提问。

（4）教师对各项目组的方案进行点评。

知识掌握

1.会展策划的特点有哪些？

2.会展策划应坚持哪些基本原则？

3.简述会展策划的基本程序。

知识应用

□ 案例分析

2015中国（大连）国际服装纺织品博览会总体方案

中国（大连）国际服装纺织品博览会（以下简称“大连服博会”）是经国务院批准的国家级专业展览会，是展示大连为东北亚时尚之都的重要舞台。

2015中国（大连）国际服装纺织品博览会将以全新的理念，进行资源整合，实现跨界合作，成为宣传大连设计师、品牌、产业发展特色，弘扬大连城市形象和文化品位的重要载体。将把传统的服装纺织产业与传统的商业渠道模式和外贸模式进行转型升级，引入“互联网+”。本届服博会由国家商务部和大连市人民政府共同主办。形成政府搭台引导、行业组织参与指导、市场化运作主导的新模式。

一、服博会概况

（一）服博会名称

2015中国（大连）国际服装纺织品博览会暨“互联网+”服装纺织新趋势峰会

（二）服博会主题

“云裳大连”

（三）举办时间

2015年9月19日—22日

（四）举办地点

大连世界博览广场、大连星海会展中心

（五）组织机构

主办单位

中华人民共和国商务部、大连市人民政府

特别支持单位

中国纺织工业联合会

协办单位

中国国际贸易促进委员会、中国商业联合会、香港贸易发展局、大连金普新区管理委员会

支持单位

中国服装协会、中国服装设计师协会、中国国际贸易促进委员会纺织行业分会、中国纺织工业联合会产业集群办公室、辽宁省经济和信息化委员会

承办单位

中国（大连）国际服装纺织品博览会办公室（大连市经济和信息化委员会）、中国纺织品进出口商会、辽宁省纺织行业协会、辽宁省服装协会、大连市服装纺织协会

（六）服博会规模

2015大连服博会展览面积为5万平方米，有1 500个标准展位。拟邀请国内外各类参展企业1 000家，其中海外展商占30%，国内自主品牌、产业集群区域品牌和大连地方企业展商占50%，纺织品和服饰配件等占20%。预计国内外专业观众将达到5万人次以上，海外观众占10%以上。

（七）服博会展览内容

1.展品类别

各类服装、纺织面辅料、服饰配件和设计师原创作品、电商展示。

2.展区设置

拟在世界博览广场A馆、B馆、C馆、F馆、G馆共设6个展区：

（1）各类服装（产业集群）展区：汇聚国内外众多知名服装品牌、集群区域品牌，引导服饰新潮流。

（2）纺织面辅料展区：汇聚国内外知名面辅料厂商，为服装纺织企业和设计师提供流行新潮的产品。

（3）国际流行趋势发布展区：结合大连时装周以动态展示参展商、设计师品牌以及国际国内和本地品牌，将服博会品牌发布与大连时装周融为一体。

（4）设计师展区：展示中外新锐设计师最新设计，为设计师与生产企业、商业企业、品牌策划公司、电商等搭建沟通平台。

（5）电商及前沿媒体展区：腾讯大辽网、中国方舟、阿里巴巴、京东商城、淘宝、磐聚网、聚美优品、当当网、唯品会、敦煌网、亚马逊、中国纺织报、中国服饰报等20余家电商和媒体展区。

（6）零售展区：在大连星海会展中心设品牌服装零售展区。

3.主要活动

（1）1场大赛、12场高级品牌时装展演及流行趋势发布会

本届服博会将举办“大连杯”青年服装设计师大赛和12场高级品牌展演及流行趋势发布会。

（2）在10大商场设分会场，举办市民服装嘉年华活动

届时将在大商、麦凯乐、新玛特、万达广场、友谊商城、天兴罗斯福、福佳新天地、和平广场、佳兆业广场、柏威年商场举办市民广泛参与的各类服装展演及特卖等服装嘉年华活动，吸引市民参与服博会的热情，为大连市民营造一场欢乐的服装嘉年

华活动，同时为参展企业做商业对接，搭建工商平台。

(3) 举办8场高峰论坛和6场专题推介会

高峰论坛：

DT时代与2025中国纺织服装制造高峰论坛；

互联网+毛皮产业的协同与创新论坛；

互联网+服装纺织业的新机遇；

互联网时代的纺织服装产业价值链国际高峰论坛；

“一带一路”的纺织服装机遇论坛；

品牌美学与文化；

中韩自贸协定下中韩时尚贸易趋势论坛；

2016，“互联网+”背景下时尚品牌的中国前景；

推介会：

大连服装纺织专场推介：全球梭织服装ODM基地暨大连普兰店中国西装名城、大连甘井子区辽宁省内衣名城、大连瓦房店中国家纺流苏名城、大连中山区时尚女装品牌聚集区、“走出去—大连在东南亚”等境外加工贸易优势推介；

大连金普新区、跨境电商、中韩自贸区服装纺织板块推介；

国内及辽宁省产业集群推介；

国际品牌推介。

(4) 安排3场大型专业对接会和本地大型商场专场对接会

其包括：全国重点百货零售商、代理商、买手与参展企业对接会；国际采购集团及买家与参展企业对接会；电子商务企业“互联网+”对接会；同时将为参展的海内外企业落地大连，举办大商、麦凯乐、新玛特、万达广场、友谊商城、佳兆业广场、天兴罗斯福、福佳新天地、西安路百盛、柏威年十大商场专项对接，延伸展览会的服务，扩大展览会的影响，满足参展商的需求。

(5) 举办大连服博会组织单位、参展企业评选以及颁奖大会

(6) 举办辽宁省服装大会

(7) 举办2015辽宁省服装制版师大赛暨第三届全国十佳服装制版师大赛颁奖典礼

(8) 民族文化活动

把中国民族文化和大连本地文化娱乐活动放在主展场外围进行表演，以休闲、娱乐、群众性气氛烘托、宣传服博会。

二、服博会定位和特点

(一) 服博会定位

1．“国际品牌进入中国的窗口和加工基地”；

2．“国内品牌走向世界的平台”；

3．“国际流行趋势及东北亚时尚潮流的风向标”；

4．“本地服装产业转型升级的助推器”。

（二）服博会特点

1．大连服装名城以全新面貌亮相

本届服博会大连服装纺织企业将以全球梭织服装设计制造基地面貌亮相，分成大连普兰店中国西装名城板块、大连瓦房店中国家纺流苏名城板块、大连甘井子区辽宁内衣名城板块、大连中山区时尚女装和设计师板块。

2．服博会以创新合作为生命力

以“互联网+”来促进跨界合作与创新，中国方舟（西姆集团）、腾讯、阿里巴巴等国际网站的引入，大商、万达、友谊商城的加盟，将为服博会带来新的活力，使展览会向“会”“厂”“商”“电商”结合的新趋势方向发展。

腾讯大辽网借助多平台的优势特点，同时整合腾讯其他13个地方站和腾讯网、腾讯视频、微信等网络资源，全面进行2015服博会全国性的宣传推广。通过网络平台拓展服博会时空，打造永不落幕的中国（大连）国际服装纺织品博览会。

3．引入知名品牌，突出国际化

本届大连服博会将在过去的海外展团基础上，增加“欧洲时尚区”“亚洲潮流区”，邀请法国、意大利、西班牙、德国和美国等30多个时尚品牌和商家；邀请韩国、日本等国家及中国港、澳、台地区的100个知名品牌和采购商参展和采购，使展览会既有卖家又有买家，促进展览会企业间的合作与交流。

本届服博会开幕首秀选择著名品牌“天使的秘密”开场演出，邀请了国际名模明星和维密中国天使参演，法国、意大利等顶级内衣品牌走秀，加入演唱歌手助阵，提高服博会国际化宣传的影响力。

4．引入产业集群亮相服博会

本届服博会邀请了中国纺织工业联合会产业集群办公室作为支持单位之一，将汇聚全国高水平服装产业集群亮相服博会，搭建全球服装纺织产业集群的跨区域合作，推进服装纺织产业集群的发展，打造区域品牌的市场竞争力。恒力集团组团从面料、品牌设计到采购商邀请等全方位参加本届服博会。

5．将大连时装周融入大连服博会，突显设计创新

大连时装周将与前来参展的时装秀融为一体，在Z28时尚硅谷和展览会现场设秀场，使展览会既有设计师的静态展，又有动态秀，既丰富时装周，又使参展企业有时尚感，将大连推向时尚的前沿，成为国际国内设计师的云集地。

6．重量级领军人物亮相大连服博会高峰论坛

本届大连服博会我们将邀请产业重量级领军人物和行业领袖级人物参加，着力打造引领产业发展的新趋势，市场流行的新潮流，使大连服博会成为时尚大鳄的聚会之地、时尚脉搏的跳动之地。

7．推介中韩自由贸易区等成为展览会新亮点

大连中韩自由贸易区的签约、国家级金普新区的成立、跨境电商的试点将成为本

届展览会互动的热点，促进传统服装纺织产业利用互联网科技，切实提高服博会的影响力，吸引参展企业的积极性。

8．启动服博会服装文化产业基地功能项目

中国（大连）国际服装纺织品博览会服装文化产业基地（大连皮尔蒙特服装文化创意产业园）占地规模61 766.80平方米，其中设立3 000平方米的常年展区，用于服装面料等展览展示。1 000平方米专用于服装走秀秀场。基地将引进海外品牌及设计师入驻加盟，强力打造集技术交流、面料展示、商务洽谈、服装走秀等功能于一体的服务功能型平台，真正实现“永不落幕的服装节”。

9．以设计师参展突出专业化

本届大连服博会举办期间，将集聚100余名国内外知名服装专业设计师莅临展览会，并在展览会期间加强交流学习，必将为大连建设成为东北亚服装设计中心奠定良好基础。

三、工作安排

（一）招展工作

1．做好海外组展工作，主要加强与欧洲、日韩、中国港澳台等国家和地区的招展，力争境外展位达到30%；

2．精心组织大连市服装企业、产业集群、设计师参展，提高本地品牌的参与度，拓宽本地服装企业的销售渠道；

3．邀请省内外服装生产重点区域的品牌企业和产业集群参展，加强与服装生产基地的合作与互动，提高国内品牌企业参展率；

4．加强与有关行业组织、有关服装纺织类展览会、服装纺织专业市场和产业集群地的交流与合作，吸引产业集群地区域品牌整体亮相和更多知名服装纺织品牌企业参展，优化参展结构，提高参展实效；

5．利用市政府境内外活动载体进行招展和招商宣传。

（二）招商工作

创新招商方式，增强针对性和实效性，充分发挥大连服博会的品牌优势，广邀国外100名、国内200名业内人士和专业买家参会，为参展企业创造更多更新的商机，努力实现参展商的效益最大化。

1．邀请行业内品牌、产业集群地主管部门和采购商、贸易商、电商、风投公司等参会；

2．积极利用广交会、香港时装周、韩国时装周、日本AFF展、法国PV展、意大利米兰女装展、意大利佛罗伦萨男装展、美国拉斯维加斯MAGIC展等专业展览会进行专业客商邀请工作；

3．通过我国驻外机构、重点国家（地区）的商会、服装协会及驻京、沪等地办事机构，商洽协助（合作）邀请外商；

4．动员我市驻外企业、参展企业、出访经贸团组等开展境外招商，特别是利用好市服装纺织协会每年组织的海外展做好招商工作；

5．赴上海、广东、福建、江苏、浙江、山东、湖北、河南及东三省等地区，吸引专业客商来连参加展览会；

6．加强与腾讯、淘宝网、京东商城、中国方舟等中介机构与网站的合作，邀请境内外专业买家来连参展与采购，同时进一步完善网上服博会，加大网上招商力度和服务功能。

（三）宣传推广工作

整合宣传资源，邀请展览会主办、协办、承办各单位和有关媒体协助宣传推广，全面提升大连服博会的知名度和影响力，吸引更多商家和专业买家来连参展。

1．传播目标

塑造服博会品牌形象，传播服博会创新思维，全面打通招商渠道，引导全民参与热情。

2．传播策略

采用行业媒体、时尚媒体、网络媒体等形式进行立体传播，传统媒体与互动媒体相结合，在海外70余家专业媒体上以重点标题及视频宣传片等进行宣传，形成持续的网络关注话题。开通服博会官方微博、微信，及时发布服博会信息，通过行业权威及专业微博群发布服博会微博、微信。

3．传播时间

宣传分前、中、后三期进行。6月下旬在大连召开2015大连服博会新闻发布会，8月上旬在北京召开大连服博会新闻发布会。前期将组织财经媒体、专业媒体、网络媒体、社会新闻及地方媒体记者团做专题采访，全面展示大连城市形象及服装纺织产业基础，在更大范围内宣传大连服装品牌及发展历程。同时，对展览会拟将举办的各项活动在权威媒体进行全方位宣传推广，吸引业内人士参与热情；展中将以动态新闻、专题策划、展览会花絮、评论、专访等形式，充分展现大连服博会重点、亮点；展后将对大连服博会参展企业效果进行跟踪报道。

4．传播亮点

在机场、车站、码头、地铁、主要街道和电视、报纸、网络等各种载体上全方位、不间断地宣传报道大连服装纺织企业和有关展览会信息。

四、工作时限

5月底，制订活动方案，全面启动2015大连服博会招展、招商和发布会等宣传活动；

6月下旬，召开大连新闻发布会；

7月底，完成市外及境外招展、招商新闻发布会，并与相关合作单位签署战略合作协议工作，完成展馆总体形象设计、现场广告、改装展位设计及施工招标等；

8月上旬，召开北京新闻发布会；

8月中旬，完成品牌展演与创意展示等活动的准备工作以及大连服博会相关经贸活动的筹备工作；

9月上旬，完成展务管理和来宾接待准备工作，召开大连服博会领导小组成员、联络员会议；

9月16日，特装、改装单位进场施工；

9月17日—18日，参展企业布展；

9月18日16：00，召开2015大连服博会组委会会议；

9月19日9：00，举办2015大连服博会开幕暨首秀仪式；

9月19日—22日，举办2015大连服博会各项活动；

10月底，完成2015大连服博会总结工作。

资料来源 佚名.2015中国（大连）国际服装纺织品博览会总体方案［EB/OL］.［2015-08-04］.http：//news.biz72.com/4080547.html.

问题：请分析这个策划案例，说说会展策划应注意哪些方面的事项。

分析提示：会展策划应坚持五项基本原则，使策划项目切实可行，并达到预期的目的。

□ 实践训练

联合学校学生会，在校内组织一次商品交易会，并邀请其他学校学生、老师以及有兴趣的商家一起参加。

第2章

会展项目立项策划

学习目标

在学习完本章之后，你应该能够：

了解会展市场调查与分析的内容、过程和方法；

明确会展目标的含义、种类和制订会展目标应注意的问题；

熟知会展题材和主题的含义、会展题材选择的依据和方法，确定会展主题的基本要求及会展主题的提炼方法；

掌握会展项目立项策划的主要内容及其策划要求。

【引例】

十年打造动漫全产业链展示平台

由国家文化部与上海市人民政府共同主办的动漫游戏行业展览会——第10届中国国际动漫游戏博览会（以下简称CCG EXPO）在上海世博展览馆开幕。本届展览会面积达4万平方米，汇集迪士尼、东方梦工厂、百事通、上海美影厂、孩之宝、盛大、万代等行业巨头，其中，海外展商展出面积超过四成。展览会设动画、漫画、衍生品、游戏、新媒体等板块，覆盖全产业链。据统计，首日观展人数达3.3万人次，较上年同比增长10%。

自2005年至今，CCG EXPO已走入第10个年头。作为中国动漫游戏会展的重要品牌，它见证了中国动漫游戏产业的兴起、发展以及走向繁荣的过程，更为推动中国动漫游戏产业起到了关键性作用。海内外知名企业都带来公司旗下重磅产品：上海东方明珠索乐文化发展有限公司带来PS4.PSV的中国首秀；东方梦工厂也将在现场揭幕世界最大的《驯龙高手2》主角“没牙仔”立像；而奥飞则携品牌赛事“凯能模型大赛”首度参展。

近年来，我国原创动漫呈跳跃式发展，凸显“原创力”是CCG EXPO的重头戏。武侠动漫《秦时明月》、网络热播动漫《十万个冷笑话》等一系列作品的走红，标志着国产动漫以创意为核心、向全年龄段辐射的发展走向。

CCG EXPO同样也是动漫迷的嘉年华。动漫迷最为期待的CCG MAX官方同人祭在世博展览馆2号馆首次亮相。六大主题展区集中呈现国内最具人气的个人、社团力作。此外，展览会还围绕“中国动漫未来十年展望”“新虚拟偶像经纪”等议题展开一系列论坛。

资料来源 黄启哲. 十年打造动漫全产业链展示平台［EB/OL］.［2014-07-11］.http：//news.163.com/14/0711/07/A0RU4T3I00014AED.html.

这一案例表明：巨大的产业潜力和市场需求使中国国际动漫游戏展览会得以不断发展，并且取得了良好的效益。可见，在会展策划工作中，会展企业首先面临的问题就是必须确定举办什么样的会展项目以实现自身的经营目标。这就需要在进行市场调查与分析的基础上，选定会展的题材，做好会展项目的立项策划。

● 2.1 市场调查与分析

会展市场调查与分析是会展策划的基础，也是必不可少的第一步。它是以科学的方法，有系统、有计划、有组织地收集、记录、整理和分析与会展相关的各种信息，从而为会展项目的确立和会展方案的设计提供科学依据的活动。只有在全面收集有关会展信息，并加以科学的概括分析的基础上确立的会展策划，才能确保实现其预期的效果。

2.1.1 市场调查与分析的内容

会展市场调查与分析的内容十分广泛，主要包括以下五个方面。

1）产业环境

一个会展活动可能会涉及一个或几个相关联的产业，所涉及产业规模的大小会直接影响到会展活动的规模。同时，搜集一个产业的相关信息，对于会展活动的主题选择、市场定位、战略管理甚至时间安排等都有重要的参考价值。

（1）产业规模。产业规模主要是指该产业的生产总值、销售总额、进出口总额和生产企业、经销商及从业人员数量等，这些信息是策划会展项目时需要参考的重要数据。例如，了解产业的生产总值和销售总额可以为预测会展的规模提供依据，而了解产业的生产企业、经销商及从业人员数量可以为预测展览会的参展商和专业观众数量提供参考。

（2）产业发展阶段。一般而言，一个产业的发展要经过投入、成长、成熟和衰退四个阶段。处在成长期和成熟期的产业比较适合举办会展项目，因为处于这一阶段的产业的企业数量多、利润空间大、竞争欲望强烈，并且会利用各种手段去扩大自己的市场占有份额。所以，企业会有较强的参展欲望。而处于投入期和衰退期的产业，由于企业数量少、市场容量小、营利性较差，较难举办会展项目。

（3）产业分布状况。产业分布状况主要是指该产业的产品的生产地和销售地的分布情况。了解产业的分布状况是制定展览会招展、招商和宣传推广策略的基础。每个产业都会有相对集中的产业带，这是按照其自身的发展规律，经过一定时间的发展自然形成的。一般来说，产业集中区域由于企业的数量和从业人员众多，是展览会招展、招商和宣传推广的重点区域。

（4）产品销售方式。产业的产品销售渠道模式及其成熟度对举办会展项目的影响较大。例如，某产业产品的批发渠道比较发达，大型批发市场较多，或者各企业的销售渠道已经自成体系，则在该产业内举办会展项目就会遇到很大的困难。另外，有些产业产品的订货和销售的季节性都很强，这些产业的会展项目应该结合产品订货和销售的季节性来确定举办时间。例如，国内家电行业有一个惯例，即大多数厂家和中间商都在每年的6月底确定下一年的销售或采购合同；此外，夏季即将来临时，市场对电冰箱、空调、冷柜等产品的需求量将会陡增。因此将家电类的展览会安排在6月份举办比较合适。

（5）产品形态。产品形态是指该产业的产品体积和重量等，这些信息对于会展场地的选择有着十分重要的参考意义。由于产品形态的差异，不同产业的会展项目对展馆室内高度、场地承重、展馆进出通道等方面的要求是不一样的。例如，重型机械设备展览会，由于展品庞大、沉重，就必须选择进出通道较宽、室内高度较高、地面承重量较大的展馆。

此外，在调查和分析产业环境时，还应该密切关注该产业的发展趋势、最新动态和热点话题等信息，这些信息对于策划会展项目的各种相关活动很有帮助。

2）目标市场

举办市场化的商业性会展，需要对目标市场信息进行全面的了解和深入的分析，并能在其基础上做出科学的应对决策。当策划一个新会展项目时，应回答三个问题：谁是我们的目标顾客?目标顾客有什么样的需求特点?市场需求量有多大?

对于会展项目而言，目标市场由潜在的与会者或参展商以及目标观众构成。

（1）与会者或参展商。应该了解和统计分析他们所关注的主题、可能会提出的要求、在某地区或某行业的影响力和辐射力等。展览项目的策划者可以向前几届举办者索取参展商信息，了解并分析这些公司的状况和在行业内的业绩表现，以及是否连续参展等信息，以估算本次展览的规模、成交额大小和参展商的特定要求等。

（2）目标观众。应该调查和分析目标观众的数量、行业构成、职务构成、地域构成等。通常目标观众的数量越多，会展的质量和效果就越好，因此观众可以算是决定会展项目质量的最重要因素之一。通过了解观众的总体规模、是否来自会展项目主办者所期望的行业、对订货的决策权和影响力有多少、来自哪些地区等情况，策划者大体能够得出现有环境和条件与会展质量的对应关系，从而为会展项目的决策提供依据。

3）政策法规

所有会展活动都不同程度地受到所在国家有关政策和法律法规的影响和约束。因此，了解国家的政策法规对于成功策划会展项目十分重要。

（1）产业政策。一个国家在不同的历史发展时期会制定不同的产业政策，根据国民经济健康、平稳发展的需要，采取鼓励、扶持、限制等政策来促进或限制某一个或几个产业的发展。如果会展项目所涉及产业属于国家鼓励和扶持的产业范畴，那么不仅在发展环境方面能够得到政府的支持，而且还会吸引众多踊跃参展的企业。

（2）产业发展规划。产业发展规划是指国家和地方政府对某一产业的发展所做的长远和宏观规划。这种规划在某种程度上决定着该产业在今后较长时期内的发展状况和发展趋势。一般来说，在政府规划的重点产业和优先发展产业中举办的会展项目更容易成功，并具有较为广阔的发展空间。

（3）市场准入法规。市场准入包括两个方面：一是国家对举办会展项目的企业或机构的资格的限定；二是对产业产品的销售、使用和生产等方面的市场准入规定，如对药品实行"特许经营"、对香烟和酒实行"专卖"等。前者对会展举办者能否举办会展项目产生直接的影响，后者则直接或间接地影响企业的参展意愿和参展行为。

（4）进出口政策和海关规定。货物进出口政策直接影响海外企业的参展意愿，是策划国际会展项目所必须要了解的内容。另外，我国对展览会参展商品的入关有着详细的规定，在举办国际性展览会时，还必须要详细地了解展品报关、监管和清关的手续与程序，以确保展览会的顺利举办。

（5）知识产权保护法规。展览会是参展企业发布和推介新产品较为理想的场所，很多企业利用参加展览会这一有利时机来展示和宣传自己的新产品与新设计。因此，如何保护参展展品的知识产权，维护参展企业的合法权益，是会展主办者必须面对的一个现实问题。

此外，由于会展活动牵涉面广，还会涉及诸如交通、消防、安全、卫生等有关法律法规。在策划会展项目时，对这些法律法规也要有所了解。

4）同类会展

在策划会展项目时，一定要对该产业中的现有同类会展的情况有所了解。一方面，可以为决定是否在该产业内举办会展提供决策依据；另一方面，也可以为在该产业中举办会展制定竞争策略提供参考。

（1）同类会展的数量和区域分布状况。一般而言，同类会展的数量越多，意味着客户资源争夺越激烈，对在该产业中策划举办的新会展就越不利；而同类会展的分布区域越分散，说明会展之间的竞争激烈程度越弱，对举办类似的新会展也越有利。

（2）同类会展之间的竞争态势。在策划新的会展项目时，会展组织者必须尽可能详细了解同类会展之间的竞争关系和它们竞争的激烈程度。

（3）同类重点会展的基本情况。所谓"重点会展"，是指那些规模和影响都较大、行业口碑较好，或者与计划举办的新会展项目有直接的竞争关系的会展。对于这些会展的基本信息，如会展定位、主办机构、举办时间、举办频率、举办地点、会展规模、参展企业数量及分布、观众数量和结构、展品范围等，应该予以全面、详细的了解。

5）自身资源

只有会展举办者自身的资源条件能够满足会展项目的要求，该项目才能成功举办。因此，策划会展项目时，还必须对会展举办者的自身资源进行调查和分析。

（1）资金实力。会展举办者是否有充足的资金支持所举办的会展项目。

（2）人力资源素质。项目团队成员的素质是否能达到会展项目的要求。在考虑人力资源的调配时，举办者要考察自身能否在短期内为各项工作配备充足的人员，以及自身是否具备选择和培训人员，使之具备相应的专业知识和技术的能力。

（3）管理能力。会展举办者是否具备举办会展项目的管理经验和水平。

此外，企业品牌形象、数据库信息、营销网络和社会关系等也是会展举办者自身资源的重要组成部分。

2.1.2 市场调查与分析的过程

会展市场调查与分析是一个有目的、科学和系统的活动过程，这一过程大致可分为以下六个环节。

1）确定调研目标

开展市场调研，首先要明确调研什么。在会展举办过程中，可能会遇到各式各样的市场问题，准确地界定这些问题是会展策划者面临的首要任务。因此，调研过程首先是认识问题，即明确开展调研究竟要解决什么问题。

2）制订调研设计计划

会展调研设计就是制订一个能够反映调研目标的要求并指导调研活动顺利进行的计划，其基本内容包括对调研目标的解释、拟定调研提纲、说明信息来源、选择调研对象、确定调研方法、安排调研进度以及制定经费预算等。调研计划的科学性至关重要，因为它是整个会展调研活动的纲领性文件和行动指南，所以这项任务的完成需要调研人员具备非凡的组织设计能力和创新能力。

3）搜集会展信息

在会展调研过程中，搜集信息是最难控制、最艰苦但却最终决定调研质量与结果的环节。会展信息的搜集方式主要有两种：文案研究和实地调研。前者搜集第二手资料，后者则搜集第一手情报。两种方式都有自身的优缺点和适用范围，调查者应根据具体情况进行选择。一般情况下，通过实地调研所获得的信息更具体、更准确、更有针对性，当然成本也高得多。

4）整理分析资料

会展调研人员在搜集到大量与会展项目有关的信息后，要对这些信息进行筛选、整理和分析。整理分析资料的目的是解释所搜集的信息和数据并提出结论。分析资料需要具备一定的专业技巧和手段。根据工作流程，对资料的整理分析可分为以下三个步骤：

（1）筛选编辑。从所搜集到的调研资料中挑选出对解决调研问题有用的资料，并对这些资料的可靠性和准确性进行审核。

（2）分类编码。按照特定的标准，对经过审核的资料进行分类编码，便于调研人员录入、统计。

（3）统计分析。在资料整理的基础上，利用各种统计技术和分析模型，对信息进行加工、处理，并利用各类统计图表来明确、具体地说明调研结果。

5）撰写调研报告

会展调研活动的结果应该通过调研报告反映出来，在调研报告中所提出的结论将成为进行会展策划的依据。一份完整的会展调研报告大致分为六个部分：封面、目录、简介、调研结论摘要、报告正文及附录（见表2-1）。

表2-1　**会展调研报告的基本结构**

结构要素	主要内容
封面	调研题目 进行调研的会展公司或委托人的名称 市场调查公司名称或调研人员的姓名及所属的部门 准备呈送的部门或具体收件人姓名 调研日期
目录	报告的各章节名称和页码
简介	调研主题的确立原因 调研意义说明 调研人员构成
调研结论摘要	调研目标及意义 调研的基本方法 调研的主要结论 创新性建议
报告正文	对会展市场背景的详细介绍 调研目标与纲要的详细说明 调研过程与方法的详细说明 调研的基本结论 建设性意见和建议
附录	在调研过程中所使用的各种调查问卷，以及选定样本的详细资料 在调研报告正文中提及的相关统计图表 作为实地调查资料来源的单位和个人的名单及地址一览表 上门拜访人员的约访时间表、工作日志以及访谈记录等 今后可能需要保持联系的机构名单 其他相关资料

6）跟踪调研成果

撰写和提交调研报告并不意味着会展调研工作的结束，调研人员还面临着一项重要任务：在使用调研结果的过程中进行跟踪检查。这样不仅能进一步确认调研结果的正确性和适用性，同时还可以对调研活动的不足之处进行及时的调整。

2.1.3 市场调查与分析的方法

市场调查与分析的方法很多，在会展市场调研中常用的方法主要有观察法、询问法、实验法和文献法四种。

1）观察法

观察法指调研人员根据调研的需要，深入调研现场，对调研对象进行直接的察看或测量（通过自身的感觉器官，如眼看、耳闻，或借助各种仪器，如照相机、摄像机等），以获取第一手资料的方法。会展调研所使用的观察法大致分为非参与观察法和参与观察法两类。

（1）非参与观察法。非参与观察法指将被调研者视为局外人，从旁进行观察，而不参与其活动。调研员可以分布在会展的不同位置进行现场观察，并予以记录。调研员的观察不应打扰被调研者的行为，最好能够避免引起被调研者的注意。另外，也可以安装一些装置进行机器观察，如流量计数器、条形码识别仪、录像机、现场监测仪等。

（2）参与观察法。参与观察法是指调研员要和被调研者直接相处并与其一起活动，以便更深入地了解被调研者的观察方法。参与观察法仍是以观察为主，调研员可以作为会展中的一份子，参与产品试用、专业研讨等，有的放矢地进行观察研究。佯装成参观者考察本企业及同类会展活动的情况，在会展市场调研中往往能收到理想的效果。许多会展公司的调研人员都利用这种方法来考察自身及竞争对手的会展服务质量、现场管理水平以及会展参加者对会展活动的评价等。

观察法简便易行且直接、客观，但也存在明显的缺陷，即往往只能了解事件表象，而对表象背后的真正原因或问题的实质挖掘不够。因此，会展调研人员在使用观察法搜集信息时，应注意以下三点：第一，准确选择调研对象、时间和地点，比如要选择合适的同类会展或有代表性的参展商等；第二，做到观察与思考相结合，努力捕捉有价值的信息；第三，认真做好观察记录，避免观察过程中的遗漏和记忆差错。

2）询问法

询问法是由调研人员事先拟定调查提纲，然后请被调查者回答相关问题，以此来搜集资料和获取信息的调查方法。这种调查方法被广泛采用，并且又分为许多不同的类型。

（1）问卷调查法。问卷调查法是一种利用统一设计好的问卷，向被调查者了解、搜集会展信息的间接调查方法。问卷调查可以分为报刊、留置、邮寄或当面填写等类型。问卷调查法能够突破时空限制，在广阔范围内，对众多调查对象同时进行调查，并且具有匿名性、经济性、实用性和规范性等优点，因此是最常使用的调查方法。问卷调查法的一般程序为：①设计调查问卷；②选择调查对象；③分发问卷；④回收和审查问卷；⑤对问卷调查结果进行统计分析。在实施问卷调查时，首先必须精心设计和制作问卷。问卷的结构一般分为卷首语和主体两部分。其中，卷首语一般包括自我介绍，调查的目的，问卷填写方式，回收问卷的时间、方式及其他事项等内容；主体即为了达到调研目标和搜集必要数据而设计好的一系列问题，分为开放式和封闭式两种。

（2）电话调查法。电话调查法是通过打电话向被调查者询问一系列问题并记下答案的调查方法。电话调查法是调研人员获取会展信息的一种非常简单、快捷的方式，它可以在短时间内与被调查者进行“接触”，并从成千上万个装有电话的企业或客户中获取市场信息。但这种调查方法对调研人员有很高的要求，调查者不仅要具备一定的专业知识、调研经验和随机应变能力，还要有良好的沟通技巧和语言驾驭能力。在操作时，调研人员需要注意以下问题：①精心设计问句尤其是开场白，尽量降低电话访问的拒绝率；②在打电话之前应做好充分的准备，如熟悉调研问题、了解对方的职务及背景等；③把握好访问时间，一般在9：30至11：30，14：30至16：30，以及19：30至21：30；④控制谈话内容，力求做到简短、实用；⑤做好电话访问记录。

（3）网络调查法。网络调查法是通过互联网向被调查者提出问题来搜集信息的方法。从严格意义上讲，网络调查法属于问卷调查法的一种。调研人员将调查问卷通过互联网络传递给被调查者，被调查者则通过在互联网上点击的方式来回答问题，然后调研人员利用预先设计好的程序对问卷调查结果进行统计。这种调查方法的优点是简单迅速、节省经费，缺点是调查结果的可信度较低。网络调查法的操作方式主要有：①网上会展搭载的调研，这种方式成本较低，数据的回收与分析在技术上可以实现即时化；②门户网站的会展频道搭载的调研，门户网站的会展频道备受专业人士的关注，因而是开展市场调研的极佳途径；③通过E-mail邮寄问卷。网络调查法日益受到众多会展公司的青睐，因为会展活动具有典型的交互性特点，无论是会议公司、展览公司、搭建公司还是会展场馆，几乎都建立了企业网站，广大会展从业人员也早已习惯了在互联网上搜索各类市场信息。

（4）小组焦点访谈法。小组焦点访谈法是调研人员组织若干名专业人士围绕某个会展问题展开当面讨论，最终获得比较一致的结果的调查方法。访谈人数通常为6～10人。这种调研方法的优点是能够集思广益，而且意见反馈迅速，但对主持人和小组成员的要求较高。在会展活动中，来自四面八方的业内专业人士汇聚一堂，使得平时几乎无法实现的小组焦点访谈成为可能。

（5）深度访谈法。深度访谈法是调研人员通过与受访者面对面交谈来深入了解会展信息的调查方法。深度访谈的对象主要有参加会展的重要官员、学者、参展企业的高层管理者和重要观众等。会展企业可以运用这种方法搜集多方面的信息，最常见的如上门拜访重要客户，了解他们参会参展的特殊要求；在会展现场访问与会者、参展商和专业观众，征求他们的意见；向业内专家征询他们对会展项目的意见和建议等。深度访谈法的优点是应用广泛、了解深入、便于交流、反馈迅速、可控性强，不足在于时间、资金和人员成本相对较高，同时对调查人员的综合素质和访问技巧的要求也较高。访谈时应注意下列问题：①做好充分的准备，事先了解访谈对象；②使受访者在充分了解问题的情况下作答，并尽可能结合受访者当时的具体情形开始访谈；③访谈的问题应该由浅入深、由简入繁；④控制好访谈，避免谈话跑题；⑤随时进行记录；⑥讲究礼貌。

3）实验法

实验法是调研人员从影响调查对象的若干因素中，选出一个或几个因素作为实验因素，在其余因素均不发生变化的条件下，了解该实验因素变化对调查对象影响的调查方法。一般将实验因素称为自变量，如产品价格、服务质量、广告宣传或促销力度等；被影响的指标则称为因变量，如市场销售额、销售利润或市场份额等。实验法特别适用于与会展产品营销推广方案相关的调查，如分析价格变化对展览会招展工作的影响。在所有的市场调研方法中，实验法无论是在时间上、资金上还是人力上的投入力度都是相对较大的。

4）文献法

文献法也称二手资料调查法，是调研人员从各种文献、档案材料中收集会展信息的调查方法。其调查对象是各种文献档案，如图书、期刊、报纸、调查报告、政府文件、统计数据、会议记录、专刊文献、学术论文、历史档案、信息数据库和网络资料等。二手资料作为相对于原始资料而言的现成资料，一般不是围绕特定的调研主题而专门搜集和整理的，但它们与该主题具有一定的相关性，调研人员可以从中获得大量的有用信息。二手资料可以来自于会展企业的内、外部。其中，内部资料是企业的营销、客户管理、财务等部门记录或收集的资料，如参展商的参展申请、销售资料、财务报表等；外部资料常见的来源有政府统计部门、行业管理部门、行业协会、商会、会展组织、外国驻华机构、新闻媒体、专业刊物和网站、市场调查公司、科研机构等。文献法是一种相对快捷、成本较低的调查方法，通常适用于“某一行业会展市场的总体情况”“会展项目的外部环境评价”等一般性问题的调查。

● 2.2 会展目标、题材和主题的确定

2.2.1 会展目标的确定

1）会展目标的含义

会展目标就是会展参加者期望通过会展活动而达到的目的，对于会展的主办者而言是举办某个会展活动的宗旨。一般而言，会展目标总是强调会展的效益，特别是会

展活动能够给予参加者的效益。

制定合理的会展目标是确保会展活动获得成功的必要条件，也是进行会展项目各项具体内容策划的前提。因此，会展举办者应充分重视并做好会展目标的制定工作。

2）常见的会展目标

会展参加者的意图具有多样性，因而相应的会展目标也是多种多样的。常见的会展目标主要有以下几种。

（1）建立和维护展出者形象。这里所说的展出者既可以是公司，也可以是行业、地区甚至国家。对于新的展出者，目标是树立形象；对于老的展出者，目标是维护或提高形象。形象对于展出者而言具有十分重要的意义和作用。

（2）市场调研。会展是企业进行市场调研的有效途径之一。了解并熟悉市场是企业进入市场、占领市场的必要和先决条件。因此，企业一般将市场调研作为参展的重要目标之一。

（3）探测市场。向市场推出新产品或服务，探测市场反映，是许多企业参展的主要意图，而很多观众参观展览会的主要目的也是为了了解新产品。与其他市场测试方式相比，利用展览会这种方式探测市场对产品或服务的反映，既节省时间又节省费用。

（4）建立和巩固客户关系。建立新客户关系、巩固老客户关系是企业最重要的参展目标之一。客户关系是贸易成交的先决条件。对于新进入市场或者欲扩大市场的企业，展出目标应当是建立新客户关系。对于已经进入市场的企业，巩固老客户关系也很重要。一方面，要与老客户继续保持良好的合作关系；另一方面，也要防止竞争对手抢走客户。会展是保持与老客户关系的一种高效率且效果比较好的方式。

（5）宣传产品。会展在宣传产品方面有独特的优势：其一，可以展示实物，使参观者能够使用全部感官来感受每样产品；其二，可以展示几乎所有产品；其三，可以进行双向交流。因此，对于需要看样订货的商品，会展的宣传优势是巨大的。

（6）销售与成交。销售与成交是企业经营活动至关重要的一环。对于参加会展的企业而言，销售与成交是其最重要的目标之一。展出者可以根据需要制定多种展出目标，达到多种展出效果，但不论制定何种目标，最终都应指向销售与成交目标。会展的销售与成交作用，是其他营销方式难以比拟的。

【知识链接2-1】

德国展览管理协会（AUMA）根据市场营销理论将会展目标归纳为：基本目标、宣传目标、价格目标、销售目标、产品目标五类，见表2-2。

表 2-2 **AUMA的会展目标分类**

基本目标	①了解新市场；②寻找出口机会；③交流经验；④了解发展趋势；⑤了解竞争情况；⑥检验自身的竞争力；⑦了解公司所处行业的状况；⑧寻求合作机会；⑨向新市场介绍本公司和产品
宣传目标	①建立个人关系；②增强公司形象；③了解客户的需求；④搜集市场信息；⑤加强与新闻媒介的关系；⑥接触新客户；⑦了解客户情况；⑧挖掘现有客户的潜力；⑨训练职员调研及市场推广技术
价格目标	①试探定价余地；②将产品和服务推向市场
销售目标	①扩大销售网络；②寻找新代理；③测试减少贸易层次的效果
产品目标	①推出新产品；②介绍新发明；③了解新产品推销的成果；④了解市场对产品系列的接受程度；⑤扩大产品系列

资料来源 许传宏.会展策划［M］.上海：复旦大学出版社，2005.

3）制定会展目标应注意的问题

（1）目标必须明确、具体。某些会展举办者不认真制定会展目标，造成会展目标模糊不清或者目标空洞、抽象。例如，将“促进友谊，发展贸易”作为会展目标显然是抽象的，难以衡量出会展活动的实际效果。

（2）目标要切实可行。制定的会展目标不能过高或过低。如果会展目标过高，不论如何努力也达不到，目标就失去了指导实际工作的意义；反之，如果会展目标定得过低，就不容易调动工作的积极性。

（3）目标要有可操作性。要使会展目标具有可操作性，就需要将目标量化，尽量使目标有与之相配套的数据。例如，“展览会招商规模比上届增长20%，展位数达到5 000个”这样的目标就是可以通过实际测量来考核的。

（4）目标要分清主次。会展目标根据实际需要可以是一个，也可以是多个。选择多个目标时，需要处理好各目标之间的主次关系。如果目标主次不分，势必造成工作人员精力分散，工作效率降低，影响会展活动的质量。

（5）目标不能随意更改。会展目标一经确立后，不能因为出现某些问题或更换负责人就随意更改，否则就有可能造成会展企业资源的浪费。

2.2.2 会展题材的确定

1）会展题材的含义

所谓会展题材，就是会展活动所涉及的行业或领域。就展览而言，就是举办一个展览会要计划展出的展品的范围，换句话说，就是让哪些商品在展览会上展出。

会展题材的确定是一项非常细致和专业的工作，它往往涉及产业的专业分类和专业配置。会展题材选择准确与否，直接影响会展的专业性和市场拓展效果，对会展的招展、招商和未来发展有着重大影响。

2）会展题材选择的依据

会展的题材一般根据会展举办地及其周边区域的经济结构、产业结构、地理位置、交通状况和会展设施等条件进行选择。首先考虑本区域的优势产业和主导产业，其次考虑国家或本地区重点发展的产业，最后考虑政府扶持的产业。在详细掌握了产业发展状况、会展企业经营环境等各种市场信息后，策划人员可以利用市场营销中的市场细分方法来确定将在哪个行业举办会展。

所谓市场细分，是指办展机构按照一种或者几种变量，把整个市场细分成若干个子市场，这些子市场由需求和欲望相似的消费者群体构成。经过市场细分，每个子市场内部消费者的需求都基本类似，不同的子市场的需求差别比较大。通过对细分市场的评估，会展企业可以分析和把握市场机会，找到自己的目标市场，发现一个或几个值得办展的行业。

一般而言，在对各行业细分市场进行评估时，会展举办者需要重点考虑四个方面：

（1）细分市场的规模和发展潜力。细分市场要具有一定的规模和产业基础，还要有较大的产品使用范围和发展潜力，这是办展机构首先需要考虑的问题。行业规模小，展览会未来可能参展的企业就少；产品使用范围小，展览会未来的观众就不会多；行业发展前景渺茫，展览会未来的发展空间也不会大。当然，这里所说的市场规模和发展潜力是相对的：对一个实力雄厚的办展机构来说，其主要目标是举办大展，其要求的市场规模当然会相对大一些；对一个小的办展机构来说，举办大展力所不能及，而办一些小展却是不错的选择，因为办小展所要求的市场规模可以不是很大。如果一个办展机构注重眼前利益，那么即使展览没有发展潜力，但只要眼下能赚钱，它就可以举办该展览。不过，不管是哪类办展机构，在评估细分市场时，都必须考虑该行业的目前规模和增长率，这是进入某一行业举办展览的基础。

（2）细分市场的盈利能力。举办展览会必须保证在预定的时间内有一定的盈利水平，否则办展机构就无法生存。对于举办商业性专业展览会的办展机构尤其如此。一般而言，行业发展前景较好，市场化程度较高，产品周期处于上升阶段和成熟阶段，行业利润较为稳定或利润较高，企业愿意通过参展提高知名度，对产品进行推广宣传，扩张市场意愿强烈，此类细分市场的盈利能力较强；反之，则盈利能力较弱。

（3）吸引力。有盈利能力的细分市场对大家都有吸引力，但具有市场结构差异的细分市场，其对会展企业的吸引力是不同的。首先，进入该市场的难易程度。如果该市场已经存在实力强大或者竞争意识强烈的竞争对手，会展企业进入该行业就应该慎重。其次，新进入该市场的竞争对手的状况。如果该市场盈利能力过高就会吸引大量的会展企业进入该行业办展，如果这些会展企业众多，或者它们进入的决心很大，那么，进入该行业办展就应该慎重。最后，行业的特性。如果该行业是一个相对垄断的行业，除非会展企业与那些垄断企业有很好的联系和沟通渠道，否则，吸引它们参加展览会将是一件很困难的事；如果该行业的企业议价能力很强，吸引它们参展将会付出很大的代价；如果该行业产品的用户议价能力很强，则邀请观众将困难重重。

（4）办展机构自身的资源。会展企业可以结合自身优势，根据自身的实力选择进入一个或几个行业举办一个或几个专业展览会。会展企业必须清楚认识自己的优势和劣势。如果自己在某一行业内毫无优势可言，那么无论该行业多么适合办展，该会展企业进入该行业也需要慎重。

3）会展题材选择的方法

（1）新立题材。新立题材就是通过对收集到的各种信息进行整理和分析，选定一个本会展企业从来没有涉及的产业作为举办新会展项目的会展题材。进入一个从来没有涉足的新产业对一个会展企业来说具有一定的挑战，但如果选择得当，这不仅有利于会展企业开发新产品、拓展新市场，还能够有效避开激烈的市场竞争。一般来说，会展企业需要在一个或几个产业内开展深入的市场调查，以便确定一个或几个新会展题材。另外，会展企业也可以从国外已经举办的各种会展活动中初选若干个新题材，然后根据自身的实际情况确定一个或几个。在不少产业中，国内还没有相应的会展品牌，而国外却已经形成了相对成熟的会展模式，此时如果将该题材引入国内并进行本土化改造，往往能获得成功。

新立题材的好处在于：①会展企业可以进入一个新的产业和开发一个新的市场；②新题材往往是暂时被市场忽视的题材，可以避开别的会展企业的竞争；③新题材很多时候是市场的新兴产业，只要抢先一步，成功的可能性就较大。

但是，新立题材也有一定的风险：①新题材是一个崭新的领域，进入一个陌生的领域必定存在风险；②缺乏对该题材有所了解的专业人员，对该产业的情况缺乏基本了解，不利于以后会展筹备工作的展开；③可能难以抓住该产业的发展重点和热点，因此缺乏市场号召力。

（2）分列题材。分列题材就是将会展企业已有的会展项目的会展题材再作进一步的细分，从原有的大题材中分列出更小的题材，并将这些小题材办成独立的会展的一种选择会展题材的方式。合理地分列题材不仅能为原有会展活动创造出更大的发展空间，而且可以使依据细分题材创办的新会展从一开始就具有更强的专业性，并不断独立发展壮大。

采用分列题材的方法，需要满足以下条件：①原有会展项目已经发展到了一定规模，而且某一细分题材在原有会展中占有较大的比重，并呈现出迅速发展之势；②由于场地面积限制等原因，某个细分题材在原有会展中的面积很难再进一步扩大，如果将其分离出来单独办展，将有更大的发展空间；③某一细分题材分离出来后，原有会展项目不会受到大的影响，甚至能获得更好的发展；④某一细分题材适合单独举办会展，换句话说，该细分题材与原有会展其他题材之间有相对的独立性，这一细分题材的企业和客户可以从原有会展中分离出来，并且拥有足够的市场潜力。

分列题材的好处包括：①会展企业对该题材有一定的了解，并有一定的客户基础，新会展容易举办成功；②为原有会展其他题材让出了更大的发展空间，而且依据细分题材所办的新会展也会得到更充分的发展；③原有的和新创办的会展项目都将更加专业化。

分列题材也存在风险：①很难确定将某一细分题材从原有的会展中分列出来的最佳时机；②分列题材会给原有会展项目造成多大的冲击往往较难把握；③会展企业可能并不具备将某一细分题材从原有的会展中分列出来独立举办会展的实力。

【案例分析2-1】

汉诺威消费电子、信息及通信博览会的创立

汉诺威消费电子、信息及通信博览会（以下简称CeBIT）是全球最具规模和影响力的信息及电信产业展览会，同时也是欧洲最大的商贸交易会和单年展之一。CeBIT于每年3月在德国著名展览城市汉诺威举办，展期为5天，全面展示数字IT、家庭及办公通信解决方案领域的创新成果，主要目标群体是来自工业、批发及零售、贸易、银行、服务业、政府机构、科研单位的用户和所有技术爱好者。CeBIT作为IT、电信、软件及服务领域展示平台的国际领先地位无可比拟。

CeBIT源于1947年创立的旨在向国际市场展示德国产品的汉诺威工业博览会(Hannover Messe)。20世纪50年代末，当时被称为“办公设备”的产业在汉诺威工业展览会上已发展为第三大展团，该展团的重要性在整个60年代持续增长。1970年，主办者德国汉诺威展览公司专门为这一展览类别创造了CeBIT这一新的名称，CeBIT是意为“办公及信息技术中心”的德语缩写。20世纪70年代后，CeBIT这一展览类别占据了越来越多的展出面积，主导地位不断增强，但展位仍供不应求、候补展商名单越来越长。于是在1986年CeBIT脱离了汉诺威工业博览会，成为独立的展览会。

独立后的首届CeBIT非常成功，参展商达2 142家，展览面积达202 885平方米，观众达334 427人次。此后CeBIT一直以惊人的速度增长。与众多的竞争者相比，CeBIT是唯一持续增长的贸易展览会。2001年，CeBIT的参展商达8 156家，净展览面积达431 875平方米，观众达849 252人次，每天的观众突破10万人次。作为信息及通信技术领域的世界级展览会，CeBIT在短短15年里确立了其不可动摇的领先地位。

资料来源 王春雷，陈震.展览会策划与管理［M］.北京：中国旅游出版社，2006.

分析提示：分列题材是会展企业选择会展题材的常用方法之一。在该案例中，信息及通信技术产业这一细分题材从原有会展项目中分列出来的条件已经具备。因此，汉诺威展览公司抓住时机创立了CeBIT。事实证明，新的会展项目获得了极大的成功。

（3）拓展题材。拓展题材就是将现有会展项目没有包含的但与现有会展题材有密切关联的题材，或者是将现有会展大题材中的暂时还未包含的某一细分题材列入现有会展项目的一种方法。通过适当地拓展题材，会展企业不仅能扩大现有会展规模，增加参展商和专业观众的数量，而且可以使得会展题材更完整，从而增强会展的专业性。

拓展题材需要满足以下几个条件：①计划拓展的题材与现有的会展题材要有明显的关联性；②计划拓展的题材的加入不会给现有会展造成任何操作上的不便；③现有会展的专业性不会因计划拓展的题材的加入而受到影响。

拓展题材的好处包括：①可以扩大会展的招展展品范围，扩大会展规模；②可以扩大参展企业数量和观众来源，拓展会展发展空间；③可以使现有会展的展出题材更完整、更专业、更具有行业代表性。

当然，拓展题材也会带来一定的风险：①如果拓展的会展题材与现有会展项目的会展题材的关联性不大，使现有会展变成“大杂烩”；②新题材的加入可能会影响到现有会展的展区划分、现场布置和管理等。

（4）合并题材。合并题材就是将两个或两个以上拥有相同的或一定关联的会展题材的现有会展合并为一个更大的会展项目，或者是将两个或两个以上的会展中彼此相同或有一定关联的会展题材挑选出来，放在一个新的会展项目里集中举办。合并题材有利于会展企业集中优势资源打造品牌会展，发挥规模效应和协同效应，但势必也会带来操作的难度和更大的风险。

合并题材可以带来以下好处：①通过将彼此相同或有一定关联的会展题材合并到一起，有效地扩大会展规模，有利于集中精力，做大做强该题材的会展项目；②如果合并题材是在两个不同的会展企业之间进行的，那么就可以消除市场竞争，独占该题材的会展市场；③可以更好地安排会展日期和划分专业展区，方便企业参展和观众参观；④可以得到行业内知名企业的大力支持，提高它们参展的积极性；⑤可以使会展项目更具有行业代表性，有利于提高会展的档次。

合并题材同样存在风险：①如果处理不当，可能会对多个会展带来不利的影响；②如果涉及多个会展企业之间的业务合作，业务合作不当和利益分配不均可能会导致题材合并的失败；③如果合并题材选择不当，不仅会给现有会展造成伤害，还可能会使新会展项目成为一个“四不像”。

为了降低合并题材可能带来的风险，使其达到预期的效果，在合并题材时应遵循以下原则：①计划合并的题材如果不是同一题材，那么一定要有很强的关联性；②应科学预测合并题材可能给原有各会展项目带来的影响，并提前制定相应的对策，努力将不利影响降至最小；③如果在两个或两个以上的会展企业之间进行题材合并，那么在合并前要谈妥彼此的权责和利益分配方案，不要仓促合并；

④要选择好合并的时机，使合并能为业内企业所了解和接受，并使它们有充足的时间对此做出反应。

2.2.3　会展主题的确定

1）会展主题的含义

会展主题就是对会展的指导思想、宗旨、目的要求等最凝练的概括与表述，是统领会展各个环节的"纲"，是贯穿整个会展过程的中心思想。它是会展的灵魂和精髓，在一定程度上影响会展内容的安排、活动形式的选择和其他诸要素的设计。

会展主题是会展主办者传达给会展参加者的一个明确的信息，同时也是社会公众了解会展的最初"窗口"，它常在会展活动中通过具体的艺术形式表现出来。由于推出具有吸引力的会展主题是使潜在的会展客户快速识别和记住会展项目的有效方法，因此，设计并确定会展主题在会展策划中显得非常重要。

2）确定会展主题的基本要求

（1）会展主题必须与会展目标相一致，并且能够充分地表现会展目标。例如，第三届上海国际工业博览会的主题是"以信息化带动工业化"，这一主题反映了博览会的目标：用高新技术和国际先进技术改造我国传统工业，加快提升我国工业的整体素质和国际竞争力，努力将信息化和工业化、国际化和工业化结合起来。

（2）会展主题应该体现会展的题材（展览的行业或展品范围、会议的议题等）。会展主题往往是对会展题材的高度概括，如1998年葡萄牙里斯本世界博览会的主题：海洋——未来的财富；1996年土耳其伊斯坦布尔世界人居大会的主题：人人有适当的住房。

（3）会展主题应该尽量突出会展的特色（时代特色、地域特色、题材特色等），以引起目标客户和公众的兴趣。例如，1999年昆明世界园艺博览会的主题：人与自然——迈向21世纪；2006年海南秋季房地产交易展览会的主题：热带海岛、和谐地产，就突显了会展自身的特色。

（4）会展主题应该迎合会展参加者及公众的需求心理，能够引起他们强烈的共鸣。例如，2006年广州车用空调及冷藏链技术展览会的主题：开拓市场、展示实力、推广品牌；2005年北京玩具及婴童用品展览会的主题：安全健康、绿色环保；2005年中国国际厨房卫浴设施展览会的主题：潮流趋势与品质生活，都很好地抓住了消费者的需求心理。

（5）会展主题必须具有较强的信息特性。其具体表现在：①语言朗朗上口，文字力求简练，能被长久而深刻的记忆和迅速传播；②词句能打动人心，激发会展参加者的欲望；③语言既富有激情，又贴切可亲，具有强烈的感召力；④表述有新意，语言个性化，具有时代气息；⑤在词语、形式和创意上都需要借鉴广告艺术。可以说，会展主题就是要用浓缩的语言、精辟的文字及绝妙的艺术形式来构造一个有吸引力的会展形象，近20年来各届奥运会的主题就是生动的例子，见表2-3。

表2-3 近20年来各届奥运会的主题

年份	举办地	主题
1984	洛杉矶	Play Part in History（参与历史）
1988	汉城（现称首尔）	Harmony and Progress（和谐、进步）
1992	巴塞罗那	Friends for Life（永远的朋友）
1996	亚特兰大	The Celebration of the Century（世纪庆典）
1998	长野	From Around the World to Flower as One（让世界凝聚成一朵花）
2000	悉尼	Share the Spirit（分享奥林匹克精神）
2002	盐湖城	Light the Fire Within（点燃心中之火）
2004	雅典	Welcome Home（欢迎回家）
2006	都灵	An Ever Burning Flame（永不熄灭的火焰）
2008	北京	One World One Dream（同一个世界同一个梦想）
2010	温哥华	With Glowing Hearts（从海洋到天空的比赛）
2012	伦敦	Inspire a Generation（激励一代人）
2016	里约热内卢	Live Your Passion（点燃你的激情）

3）会展主题的提炼方法

会展主题是对会展的宗旨、目标、具体题材等的提炼和艺术加工。经过提炼后的主题，应简练、新颖、流畅、易记、上口，并能充分地表达出会展的目的。会展主题的提炼方法主要有：

（1）归纳提炼法。归纳提炼法就是通过对会展的指导思想、宗旨、目的要求等的归纳，总结提炼出主题的方法。

（2）加工提炼法。加工提炼法就是在归纳的基础上，利用修辞艺术进行优化，加工提炼出主题的方法。这种方法可以使会展主题更上口、动听、深刻，而且有一定的内涵，不流于直白、肤浅。

（3）借用法。借用法就是借用熟知的名人名言、警句和现实生活中一些闪光的语言作为会展的主题。这些语言的借用能表达会展的宗旨，使会展主题显得更深刻、更美好、更感染人。

【案例分析2-2】

2010年上海世博会主题策划

上海世博会（以下简称世博会）策划机构对历届世博会主题选择的时代背景、特点和发展趋势等进行了较为全面的分析，在此基础上，进行了四轮筛选和两轮精炼，最终提出了2010年上海世博会的主题。

在策划的准备阶段，策划机构向国内外专家征集了35个主题，这些主题大致可归纳为6大类。经过筛选，形成了9个主题：城市和生活；已知与未知——网络时代的都市与乡村；资源与环境——人类只有一个地球；人、城市与环境；沟通与跨越

——文化与科技；面向信息时代；新世纪的探索；探索与创新；多元的世界。

经过分析，策划机构选择了“城市和生活”作为2010年上海世博会主题的首选方案，但还需要在主题词的表述上深思熟虑，既要体现出“中性”的要求，又要“出跳”，形成较强的冲击力和震撼力。根据这一要求，又提出了三个“方案”：(1)“新城市、新生活”(New City, New Life)；(2)“更美好的城市、更美好的生活”或“城市，让生活更美好”(Better City, Better Life)；(3)“大都市高质量的生活”(Better Life in Metropolis)。

上述三个方案中，“新城市、新生活”中的“新”字容易引起误解。一方面老城市生活不一定不好，另一方面究竟以什么来衡量“新”很难界定；而“大都市高质量的生活”缺乏广告语色彩，在表述上美感和冲击力不足，而且不容易记忆。“更美好的城市、更美好的生活”或“城市，让生活更美好”较好。相对而言，“城市，让生活更美好”更加简单明了，易于上口，体现出美感与动感的结合。因此，策划机构最终确定“城市，让生活更美好”(Better City, Better Life)作为2010年上海世博会的主题。

资料来源 上海市人民政府发展研究中心.2010年上海世博会主题研究［EB/OL］.［2008-11-26］.http：www.fzzx.sh.gov.cn.

分析：主题策划直接关系到公众对会展活动的认知度和认可度，在会展项目策划中具有举足轻重的地位。上海世博会主题的确定，经过了严密的筛选和论证过程，并采取了科学的提炼方法。“城市，让生活更美好”这一主题既反映了上海世博会的目标、题材和时代特色，又能引起公众的共鸣，具有较强的信息特性，堪称典范之作。

2.3 会展立项的主要内容

所谓会展项目立项策划，就是根据掌握的各种信息，对即将举办的会展活动的有关事宜进行初步规划，设计出会展活动的基本框架。会展项目立项需要初步规划的内容主要包括：会展名称、会展标志、举办机构、举办地点、举办时间、举办频率、会展规模、展品范围、会展定位、会展价格和初步预算、人员分工计划、招展计划、招商计划、宣传推广计划、会展进度计划、现场管理计划、相关活动计划等。

2.3.1 会展项目的基本要素

1）会展名称

一个合适的名称不仅能使会展易于识别和记忆，还能有效传达会展的信息，从而为会展的成功举办奠定良好的基础。一般来说，会展的名称主要由以下五个部分组成。

(1) 基本部分。基本部分用来表明会展的性质和特征，常用的词汇有：展览会、博览会、交易会、洽谈会、展销会、节和周等。这些词在含义和使用习惯上都有一定的区别。“展览会”一般用于题材相对较少，具有较强的专业性的展览会；“博览会”

一般用于题材广泛、规模较大的展览会；“交易会”和“洽谈会”主要指以贸易成交或商贸洽谈为主要目的的展览会；“展销会”则主要指以现场零售为主要目的的展览会；而“节”和“周”含义较广，一般作为除展览活动以外，包含更多的相关辅助活动的展览会的名称。

（2）时间部分。时间部分用来表示会展的举办时间，主要有三种表示方法：①用“届”来表示，如第17届大连国际服装博览会，这种表示方法强调了会展举办的连续性；②用“年份”来表示，如2006年中国国际旅游交易会，用“年份”表示时间时，可以把“年”字省略掉，近年来的会展常采用这种表示方法；③用“某年某季”来表示，如2007年慕尼黑夏季国际体育用品贸易博览会，在一年里举办两届或两届以上的展览会时常采用这种表达方法。

（3）地点部分。地点部分用来表示会展的举办地点。例如，德国法兰克福国际汽车及配件展览会、上海国际工业博览会、深圳国际家具展览会等，都在名称中反映了举办地点。

（4）行业部分。行业部分用来表明会展题材和展品范围。该部分通常是一个产业或者一个产业中某一个产品大类的名称，也可以是几个相关产业或一个产业中的几个产品大类的名称。例如，中国国际服装服饰博览会中的“服装服饰”就表明了该展览会的题材。有些展览会由于包含的题材众多，难以在会展名称中全部体现，所以干脆在名称中省掉行业部分，这样的展览会通常以“博览会”命名，如广州博览会、西湖博览会等。行业部分的用词必须恰当，所用的词含义过宽或过窄，都不利于会展的成功举办。

（5）范围部分。范围部分用来表示展览会的参展商和展品来自的地域范围。该部分通常使用“世界”“国际”“中国”“全国”“地区”等词语，如世界博览会、中国国际医疗器械博览会、中国进出口商品交易会、全国糖酒商品交易会、华东商品交易会等。

2）会展标志

会展标志是代表会展主题等信息的象征和符号，由特定的图形、文字、色彩设计编排而成。在整个会展活动中，会展标志是使用最为广泛、出现频率最高的视觉要素，能够给会展参加者留下深刻印象。在设计会展标志时，要遵循以下一些基本原则：

（1）标志设计一定要具有可识别性，否则就丧失了标志的基本意义。这是最重要的一条原则。

（2）符合识别系统设计的总体要求。设计者应该了解会展在公众心目中的形象，熟悉会展项目导入企业形象识别系统的基本战略。

（3）充分考虑到会展标志的理念表现力、可行性，注明标志的象征意义，并提供应用于各种不同视觉传媒的形式说明与缩放的比例及视觉效果说明。

（4）设计要符合传播对象（参展商、专业观众和特定行业）的直观接受能力与习惯，并考虑社会心理、习俗与禁忌等因素。

（5）构思巧妙、新颖，力求创意独特，避免与别的会展标志雷同或近似。

（6）遵循标志设计的美学规律。构图美观、适当、简练，讲究艺术效果。色彩最好单纯、强烈、醒目，力求色彩的感性印象与会展的形象风格相符。

【案例分析2-3】

中国-东盟博览会会徽

会徽主题——“凝聚、绽放、繁荣”。

凝聚：十一条彩带分别代表着美丽的中国和旖旎的东盟十国。合作的平台凝聚人心、汇聚人气。

绽放：美丽的花瓣，像无数双欢迎的手臂。这不仅体现了中华民族好客的传统，也表达了广西各族人民待客的诚意。

繁荣：繁花似锦。11片花瓣铺满了光荣与梦想，预示着中国与东盟十国人民互利合作、共享繁荣美好的未来。

会徽的设计灵感源自“10+1”概念。作者将中国传统的书法绘画艺术与现代设计手段相融合，缤纷的色调，流畅的线条，演绎着一个区域的活力、变革与发展，弹奏出这片热土的激情。东盟十国中多数国家毗邻海洋，中国-东盟博览会举办地——广西，亦具有沿海优势。因此，会徽以蓝色为主色调，意在体现中国-东盟博览会将奏响和平进步的人类赞歌，弘扬“10+1”各国人民的民族智慧（如图2-1所示）。

图2-1　中国-东盟博览会会徽

资料来源：根据相关资料整理。

分析：中国-东盟博览会的会徽设计简洁、醒目、易识别，具有象征意义且能突出会展主题，从而使人印象深刻，达到了理想的效果。

3）举办机构

会展的举办机构是指负责会展的组织、策划、招展和招商等事宜的有关单位。举办机构可以是企业、行业协会、政府部门和新闻媒体等。根据职责的不同，一个会展项目的举办机构通常包括以下几种：

（1）主办单位。主办单位是指拥有会展并对会展承担主要法律责任的单位。主办单位在法律上拥有会展的所有权。在实际操作中，主办单位有三种形式：一是拥有会展并对会展承担主要法律责任，并负责会展的实际策划、组织、操作与管理；二是拥有会展并对会展承担主要法律责任，但不参与会展的实际策划、组织、操作与管理；三是名义主办单位，既不参与会展的实际策划、组织、操作与管理，也不对会展承担法律责任。在会展业中，会展策划者往往需要利用第二和第三种类型主办单位的强大行业号召力和影响力，来扩大会展的招展招商规模和提高会展的知名度。

（2）承办单位。承办单位是指直接负责会展的策划、组织、操作与管理，并对会展承担主要财务责任的单位。大部分承办单位还要负责会展的招展、招商和宣传推广工作。在实际操作中，承办单位可能要承担上述所有的职能，也可能只需要承担部分职能。一个会展项目的承办单位可以是一个，也可以有多个，这要根据具体情况而定。承办单位对举办会展的各个方面都会产生重大影响，是举办机构中较为核心的单位。

（3）协办单位。协办单位是指协助主办或承办单位负责会展的策划、组织、操作与管理的单位。协办单位对会展一般不承担财务责任，也不承担会展的主要招展和招商工作，只是对主办或承办单位的工作起协助作用。在实际操作中，协办单位的工作主要是承担一部分的招展、招商和宣传推广工作。最为常见的会展协办单位是政府主管部门、行业协会、新闻媒体和研究机构等。

（4）支持单位。支持单位是指对会展的相关工作环节起到一定支持作用的单位。支持单位有时也会参与专业观众组织和宣传推广工作，但一般不承担招展任务，也不对会展负财务责任。拥有一些权威单位的支持和帮助，能够有效增强会展的号召力，还能为会展拓展专业观众组织渠道。

（5）海外合作单位。海外合作单位是指主办单位为了更好地完成海外参展商和专业观众的招徕组织工作而选择的境外合作伙伴。一般来说，海外合作单位主要承担海外参展商的招徕和海外专业观众的组织任务。在实际操作中，主办单位往往采取支付佣金的方式来处理与海外合作单位之间的关系。

此外，由政府主办的会展项目通常会成立专门的组织委员会，来专职处理与会展相关的各项事宜。组织委员会主要负责制定政策、原则和重大决策，具体工作由常设的秘书处或下设的执行委员会去实施。

4）举办地点

会展举办地点的策划主要包括两个方面的内容：一是在什么地方举办会展，即会展举办地的选择；二是具体在哪个场馆举办会展，即会展场馆的选择。

（1）会展举办地的选择。选择会展举办地，就是要确定会展在哪个国家、哪个地区或者哪个城市举办。这主要需要考虑会展的题材、定位和性质等。从会展题材来看，举办地点最好是会展所在行业的生产或销售比较集中的城市，至少是邻近的交通便利的城市，这样会展就有充分的产业基础或市场基础；从会展定位来看，所选地点的区域优势应该和会展的定位相匹配；从会展性质来看，国际性的会展一般选址在国际运输和海关通关比较便利的城市，全国性或地区性的会展则应在国内比较重要的中心城市举办，以便于企业参展和观众参观。例如，2004年亚洲博闻有限公司共举办了6个珠宝及时尚展览会，其中4个在香港，1个在深圳，1个在广州。香港是国际化大都市，在此举办的会展项目针对的是全球市场。而深圳和广州举办的展览会则主要针对国内市场。深圳是全国最大的珠宝生产基地，国内70%的珠宝产品都产自深圳，因此深圳的珠宝展以展示原材料为主。广州则是华南地区最成熟的珠宝交易及销售市场，因而展览会以展示成品为主。

（2）会展场馆的选择。会展场馆的选择要结合会展题材、定位及规模而定，同时还要综合考虑地理位置、场馆容量、配套设施、服务水平、出入便利程度、租赁价格、展期安排以及周围环境等因素。另外，场馆是否有良好的形象也十分重要。场馆的选择对参展商及观众的信心起着关键作用，若选择较差的场馆，所节省的费用可能无法补偿因参展商对场馆缺乏信心而少订展位或不参展的损失。

5）举办时间

会展举办时间的策划需要考虑三个方面的内容：一是在什么时间举办会展；二是举办时间的长短；三是有哪些重要日期和时间段。

（1）确定在什么时间举办会展。这通常包含三个方面的内容：一是确定会展的具体开展日期；二是确定会展的筹展和撤展日期，其中筹展日期是提供给参展企业在会展开幕前布置好展位的时间，撤展日期是在会展结束后供参展企业拆除展位和撤除展品的时间；三是确定会展对观众开放的日期，有些会展同时对专业观众和一般公众开放，但规定不同的开放日期。以上三个方面的内容密切相关，互相影响，因而必须统筹兼顾。不论是确定哪个方面的具体时间，都要尽量精确到“小时”和“分钟”，这样才有利于参展企业和观众做好参展和参观的计划和准备。会展的举办时间与会展题材所在的行业特征密切相关。有些行业的生产和销售的季节性很强，在确定会展的举办时间时要充分考虑到这一因素。还要充分考虑相关会展的举办时间，尽量避开国内外有重大影响的同类题材会展的举办时间。另外，举办时间的确定还受行业企业的财务预算和国家法定节假日的影响。由于场地面积限制、展位紧张等原因，会展还可以分期举办。例如，广交会从2002年开始每届都分两期举办，其中春交会第一期举办时间为4月15—20日，第二期为4月25—30日；秋交会第一期举办时间为10月15—

20日，第二期为10月25—30日。这一举措大大缓解了展位供不应求的矛盾，受到了业界的广泛认可。会展的举办时间可以固定在某一个日期，也可以每年视情况做出调整。

（2）确定举办时间的长短。会展举办时间的长短没有一个统一的标准，要视不同会展的具体情况而定。一般说来，在参观人数基本固定的前提下，展期越长，各项支出就越多，成本就越高，效益就越低；反之，展期越短，成本就越低，效益就越好。目前，占会展绝大多数的专业贸易展，展期一般都在3～5天左右。

（3）确定重要日期和时间段。会展的重要日期和时间段一般包括：①开幕日和闭幕日；②会展期间的主要活动时间安排；③参加会展的报名截止日期；④组团报名的截止日期；⑤代办签证的截止日期；⑥展台搭建进场日期和撤展期限；⑦媒体接待日。在确定了重要日期和时间段后，策划人员应制定出详细的会展活动日程表（见表2-4）。

表2-4　**某展览会的举办时间安排**

开幕时间	2015年8月19日上午9时30分
展出时间	2015年8月19日—22日，每天上午9时至下午5时
媒体接待	2015年8月18日上午9时至12时30分
观众参观	2015年8月19日—20日，只对专业观众开放 2015年8月21日—22日，对专业观众和一般公众开放
筹展时间	2015年8月16日—18日，每天上午9时至晚上8时
撤展时间	2015年8月23日—24日，每天上午9时至晚上9时

6）举办频率

会展的举办频率是指会展是一年举办几届还是几年举办一届，或者是不定期举行，也就是两届会展之间的时间间隔。从目前全球会展业的实际情况来看，一年举办一届的展览会最多，约占全部展览会数量的80%，一年举办两届和两年举办一届的展览会也较多，不定期举办的展览会则越来越少了。会展的举办频率主要取决于其所在行业的产品的生命周期。具体而言，其包括以下两方面因素：

（1）产品生命周期的长短。如果某个行业的产品生命周期短，产品的更新换代快，研制和推出新产品的周期就相对较短，那么在该行业举办会展的频率就可以高一些，如一年一届或者一年两届；反之，如果产品的生命周期较长，举办频率就不能过高，如两年一届甚至三年一届。

（2）产品生命周期的不同阶段。一般来说，每项产品的生命周期都包括投入、成长、成熟和衰退四个阶段。在产品的投入期，新产品刚投入市场，销量较少，为了让顾客尽快熟悉和接受这种新产品，企业需要做大量的宣传推广工作，此时企业的参展意愿非常强烈；在产品的成长期，产品的销量大增，其他企业开始仿效进而大量生产这种产品，市场竞争激烈，因此企业的参展意愿也很强烈；在产品的成熟期，生产厂家越来越多，市场已趋于饱和，市场容量趋于稳定，利润率开始下降，企业的营销投入开始减少，企业的参展意愿也开始减弱；在产品的衰退期，新的替代产品已经进入市场，原产品的销量大幅下降，企业利润很快下降至无利可图，产品即将被市场所淘汰，此时企业基本没有参展的意愿。可见，产品的投入期和成长期是企业参展的黄金时期，如果参展产品在生命周期上处于这两个阶段，会展举办频率就可以更高些。

7）会展规模

会展规模一般包括三个方面的含义：一是展览面积的大小；二是参展单位数量的多少；三是观众数量的多少。

（1）展览面积。展览面积有实际使用面积和毛面积之分。实际使用面积是展览会所有展位实际所占用的面积的总和，毛面积是实际使用面积加上展位间的通道、空地等面积的总和。实际使用面积最能真实地反映展览会的规模。

（2）参展单位的数量。参展单位是指占用一定的展位面积的单位。参展单位可以是企业、行业协会、新闻媒体、研究机构和其他单位等。在这些参展单位中，有些单位所占用的展位是不用向举办机构交纳展位费的，但在预测会展规模时也应该将这些单位考虑进去。

（3）观众的数量。参观展览会的观众有专业观众和一般公众之分。专业观众是指那些来自与会展的题材有关的企事业单位的有一定经营目的的人士，一般公众是指那些基本是为个人和家庭目的而参观展览会的普通大众。保证观众尤其是专业观众的数量是会展举办者必须努力追求的目标。

在会展业的实际运作中，观众数量是决定参展企业数量的重要因素，而参展单位的数量又将直接影响展览面积的大小。因此，在策划会展规模时，展览面积和参展单位数量的规划必须与可能到会参观的观众的数量相结合；展览面积和参展单位数量规模的扩大必须与可能增加的观众的数量相适应，不能盲目贪大求全。

会展规模的大小受会展题材所在产业的产业规模、市场容量和发展程度的制约。在规划会展规模时要充分考虑产业的特征。会展规模的大小还受举办机构所采用的经营策略的制约。例如，有的举办机构为了保证会展的档次和质量，始终将会展规模限制在市场实际需求的规模以下；而有的举办机构对参展企业来者不拒，会展规模的扩大没有人为限制。但是举办机构如果片面地追求扩大会展规模，可能就会降低会展的质量。

8）展品范围

确定展品范围就是要明确计划在展览会上展出的具体展品种类。展品范围直接决定着展览会将要展出什么商品、设备和技术，间接地决定着展览会的参展单位和观众范围，也影响着将来的展区划分。一个展览会的展品并不是越多越好，而是要根据展览会的定位、办展机构的优劣势、展览会所在行业的最新发展动态以及其他多种因素来确定。

选择和确定展品范围是一项非常专业的工作，它往往涉及产品分类的问题，对于那些对某一产业缺乏了解的非专业人士来说是一项非常困难的工作。因此，在选择和确定展品范围时最好能够咨询对该行业有相当了解的专业人士。

2.3.2 会展定位

1）会展定位的含义

会展定位就是会展举办机构根据自身资源条件和市场竞争状况，通过建立和发展会展项目的差异化竞争优势，使自己举办的会展在客户的心目中形成一个鲜明而独特的印象的过程。其实质是将某一特定题材的会展市场加以细分，从而找到适合自身优势的细分市场，然后集中力量在这一细分市场内发展。会展定位不仅要明确会展“是什么”，更要使会展客户对会展的特色有清晰的认知。

2）会展定位的要求

会展定位的关键是要在定位前找到最适合本会展发展的细分市场，并立足于这个细分市场，赋予本会展以区别于同题材的其他会展的差异化和个性化特征。进行会展定位时应注意以下要求：

（1）会展举办机构要客观准确地分析自己的优劣势，要使自己在进入某类题材的会展市场时，能充分发挥自己的优势，避开自己的劣势。

（2）要使本会展具有同类其他会展所不能提供和无法模仿的特征。

（3）本会展的定位能够为足够数量的会展客户提供高度价值。

（4）在赋予本会展以个性化特征后，举办该会展对举办机构来说应是有利可图的，对会展客户来说，应使他们能够而且愿意支付参加该会展而引起的各种费用。

（5）会展的个性化特征应能通过某种形式准确地传递给会展客户，并且会展客户在会展现场应可以感觉和体验到会展的这种个性化特征。

（6）会展的定位要能体现会展所要达到的主要目标，要具有前瞻性和可行性，并且要紧跟市场形势的变化进行调整，不能一成不变。

3）会展定位的步骤

会展定位一般可以分以下四个步骤进行：

（1）执行会展识别策略。通过对会展市场的细分，明确本会展要向会展客户提供哪些富有特色而又与众不同的价值，界定本会展与同题材的其他会展的不同之处在哪里，表明本会展通过怎样的方式向会展客户提供这些与众不同的价值。

（2）选定目标客户。通过细分具体产业市场，选定适合本会展的潜在客户的范围。

（3）积极传播会展形象。会展定位确定后，要通过各种手段将本会展的特色告诉潜在的会展客户，让他们对会展的定位有初步的认知。

（4）创造差异化优势。通过上述步骤，将本会展富有特色而又与众不同的价值传递给会展客户，并得到他们的认同。由于特色鲜明，本会展与同题材的其他会展相比竞争优势凸现，从而在众多的会展中脱颖而出，取得成功。

【案例分析2-4】

家居展览会传统模式遇挑战谋求转型

第八届北京家居装饰建材博览会（以下简称家博会）上，记者发现参展的装饰公司数量锐减，建材品牌比例激增，现场还出现了以样板间模式呈现的展示区，完全没有了传统家居展览会的模样。

本届家博会主要采取了“装饰公司+建材家居产品+设计师+潮流展示区”的模式。以往是绝对“主角”的装饰公司在本届家博会上黯淡了许多，只有实创、今朝、阔达、博洛尼、东易日盛这几家装饰公司入驻参展，而且展览会上的促销幅度与其常规促销区别不大；而前几届家博会上作为“配角”出现的建材家居产品，在本届展览会上的展位比例有所增加，陶瓷卫浴、家具家纺、橱柜厨电、地板门窗等均有展出。

装饰公司的工作人员在展馆门口将消费者引至展位后由设计师与消费者交流，用展览会特有的优惠项目吸引消费者现场签单或留下联系方式。这是以往大部分家居展览会的固有模式。然而德纳展览集团董事长潘伟告诉记者，随着团购、集采的兴起，商家不必等展览会，只需在论坛上发个团购贴，或者参加集采活动，就能聚集成百上千的目标消费者。对于年轻消费者来说，传统模式的家居展览会已经毫无优势。参展企业和观展消费者逐渐“缩水”，展览会的主办方也意识到，家居展览会已到了转型的时候。潘伟向记者透露，今后的家居会展将有望以高端专业设计展的形式出现。本届家博会上，号称面积达540平方米的“成品家装设计潮流区”就是向这一方向发展的一种尝试。

资料来源　佚名.家居展览会传统模式遇挑战谋求转型［EB/OL］.［2012-05-05］.http：//www.chinachugui.com/news/2012/0505/1205054230.shtml.

分析提示：在该案例中，家博会主办方敏感地意识到市场环境发生了变化，并积极采取措施进行转型，寻找有发展前景的细分市场，进行重新定位。

2.3.3　会展价格和初步预算

会展价格主要包括针对参展商的展位出租价格和针对观众的门票价格，以及参展商在会刊、现场广告牌等与展览会相关的各种媒介上刊登广告的价格。根据市场情况给会展确定一个合适的价格，是会展策划工作的一项重要任务。价格制定得合理与否，将直接影响会展的招展招商，也直接关系会展的收益。

会展初步预算是对举办会展所需要的各种费用和举办会展预期可以获得的收入进行的初步测算。会展初步预算可以使会展举办者对举办会展的投入和产出有一个初步的认识，从而能够及时筹措举办会展所需要的资金。

2.3.4　会展实施计划

1）人员分工计划

人员分工计划是对会展工作人员的工作进行统筹安排。该计划应当使各项工作分工明确、责任到人，使每位工作人员都能清楚自己承担的任务和责任。

2）招展计划

招展计划是为招揽参展商而制定的各种策略、措施和办法。该计划应当具体可行、目的明确、重点突出，能达到预期的招展目标。

3）招商计划

招商计划是为招揽观众（一般指专业观众）而制定的各种策略、措施和办法。该计划应能确保观众的数量和质量，能实现预期的专业观众组织目标。

4）宣传推广计划

宣传推广计划是为向全社会对会展进行整体宣传而制定的策略和措施。该计划应当有利于建立会展品牌和树立会展形象，并与招展、招商计划紧密配合。

5）会展进度计划

会展进度计划是对会展各项工作在开展时间和顺序上进行的统筹安排。该计划应做到工作进程安排合理，各阶段工作目标明确，能保证各项工作如期完成。

6）现场管理计划

现场管理计划是对会展举行期间的会展现场进行有效管理的各种计划安排。该计划应当详尽周密，能满足参展商和观众的要求，并保证会展活动的顺利进行。

7）相关活动计划

相关活动计划是对在会展期间举办的各种相关配套活动做出的计划安排。该计划应能够丰富会展的内容，增加会展的价值，并有利于实现会展目标。

知识掌握

1. 会展市场调查与分析的常用方法有哪些？
2. 制定会展目标应注意哪些问题？
3. 采用分列题材的方法，需要满足哪些条件？
4. 确定会展主题的基本要求有哪些？
5. 会展举办时间的策划需要考虑哪些方面？
6. 会展定位一般有哪些步骤？

知识应用

□ **案例分析**

健身展独立成展的背后：成熟展览会发展趋势

近年来，中国国际体育用品博览会（以下简称体博会）的健身展区从2个馆发展到4个馆，展区面积从2.5万平方米增加到5万平方米，规模翻了一番，影响力逐渐增大。如今，健身展已经成为在体博会平台下一个独立的专业展览会，其快速成长与中国健身器材行业的发展密不可分。

近年来，随着国家经济的快速发展、人民生活水平的逐步提高，居民体育健身消费意识有了明显的改善。同时，从健身器材企业的角度来讲，随着行业内部竞争日益激烈，大型行业内部博览会成为了企业展示形象和实力最好的平台，这些都为健身展区的独立成展创造了良好的客观条件。

1)居民健身消费需求增加

国家倡导全民健身给体育健身器材行业提供了良好的发展环境。在体育事业“十二五”发展规划中，明确提出了提高全民族身体素质和健康水平、促进我国群众体育发展迈上新台阶的目标，并且提出增强人民体质、提高全民族身体素质和生活质量的原则。运动锻炼，离不开器材，体育器材和设施是全民健身活动开展的基础。

中国经济的发展扩大了体育健身器材的消费需求。随着中国经济的增长，居民个人可支配收入增加，使很多人的生活方式发生了变化，运动锻炼、关爱身体健康逐渐成为大众追逐的目标。人民群众对健身需求的增加，刺激了体育健身器材行业的发展。

体育人口数量的稳步增加巩固了体育健身器材消费市场。国家体育总局局长刘鹏在2012年度报告中指出，全国经常参加体育锻炼的人数比例达28.2%。根据全民健身计划，这个比例在2015年要达到32%以上，这意味着未来两年内将有5千万体育人口的增加，进一步巩固和扩大了体育健身器材的消费市场。

2)国内健身器材行业的快速发展

健身运动最早在美国兴起，伴随这一运动产生的健身器材行业也成为一种热门行业。我国健身器材行业的发展始于20世纪80年代末，在经历了初创、扩大、调整几个阶段后，正进入新的发展时期。2000年以来，特别是我国加入WTO和北京奥运会的成功举办，为健身器材行业的发展提供了有利条件和发展机遇，生产企业数量、全行业工业产值增长迅速。时至今日，我国已经成为健身器材的生产和出口大国，有一批实力派企业在销售市场上占有了一席之地，形成了自己的品牌。

数据显示，2009—2011年，我国健身器材市场销售收入逐年上升，年均复合增长率15.36%。2011年，企业健身器材市场销售收入为276.66亿元，同比增长11.48%。由中国体育用品业联合会发布的《中国体育用品行业2010—2011发展报告》表明，运动器材行业作为中国体育用品业的“顶梁柱”，近年来的销售规模以及发展增速一直高于运动鞋、运动服业。出口创汇方面，运动器材业的贡献也最大。2011年，中国体育用品行业出口总额为159.16亿美元，其中48.87%来自于运动器材出口。

3) 规模和知名度已可满足独立成展的条件

体博会健身展区的市场已经培育得非常到位，从规模上来看，每年都会有很多企业因为展馆面积和参展企业数量限制没有进到体博会来，如果把这些企业都算进来，那么健身展的面积将可能要占满六七个展馆，就参展企业的数量和规模来看，在世界健身展里，排名能进入前3位。

单独成展的条件一个是它的规模，另外一个就是它的影响力。世界上有几个大的健身展，体博会健身展算其中一个，规模、宣传度和影响力都具备独立成展的客观条件。

近年来，国际上综合性展览会在不断减少或变革，诸多大型展览会走上了革新和转型的道路。把大而全的展览范围划分成专业相对集中的专业展，在中国大型的综合性展览会中已有探索和实践。

1）有利行业发展

在与上下游产业接续的过程中，一些专业展发展的规模和速度明显高于其他展览会，当其自身达到了可观的规模后，便可独立成展。这样既为母展释放出更多的场馆，又可再次成为一个新的展览会，并重新整合其相关产业链。

以法兰克福春秋两季国际消费品博览会为例，它可以系统地展示专业展如何从门类繁多的大型展览会中独立出来。法兰克福春秋两季国际消费品博览会是法兰克福展览公司所有展览项目的始祖。从1959年至2003年，分别从该博览会中独立产生了面料展、卫浴展、家用纺织品展、汽车配件展、乐器展等。2003年，礼品及办公用品博览会被分为纸质办公用品展、圣诞礼品展和美容展进行独立举办。2004年，美容展又启用新名“美容周”，再细分形成了美容展、化妆品展、国际保健展、个人时尚用品展4个专题展。所有这些展览会都成为了法兰克福展览公司旗下的国际品牌专业展。

2）扩大行业影响

为实现“大而专、专而精”的发展格局，2010年第十二届广州建博会通过独立的专业化展览会操作，首次将“整体厨房及材料展区”独立成展，即2010中国（广州）国际厨房设备及配件展。从2007年到2010年，陶卫、地材和厨房题材逐年实现独立成展，让建博会的展览会结构更紧密、更合理，扩大了行业影响力，放大了企业的参展效果。这种办展模式在过往几届广州建博会中被证明非常不错，品牌云集、一位难求的热烈效应验证了独立办展模式的成功。科尼尔橱柜公司相关负责人表示，这种独立成展的办展模式能把一个行业凸显出来，如果条件允许的话，也可以借鉴到其他行业上。

3）吸引专业观众

只有通过独立成展，使健身展的定义和分类更加清晰，才能吸引更多专业人士的关注。

目前，健身展独立成展已经迈出了体博会改革的第一步，对于未来的发展，专业展是发展方向，具体要视市场条件而定。

资料来源　超人.独立成展的背后：成熟展览会发展趋势［EB/OL］.［2012-05-05］.http://sports.sina.com.cn/o/2013-04-30/19346545651.shtml.

问题：体博会健身展独立成展之前，主要调查分析了哪些方面的信息？

分析提示：会展市场调查与分析的内容主要包括产业环境、目标市场、政策法规、同类会展、自身资源五个方面。

□ **实践训练**

假设你是所在地区某个会展公司的策划人员，该公司需要在本地开发一个新的会展项目，请你根据市场调查与分析的结果，进行新项目的立项策划，并形成文字方案。

要求：掌握科学的调查方法，信息收集全面、充分；掌握会展立项策划的基本要求和方法；提出的方案内容完整、富有创意，并有一定的可行性。

第3章

会议实施方案策划

学习目标

在学习完本章之后，你应该能够：

了解会议活动及策划的相关知识；

明确会议实施方案策划的意义；

熟知会议实施方案策划的相关技巧；

掌握会议实施方案策划流程。

【引例】

博鳌亚洲论坛独具创意的策划

博鳌亚洲论坛是一个非政府、非营利的国际组织，1998年由菲律宾前总统拉莫斯、澳大利亚前总理霍克及日本前首相细川护熙发起，2001年2月，博鳌亚洲论坛正式宣告成立。从2002年开始，论坛每年定期在中国海南博鳌召开年会。海南博鳌这个昔日的小渔村如今已闻名四海。博鳌亚洲论坛已成为就亚洲以及全球重要事务进行对话的高层次平台，赢得了全世界的广泛关注。

作为后起者的博鳌亚洲论坛何以能够从众多在世界上知名度较高的论坛（如亚太经合组织会议、亚太经社会会议、亚欧会议、达沃斯世界经济论坛等）中脱颖而出并迅速崛起呢?主要是得益于其具有独特创意的策划。

首先，博鳌亚洲论坛具有鲜明的时代特征，反映了在经济全球化背景下亚洲各国希望加强对话、寻求合作、实现共同发展的时代要求，论坛的英文名称“Boao Forum for Asia”而非“Asia Forum”的表述也鲜明地强调了它的开放性、泛亚洲性和国际性。博鳌亚洲论坛是第一个从亚洲的视角去审视世界重大经济问题，同时又通过与世界和地区的对话与交流来深化亚洲内外的经济联系的论坛活动，虽然属非政府性质的论坛，但其背后有着有关国家政府的大力支持。

其次，博鳌亚洲论坛特别策划组建了博鳌亚洲研究和培训学院，聘用最具实力的专家教授任职，并与世界一流的科研院所联合，负责论坛的智力支撑和人力资源开发。论坛成立以来，已经吸引了包括乔治·布什、蒙代尔、比尔·盖茨、尤努斯等在内的许多风云人物在此发表演讲，为亚洲发展问题献计献策。这可能是博鳌亚洲论坛与其他论坛的一个显著差异，也是博鳌亚洲论坛的优势所在。

再次，博鳌亚洲论坛包容性强，会议成员既有发达国家，也有发展中国家；并包括繁多的宗教国家，如佛教国家、基督教国家、伊斯兰教国家、印度教国家和东正教国家等。

最后，论坛总部选址在中国独具特色的海南博鳌。海南博鳌已建设成为一个专门为论坛设计的集生态、休闲、旅游、智能和会展服务为一体的综合功能区，其总体规划始终将论坛置于核心位置，博鳌集江、河、湖、海、山为一体，其丰富多样的自然环境，不仅在亚洲独具特色，在全球范围内也较为罕见。

这一案例表明：成功的会议离不开成功的会议策划，会议方案的策划者应该充分利用各种资源进行恰到好处的策划。

● 3.1　会议活动概述

3.1.1　会议的概念

会议指至少三个以上的人在特定的时间、地点聚集在一起，就共同关心的问题进行交流和讨论，以达成相互间接受的解决办法或基本共识，开会的基本目的是信息分享与达成协议，是重要的交流方式。孙中山曾说过："凡研究事理而为之解决，一人谓之独思，二人谓之对话，三人以上而循一定规则者，则谓之会议。"因此，会议是一种"聚众议事"的活动，是一种有目的的、有组织的行为。会议有规模大小和时间长短之分。

3.1.2　会议利益主体构成

会议利益主体主要包括主办者、承办者和与会者。

1）主办者

主办者是指对会议活动的组织、管理、协调负主要责任的机构或者个人的统称，会议都是由主办者举行的，主办者通常包括具有领导和管理职权的机关、会议活动的发起者、特定组织的成员、通过一定的申办程序获得主办权的组织。一般可分为公司、协会，或非营利性机构（如政府机关、公众团体）等。

随着会议主办形式的发展，现代会议的主办还往往涉及相关协办者或赞助者。

协办者对会议活动承担民事法律连带责任。会议协办的方式主要有以下几种：①经费资助，即协办者向主办者提供一定的经费支持。②名义使用，即协办者允许主办者使用自己的名义。③智力支持，即协办者向主办者提供咨询、策划等智力支持。④物资援助，即协办者向主办者提供举办会议必需的物资。⑤人力保障，即协办者向主办者提供举办会议所需的会务人才支持，包括临时借调工作人员、招募志愿者等。⑥工作分担，即协办者分担主办者的一部分组织工作。这种情况下，主办单位与协办单位的分工必须明确。协办可以是无偿的，也可以是有偿的。

在举办一些大型会议活动时，赞助是解决会议经费问题的有效办法。赞助的方式可以是提供资金，也可以是免费或优惠提供场地、设备和其他会议用品。赞助者也可以是协办者。但两者在法律责任上有所区别，前者负民事法律上的连带责任，后者则不承担民事责任。赞助者通常可以获得会议活动的会徽、吉祥物、名称的使用权。

2）承办者

具体落实会议组织任务的机构或个人称为会议承办者，承办者既可以来自主办者内部，也可以来自主办者外部。承办者对主办者负责，具体职责由主办者决定或协商谈判确定。

内部承办者往往是来自会议主办组织中的成员，通常会设立一个秘书处或筹划委员会，专门处理会议的筹备、管理和策划工作。秘书处或筹划委员会负责确定会议目标、会议选址、定义与会人群、确定会议时间、调配资源、安排人员、批准预算等。

外部承办者通常是会议或相关行业中的专业人士，如专门提供会议承办服务的会展公司或旅行社。随着会议中介服务的发展，有越来越多的主办者将会议委托给中介公司筹办，这样，会议中介公司就成为具体承办者。此外，会议的承办涉及为会议提供各种服务和物资的供应商，其中包括酒店、会场、旅行社、航空公司、汽车公司、公关组织、印刷公司、货运公司等。会议的主办者将这些服务项目承包出去，这些机构也就成了具体的承办者。

3）与会者

与会者是指参加会议活动的对象，通常又称为会议成员、参加者或注册者。与会者是会议活动的主体，是会议活动成功与否的重要因素。与会者的数量多少决定了会议规模的大小。

与会者的类型包括正式成员、列席成员、特邀成员和旁听成员。如贵宾就是会议的特邀成员，会议通常借贵宾的知名度来扩大会议的影响，贵宾可以是官员、影视明星或公众名人，通常会受到特殊的对待。

3.1.3 会议的分类

现代会议正朝着多元化发展，形式越来越多样化，出现了电视电话会议、视频会议等高科技形式。但一般来说，会议按常见的分类标准可以有以下几种：

1）按照会议的地域范围和影响力分类

（1）国内会议。国内会议是会议代表均来自会议举办国的会议活动，又可细分为全国性会议和地方性会议。

（2）国际会议。国际会议是会议代表来自不同国家的会议活动，一般又细分为全球性会议和区域性会议。

【知识链接3-1】

国际会议协会和国际协会联合会对国际会议统计标准的规定

总部设在荷兰的阿姆斯特丹的国际会议协会（International Congress and Convention Association，ICCA）创建于1963年，是全球国际会议最主要的机构组织之一。国际会议协会对国际会议的统计标准做出如下规定：国际会议至少有20%的外国与会者；会议至少能吸引50位出席者；会议必须定期举行，一次性会议不能列入统计范围；会议要在至少3个不同国家之间轮流举办。

而另一主要国际会议组织——国际协会联合会（UIA）对国际会议统计标准的规定则要求：国际会议出席人数至少300人；代表国籍至少为5个国家；外国出席人数至少占40%；会议期至少3天；上述统计不包括国内会议和宗教、政治、商业和体育等会议。

资料来源　张红.会展概论［M］.北京：高等教育出版社，2003.

2）按照会议的性质分类

（1）营利性会议。营利性会议大多由专业会议公司或一些营利性机构来组织，如企业战略研讨会、营销高峰论坛、行业培训会议等。

（2）非营利性会议。非营利性会议包括政府工作会议、协会会议、公司内部会议、非营利性组织筹办的会议等。

3）按照主办者的性质分类

这是国际上通行的最主要的会议划分方法，一般将会议分为协会（行业）会议、公司会议和其他组织会议三大类。

（1）协会（行业）会议。协会（行业）会议是会议市场上的主要客源，具有周期稳定、规模大等特点，主要目的在于扩大本行业的交易和行业发展，如贸易、医药等行业会议。

（2）公司会议。公司会议是公司组织处理本公司的事务，包括营销、培训或股东讨论等会议。

（3）其他组织会议。其他组织会议包括政治团体、宗教等其他组织举办的会议。

4）按照会议活动的内容分类

会议按照活动的内容来划分具体可分为商务会议、文化交流会议、专业学术会议、政治会议及培训会议等。

（1）商务会议。公司、企业因业务、管理、发展等需要而展开的会议被称为商务会议。出席这类会议的人员素质比较高，一般是企业的管理人员和专业技术人员。这类会议经常伴有宴会。会议效率高，会期短。

（2）文化交流会议。各种民间和政府组织开展的跨区域性的文化学习交流活动，常以考察、交流等形式出现。

（3）专业学术会议。这是某一领域具有一定专业技术的专家学者参加的会议，如专题研究会、学术报告会、专家评审会等。

（4）政治性会议。国际政治组织、国家和地方政府为某一政治议题召开的各种会议属于政治性会议。政治性会议根据内容需要一般采取大会和分组讨论等形式。

（5）培训会议。用一个会期对某类专业人员进行的有关业务知识方面的技能训练或新观念、新知识方面的理论培训。培训会议可采用讲座、讨论、演示等形式进行。

5）按照会议的组织形式分类

（1）论坛。论坛一般由小组组长或演讲者来主持，有许多听众参与，特点是可进行反复地深入讨论。通常分别由小组组长和听众提出问题并讨论，两个或更多的发言人可以就各自的不同意见向听众进行阐述，会议主席将总结各方意见并引导讨论，听众可以提出各自的问题。

（2）研讨会。相对论坛而言，研讨会更正规，研讨会一般由一些个人或专门小组做示范讲解，一定数量的听众参与讨论。会议中观点和意见的交流较少。专题讨论会、座谈会、进修会、讲习会、讲座、演讲等也属于研讨会形式。

（3）报告会。报告会通常由个人或专门小组进行专题讲演，一般不存在讨论，组织得更加正式和严密。传达会、表彰会、纪念会、动员大会等多属于报告会形式。

6）按照会议的规模分类

（1）小型会议：与会人数少于100人的会议活动。

（2）中型会议：与会人数在100至1 000人之间的会议活动。

（3）大型会议：与会人数在1 000至10 000人之间的会议活动。

（4）特大型会议：与会人数在10 000人以上的会议活动。

3.1.4 会议一般操作流程

会议的一般操作流程包括会前、会中和会后三个重要阶段。会议的主办者制定会议的计划并委托给承办者，承办者围绕既定的主题进行精心设计，并在市场上联系买家（即目标与会者、相关人员以及举办场所），最后自己或将业务分包给专业的会务公司进行会议的各项接待和会后的后续工作。整个会议的一般操作流程，如图3-1所示。

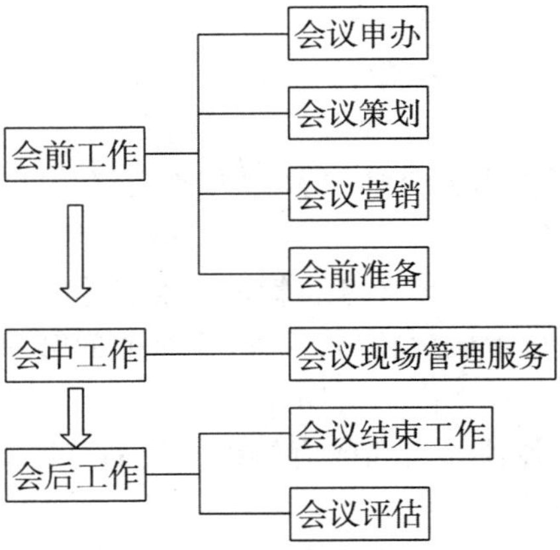

图3-1 会议的一般操作流程

3.2 会议活动策划

3.2.1 会议策划的含义和意义

1）会议策划的含义

会议策划就是围绕会议活动的目标，在全面、深入分析会议信息的基础上，运用科学的策划方法，制订会议活动最佳方案的创造性思维活动的过程。作为会议活动整体策略的运筹规划，会议策划贯穿会议的整个流程。

2）会议策划的意义

成功的会议离不开成功的会议策划与管理，整合各种资源将会议活动的各个环节合理联系起来，是会议组织者面临的重要问题。会议策划具有下列意义：

（1）提供会议决策方案。决策是对未来行动方案的抉择，有好的方案才会有好的决策。会议策划的目的就是在整体筹划的基础上寻求最合理、最经济、最有效的方案，为会议决策提供科学依据。

（2）保证会议活动的经济效益。运用科学方法进行会议策划可减少会议活动的盲目性和不合理性，有效地避免浪费，保证会议活动的效率和效益。

（3）塑造会议品牌形象。会议策划根据会议市场的需求，利用各种资源进行创新，努力创造自身优势和特色的亮点，提升竞争实力，塑造会议品牌形象。

3.2.2 会议策划基本流程及技巧

从具体的工作流程上来说，会议策划主要包括以下具体项目，即会议目标策划，确定会议主题和议题，选择会议场地，明确会议嘉宾、主讲人、听众，编制会议日程，准备会议资料，进行会议宣传推广，最后还包括制订会议接待计划，即现场管理计划等项目策划。

从本质上来说，会议策划就是具体回答以下六大要素问题：即会议目标（why）——为什么开会；会议主题和议题（what）——开什么会；与会人员（who）——谁参与会议；会议时间（when）——什么时候开会；会议地点（where）——在什么地方开会；会议形式（how）——怎样开会。

1）会议目标策划（why）——为什么开会

人们举行会议是为了达到某种目的或完成某个任务。会议目标策划解决了为什么开会这一最基本的问题。会议的目标是会议组织者的期望和会议所要完成的具体任务，因而会议目标决定会议的议题，引导会议的结果。

本章引例中的博鳌亚洲论坛的目标是创立第一个以亚洲为立足点，从亚洲的视角去审视世界重大经济问题，同时又通过与世界其他地区的对话与交流来深化亚洲内外经济联系的论坛活动。其会议目标的策划定位清晰、任务明确，论坛因而取得成功并积极发挥着应有的作用。

2）会议主题和议题策划（what）——开什么会

会议主题和议题策划是会议策划的一项重要内容。会议主题是围绕会议目标确定并贯穿一次会议中各项议题的主线，是会议的灵魂。会议议题则是紧扣主题付诸会议讨论或解决的具体问题。成功的主题和议题具有强大的号召力，在吸引社会关注、树立会议形象、实现会议目标、提高会议效率等方面都起着不可忽视的作用。相应的，主题和议题确定不当是导致会议失败最致命的原因之一。

（1）会议议题策划原则

①时代性。会议的议题要有的放矢，紧扣某一领域的热点和难点问题，紧紧把握时代脉搏，不能脱离现实。

②前瞻性。会议议题针对某一领域的发展现状和发展趋势，要适度超前，对问题要看得更远、更深，能切实反映某一领域发展动态，不能只局限于眼前情况。

③适度性。会议议题的数量要适度，避免因议题过多导致会议时间冗长，会议效率下降。

④主次性。要分清议题的主次轻重，明确中心议题或主要议题，以保证与会者把主要精力集中在最重要的问题上。

⑤充分性。议题准备一定要充分，在拟订议题的同时，还要提交相关的背景材料，以便讨论和决策时参考。

⑥集中性。对内容相关的议题要适当集中或归并讨论，避免和减少重复讨论。

（2）会议议题策划的一般程序

会议议题策划的一般程序如图3-2所示。

收集议题 → 筛选议题 → 加工和调整议题 → 确定议题

图3-2　会议议题策划的一般程序

为了更好地确定议题，会议组织者可以征询相关机构、行业专家的意见，也可以针对与会者展开调查，让他们提出建议，在此基础上，会议组织者再综合各方面的意见，并结合会议的定位来确定会议的各项议题。

3）与会人员确定（who）——谁参与会议

（1）与会人员的确定。与会人员是会议活动的主体，选择合适的目标与会人员是会议成功基本前提。在确定与会人员时要遵循的各项原则见表3-1。

（2）会议发言人的确定。在会议上所做的报告、讲话、演说、辩论、质询、答辩、交谈、表态等属于发言的具体形式，发言人是会议的卖点之一。会议发言人的名声、地位、水平等对人们是否参加会议有着重要的影响。因此，会议组织者应精心策划，尽量邀请高层次的会议发言人到会。确定会议发言人需要掌握的技巧见表3-2。

4）会议时间策划（when）——什么时候开会

会议时间策划主要解决两个问题：什么时间召开会议；会议时间的长短。

表3-1　**与会人员的确定原则**

原　则	相关技巧
合法性原则	符合法律、法规、规章以及组织章程、议事规则的有关规定
必要性原则	能帮助实现会议目标的人员、能因参与会议获益的人员、跟会议议题相关联的人员、能满足会议公共关系需要的人员、可提供专业或独家信息的人员、可起到协调者作用的人员、利于会议组织者意愿表达的人员
代表性原则	充分考虑会议参加者的代表性，尽量选择代表一个团体或群体的人员
规模适度原则	根据会议的性质和需要达到的效果及客观条件来确定规模，坚持规模适度原则。互动讨论型的会议，考虑人际互动的复杂程度，此类会议应控制与会人员的数量；非互动讨论型的会议，可根据信息接收的对象范围，将会议规模扩大到所需要的程度

表3-2　**会议发言人员的确定技巧**

原　则	相关技巧
挑选途径	①从与议题有关的行业、专业方面的专家、权威中挑选会议发言人；②通过征集论文，从应征论文的作者中择优选定
发言人的能力素质	发言人的能力素质决定其能否准确有效地表达自己的观点并说服和感染他人，因此理想的会议发言人应有较高的学术水平、口头表达能力、思辨能力和临场应变能力等
发言人的代表性	发言人应该能代表和反映不同的观点和声音，尽可能选择来自于不同的地区、部门、职业和阶层的发言人
发言人人数控制	必须考虑会议时间、会议效率和发言人的代表性等多方面的因素
发言时间限定	合理限定发言时间是提高会议效率、保证会议顺利进行的必要措施
发言顺序安排	①按确定的议程或发言主题的重要程度；②按报名时间先后；③按身份从高到低或从低到高；④按发言人的姓氏笔画或会议代表团的名称笔画；⑤通过抽签决定；⑥由会议主持人在会上临时点名指定；⑦由发言人自主决定
发言人的特殊要求	如发言人对发言时间安排、酬金的要求，是否同意录音，是否需要特殊设备等
发言人的最终确认	必须在会议开始前跟发言人确认他们能否成行以及发言内容是否已经准备妥当
发言方式	根据会议的类型选择最为合理的发言方式，有邀请或指定发言和自由发言两大类，也可以同时采用多种发言方式
发言主题符合会议的目标和议题	明确发言主题是会议组织者指定，还是发言人自选；在对发言人发出邀请时向其介绍会议的目标和议题

（1）会议时间确定原则

时机原则：选择成熟时机举行会议。会议的目的是解决问题，解决问题的时机成熟与否是决定会议的成败的因素。所选时间富有意义，能烘托会议的主题，时机成熟的会议应及时召开。

合理原则：符合人的生理和心理规律，劳逸结合，利于推动工作。如周一与周五这两天紧贴每周例行的假日，与会者可能会受假日活动的影响，不容易集中注意力，因此不适合举行会议；另外上午8：30-10：30，下午3：00-5：00是会议最可能取得高效率的时间段，而午饭以后是人们都容易懈怠的时间段。

可操作性原则：根据行业特征或与会者的时间情况来恰当安排，尽量不要由于时间上安排不妥而造成与会者的缺席。例如，每年的旅游交易会多安排在旅游的淡季举行。有重要领导参加的会议，需要特别注意协调领导参加会议的时间，以免发生冲突。

（2）会议时间的长短

会议时间的长短应根据会议的实际需要来确定，主要的考虑因素包括：会议的各项议程是否能够完成；会议的发言是否充分，与会者能否充分表达意见；是否需要留出一定的机动时间以应不测，还有会议的成本和效率。

通常，会期在一天以上（含一天）的会议，一般包括很多仪式和社交活动，所以在会议长度上要给予较宽裕的时间安排。对会议具体长度的安排，要根据会议上所需议程和仪式等各项内容的多少来确定。

考虑到与会者生理特点，一般会期超过一天的会议，必然需要安排成几个小会，每个小会应该控制在一个小时以内，否则会造成与会者的疲劳、精神不集中以及抱怨，这样效率就会降低。

5）会议地点策划（where）——在什么地方开会

会议地点选择实际上包括两方面的含义：一是选择会议的举办地，即在什么国家、地区及城市举行；二是选择会址，即会议举行的场所。最终，确定会议具体在某一城市的某一个场所举行。会议地点的策划是一个系统工程，需要综合考虑各方面的因素。会议地点选择因素包括：

（1）会议地点声誉和环境。会议地点的选择往往超越了会议本身的意义，且具有浓厚的政治和经济色彩。会议策划者应该关注举办地的声誉如何，是否能够产生良好的政治影响和经济效果，理想的举办地能提高会议的地位和威望。另外举办地气候是否理想、举办地周边环境是否有吸引力，会场的空气质量和噪音大小如何，能否创造合适的气氛和环境、突出会议的主题、营造良好的会议气氛，会议地点过去的服务是否令人满意，会议主办者、与会者或者其他人以前是否在这个场所举办或参加过会议，他们对其的评价如何等都是选择会议地点需要考虑的因素。另外，举办地营销活动的效率也影响到会议地点的确定。

（2）接待能力。举行大型会议时必须考察会议举办地是否具备会议所必需的场馆、住宿、餐饮、交通、基础设施等接待条件。

住宿设施接纳能力包括酒店可提供的客房数量有多少，是否使用一个以上的酒店，设施的配备是否齐全。

会议设备接纳能力包括会议地点能否提供大小合适的设施，会议场所设施的布局和平面图是否适用，会议厅的数量、大小、规格和布局，桌椅、照明、通风、视听、通信等设施以及走廊、卫生间、休息室、寄存处等公共区域设施，会场指示标志，为行为障碍者提供的设施等是否符合要求。

交通位置和基础设施包括举办地交通是否便利，是否拥有国际机场和足够的国际航线，或者是否有较重要的铁路线和高速公路经过，会场与交通集散地、与会者下榻酒店、会议期间观光考察地点的距离及往来便利程度，主会场与分会场的距离等；当地基础设施是否适用，标准如何。

会议举办城市应当有较平整宽敞的道路和较通畅的交通状况，还应有足够数量和较高质量的交通工具，如较高档次的出租车、公交车等，以方便与会者进入和离开会议场所和住宿宾馆。会议组织者也可以租用车辆或委托旅行社安排交通工具，以便在集体活动中统一运送与会者。

（3）服务。对服务标准的感受如何，工作人员是否经过专业指导，是否着装得体、服务周到，服务效率如何，会议场所可以提供哪些娱乐活动，附近是否有商店、美容院和理发店，是否有汽车租赁服务，是否为会议代表提供来往交通服务等。

（4）花费。会议地点住宿的价格是否合适，所需会议空间的价格如何，在该地点举办会议是盈利还是亏损，会议场所的价格和收费方式如何，是否需要缴纳押金，是否对某些设施进行特别收费等。

（5）安全和其他标准。是否会发生罢工、自然灾害、联合抵制和其他敌对事件，酒店是否设置火灾警报系统和消防设施，是否有安全出口，是否配备了保险箱，是否有常驻医生，距离最近的急救中心有多远，保安水平如何等。

【案例分析3-1】

2013年《财富》全球论坛为何选择成都

2012年4月9日，美国《财富》杂志全球总编苏安迪在北京宣布，第十二届《财富》全球论坛将于2013年6月6日—8日在四川成都举办。本次论坛以“中国的新未来”为主题，届时各国首脑、《财富》全球500强企业领袖、世界知名经济学家将与会。

作为著名的全球财经会议之一，《财富》全球论坛被称为“把握世界经济走向最清晰和最直接的窗口”，其对举办地的选择，具有风向标意义。每一届举办地都是“全球范围内最具经济活力的地方”，这是该论坛第四次选择中国，也是首次选址中国西部城市。

1．西部经济发生脱胎换骨的巨变

苏安迪说，一个巨大的新传奇正在中国上演，这个新传奇就是西部大开发。西部大开发10年过去，西部经济发生脱胎换骨的巨变，成都是其中的翘楚。

2011年4月和今年2月，国务院相继批复了《成渝经济区区域规划》和《西部大开发“十二五”规划》，成渝经济区成为国家深入实施西部大开发战略的重点区域，明确了以成都、重庆为核心，沿江、沿线为发展带的“双核五带”空间格局。天府新区作为建设成渝经济区成都极核的龙头项目，与成渝经济区一道上升为国家战略。

作为国务院确定的西南地区的“三中心两枢纽”（西南地区的科技中心、商贸中心、金融中心和交通、通信枢纽），成都拥有着中西部地区最发达的航空交通和铁路物流。2011年，成都机场凭借2 907.4万人次的旅客吞吐量，成为“航空第四城”，并在今年初被中国民航局列为同北京、上海、广州三大机场并列的同类型国家级航空枢纽。

随着韩国第二大全国性商业银行和唯一国有银行友利银行在成都开设其在中西部地区的首家分行，成都的外资银行数上升至13家，数量继续保持中西部第一。成都还是中西部地区外国领事馆最多的城市。

目前，已有超过200家世界500强企业落户成都。全球每两台笔记本电脑的芯片就有一枚是成都制造。全世界超过半数的iPad产自成都。

2010年，美国知名财经杂志《福布斯》刊文称，成都是世界上未来10年发展最快的城市。今年3月，英国《经济学家》智库与花旗集团共同发布的全球最具竞争力城市的最新调查报告中，成都排名中国中西部第一。

西部大开发以来的12年，成都经济年均增速位居12个西部省会城市之首，已成为西部大开发的标杆城市，有着巨大的经济增长潜力和发展空间。

2.成都五大理由吸引《财富》

巨大的经济发展潜力、强大的创新能力、独特的文化气质、丰富的国际会议承办经验以及优良的政务服务，这五大理由让成都最终成为《财富》全球论坛举办地。

成都目前已集中了四川省1/6的人口和1/3的经济总量，GDP占西部地区的8%，正发展成为西部经济核心增长极。中国社科院发布的《2011年中国城市竞争力蓝皮书：中国城市竞争力报告》显示，成都的科技竞争力位居西部地区首位。

悠久的历史传承，深厚的文化底蕴，休闲的生活方式，成都以独特的文化吸引了大量中外游客。3 000多年前，这里便有了高度发达的金沙文明。作为中国首批历史文化名城之一，成都是唯一一座2 000多年来城址不改、城名不变的城市。

《财富》全球论坛选址成都，另一个重要因素是成都拥有承接大型国际会议的经验和专业高效的服务团队。近年来，成都举办的西部国际博览会、国际车展、国际美食旅游节等展览会均已具有较高的国际声誉，全国（春季）糖酒商品交易会创办以来已22次“花开”蓉城，去年起永久落户成都。2009年以来，成都连续被业界评为“中国十大会展城市”“中国十大魅力会议目的地城市”等。

中国的未来如何发展？中国对全球经济又将产生怎样的影响？《财富》全球论坛

将在成都寻找答案。

资料来源　佚名.2013年财富全球论坛为何选择成都［EB/OL］.［2013-05-05］.http：//sc.sina.com.cn/news/b/2013-05-05/212086660.html.

分析提示：考虑到1995年创办以来，《财富》论坛制定的选址标准：其举办地不一定是经济最发达的地区，但一定要是经济发展最富活力、不断创新的地区。中国经济的发展正好代表了这种活力和创新。

6）会议形式策划（how）——怎样开会

会议是一种程式化的活动，各种形式的会议有自己的模式和程序。会议形式策划主要受到会议的目标、性质、参会者、会议现场及技术等诸多因素的制约。

（1）会议的目标。决策型会议应采用便于决议事项的程序化强的方式；征询研讨型会议，应采用便于发表意见、可以充分讨论、开放的形式；宣传教育型会议，应采用增强宣传效果的方式；传达精神型会议，则应考虑扩大传达面的形式等。

（2）会议的性质。法定性会议、决策性会议等会议严肃而庄重，一般采取程序严格、场面庄严的会议形式。

（3）与会人员的身份。较高层次的领导人参加的会议，应当采取较为集中、正式的形式；不同单位、不同系统人员参加的会议，可采取座谈等更开放的形式。

（4）会议现场、座位格局、会场装饰等。会场座位的摆放形式受制于会议的目的、性质、功能和类型，不同形式的座位格局、文字装饰、图案装饰、色彩装饰和实物装饰等会产生不同的会场效果。

（5）技术因素。技术因素主要是视听设备、计算机及其网络系统等客观条件。

3.3　会议接待方案策划

3.3.1　会议接待的含义

会议各项内容确定后，要策划完整的会议接待办法和周密的会议现场管理措施。会议接待是指围绕会议参加人员的迎送和吃、住、行、游等方面具体事务的安排，是会议活动的具体落实和保障，关系到会议的成败。出色的接待会让与会者有宾至如归的感觉，树立良好的社会形象，提高会议知名度，有利于提高一个城市乃至一个国家的国际声望；反之，接待工作不到位，则可能出现各种混乱状况。2001年上海举办的APEC贸易部长会议的接待工作堪称世界一流，大大提升了举办地上海的国际形象。

3.3.2　会议接待方案策划

1）迎送和引导

（1）准备工作。要了解与会人员的情况，具体包括：①姓名、性别、年龄、身份、职务、民族、宗教信仰、生活习俗、健康状况、所代表的组织机构等；②参会目的；③抵达和离开时间及交通工具。上述情况可通过汇总会议回执和报名表，或查阅以往会议的档案资料获得。

（2）确定迎送规格。对于邀请的嘉宾和重要发言人，应遵循身份相当原则安排工作人员和车辆迎送。通常迎送人与主宾身份相当，按照高规格接待来宾，体现高度重视、扩大宣传的服务理念。对于非常重要的来宾，可以献花迎接，通常由女童或女青年在参加迎送的主要领导与主宾握手之后将花献上，但要注意忌用菊花、杜鹃花、石竹花以及黄色花朵。

（3）不同的客人按不同的方式迎接。迎接大批客人时可事先准备特定的标志，让客人从远处即可看清；对首次前来又互不认识的客人，应主动打听，并自我介绍；而对比较熟悉的客人则不必介绍，仅向前握手，互致问候即可。

（4）到达和离开的时间如有变化，应及时通知有关人员。迎接人员通常应提前15分钟到达迎送地点，绝对不能迟到。迎送的目的是为了给每一位与会人员宾至如归的感觉。

【知识链接3-2】

会议服务礼仪

称呼：国际上对男子通常称先生，对女子通常称夫人、女士、小姐。其中对已婚女子称夫人，对未婚女子称小姐，而对不了解婚姻状况的女子可称女士。对地位高的官方人士，还可直接称其职务或阁下。

介绍：通常由礼宾工作人员或欢迎人员中身份最高者，先将前来欢迎的人员按其身份从高到低依次介绍给来宾。在介绍两个人互相认识时，一般是把男士介绍给女士，把年幼者介绍给年长者，把身份低者介绍给身份高者。

握手：伸手次序由尊者决定。公务场合职务高、身份高者先伸手；非公务场合，年长者、女性先伸手。握手忌用左手、忌戴手套、忌戴墨镜、忌手脏；握手时，忌与他人交叉，让别人握完再握；握手时目光注视对方，面带微笑；切忌用力晃动，轻轻一握即可。

陪车：当有专职司机开车时，主人坐在司机后面，主宾坐在主人的右侧。上车时，最好请主宾从右侧门上车，主人从左侧门上车；如果主宾先上车，坐到了主人的位置，则不必请主宾挪动位置。如果是主人自己开车，则要请主宾坐到主人的右侧，也就是副驾驶的位置。乘坐中型或大型面包车时，则前座高于后座，右座高于左座；距离前门越近，座次越高。忌关门过急，伤到客人。下车时，要主人先下，为客人打开车门，请他们下车。

引导：引导应贯穿于整个会议期间。引导与会人员时，应在左前方大概一米远的位置，随与会人员步伐轻松行进，并时刻注意保持步速，可以适时回头或用眼角余光观察被引导者的跟随情况；出入房门时，引导者主动开门、关门；出入无人控制的电梯时，引导者先入后出电梯；在转弯或有台阶的地方要回头及时提醒被引导者注意。

资料来源　杨劲祥.会展实务［M］.大连：东北财经大学出版社，2008.

2）会议登记

会议召开前，会议登记是最重要的工作。会议登记给与会者的第一印象非常重要，接待人员必须特别重视。为做好会议登记，会议组织者必须准备好会议登记时所需的材料。

（1）会议登记表。会议登记表是收集与会者信息的最佳途径之一。会议登记表的项目设计取决于会议组织者需要了解多少信息。会议常见的登记形式有以下几种：

①签到登记簿：签到登记簿是会议组织者为会议签到专门印刷的。签到内容包括到会人员的姓名、性别、年龄、职务和工作单位等。大多数会议都是在签到时完成登记的。表3-3是较为常见的会议签到登记格式。

表3-3 会议签到登记簿

序号	姓名	性别	身份证（护照）号码	工作单位	职务	职称	通讯地址	联系电话	入住酒店	房号	抵达时间	离开时间	备注

②宣册签到簿：适用于小型会议或大型会议的特邀嘉宾等。宣册签到簿是一种比较高级、装帧精美的簿册，宣纸制作、锦绫裱封、古色古香，签到者只需签署姓名，具有收藏价值。

③签到卡片：供会议正式代表用于会议签到，卡片上印有会议名称、时间和持有卡片人手签的姓名。会议期间要举行几次全体大会，会议组织者就为每位正式代表发放几张签到卡片。举行全体会议时，代表在入口处将签到卡交给负责签到的工作人员即可。

④电子签到卡：代表只要将签到卡插进签到器的特定位置，大会中心和主席台上的屏幕就会立刻显示出大会的实到人数。

（2）会议入场证。可采用印刷、计算机打印、手写、打字等形式，通常印有会议的标志、会议名称、与会者姓名、单位、编号等，有时还附上本人照片。

（3）票证。会议期间所用的餐证等各种票证，尤其是宴会餐券或其他特殊活动票证，要求按时间、用途写清楚。票证是一种控制人数的好方法，尤其在特殊活动中以票证为凭证可掌握出席的准确人数。

（4）会议资料袋。资料袋装有与会者在会议期间所需要的各种信息，同时也包括便于客人了解会议的资料和闲暇时间娱乐安排的资料。

（5）与会者通讯录。与会者通讯录便于与会者查找同事、老友，结识同行业新朋友，也便于以后通信及交往。

3）住宿安排

对会议的住宿安排，要仔细分析与会者的基本情况（身份、职务、年龄、生活习惯等），事先制订方案，做到合理分配。应处理好以下方面：

（1）集中住宿。为助于会议期间的信息沟通和会务联系，最理想的住宿安排是与会者都能（或相对集中）安排在举行会议的同一家宾馆。如果会场不能安排住宿，那么住宿地与会场距离要近，与会者最好同在一家宾馆。这样既方便，又节省时间和交通费用。

（2）住宿安排合情合理，适当有别。安排房间时，要考虑房间的布局是否集中。与会者的身份高低不同，安排房间时，有必要做到有所区别。与会者中老、弱、病、残人士，应尽量安排他们住低层或离服务台近的房间；会议主要嘉宾的陪同或随行人员的房间，应安排在会议主要嘉宾的房间附近，最好是在隔壁或对面，以方便照顾；会议接待人员的休息室应安排在离入口或电梯间较近的地方，有醒目的标志，方便与会人员联络和寻找。另外，自费与会者如对房间有特殊的要求，也应当尽量予以满足；有外国友人参加的会议，应该按照国际惯例一人住一间房；对于相互敌对的国家、团体的与会人员，应尽量安排在不同楼层；为会议的贵宾预留出条件优越的房间。

安排房间时，尽量把先到达会场，或准备同时离开会场的人员的房间集中安排在一起，这样既方便管理，还可协调周转房间，节省费用。

（3）住宿规格适中，勤俭节约。要根据会议活动的实际需要来确定与会人员住宿的规格与标准，提供适合的住宿规格与标准。

（4）与会者住房表。一种是把所有与会者的名单按一定的顺序（如按姓名首字母）排列，在名字后面写上房间号码。另一种是按房间号码顺序排列的住房表，在每个房间后面写上与会者的姓名。这种住房表便于向与会者传递信息。

（5）住宿押金和账户。如果会议注册费中不包含住宿费，那么必须要求与会者事先缴付一定的押金，以免会后收不到住宿费而造成会议财务损失。会议组织者应当在宾馆开设两种账户，一种是总账户，一种是个人账户。所有会议的集体开销和包含在会议注册费里面的与会者的开销均记入总账户，与会者的其他个人开销记入其个人账户。总账户由专人控制，只有指定的会务人员签字的账单才可以记入总账户。

4）餐饮安排

会议筹备组会指定具体负责人根据餐饮活动预算与餐饮服务方谈判，确定每个餐饮活动的细节。会议餐饮服务方也应安排一个主管以上的管理人员作为餐饮经理，全面负责会议的餐饮服务。为了提高工作效率，餐饮经理必须要有权威性，能够代表服务方进行谈判，对于餐饮活动的各个细节能够尽快决定。

会议组织者根据自身要求设计会议的餐饮预订单，必须考虑以下内容：日程和时间；用餐场地；餐饮形式；标准和规格；价格；菜单（含酒水）；饮食禁忌；预定人数；音响设备；付款方式和签单负责人。使会议组织者和餐饮服务方都能明确每项餐饮活动安排的细节的目的是既保证餐饮活动按餐饮预订单进行筹备和检查，也以备出现纠纷时有参考的依据，保证会议餐饮活动的顺利进行。

会议组织方餐饮负责人必须在现场明确以下会议餐饮环节：①提供就餐人数以备餐饮服务方做好用餐准备。可根据会议报到登记情况进行统计，还可分组统计，然后汇总用餐人数。②明确就餐标准和规格，确定菜谱。就餐标准根据预算分解为早、中、晚餐的具体支出。在经费预算的范围内，根据就餐形式商定一份科学、合理的菜谱，并尽可能满足少数民族及有特殊饮食习惯（素食者）的与会代表的需求。③定好就餐形式。通常分为自助餐和围桌餐两种形式。自助餐（又叫冷餐会）常用于宴请人数众多的宾客，不固定座位，自行取食进餐。中式餐饮常采取围桌餐形式，就餐时宾主均按身份排位就座，要注重座椅的摆放礼仪。正式宴会通常要挂“欢迎宴会”的横幅。④发放就餐凭证。就餐凭证一般有两种：一种是印制专门的会议就餐券，在与会人员报到时与会议资料一起发放，每次就餐时收回；另一种是凭会议证件进入餐厅就餐。⑤就餐时间安排。就餐时间一般要同会议的作息时间相一致，安排时要考虑就餐的速度。早餐和午餐时间以1个小时为宜，晚餐可适当延长。⑥重视迎/送宴会安排。通常欢迎宴会安排在开幕式当晚，欢送宴会则安排在会议结束的当晚，目的是为与会者提供一个相互认识和话别的机会。有些会议也在闭幕宴会上安排一些其他活动，例如，颁奖活动和答谢活动等。欢送宴会一般为围桌餐，食品以正餐为主，可以适当地多提供一些酒水。

【案例分析3-2】

穆斯林和素食者的餐饮禁忌

某星级宾馆承接了一个大型国际商贸洽谈会的接待任务，考虑到各国经贸代表团的不同口味要求，工作午餐采用自助餐的形式，让代表们各取所需。开幕式当天中餐刚刚进行不到20分钟，组委会就接到了投诉。原来此次商贸洽谈会穆斯林和素食代表人数较多，组委会安排餐饮时虽然考虑到他们的特殊要求，但却没有为他们安排专门就餐区，可供选用的菜式也很少，并且跟其他菜式混杂，这引发了他们强烈的不满，几个阿拉伯经贸代表团成员都情绪激动地离开了餐厅。后经组委会做出许多补救工作矛盾才得以基本缓和。

分析提示：穆斯林和素食者等会议代表对餐饮接待有特殊要求。会务人员要充分了解与会人员的情况，了解各种餐饮禁忌，并做出妥善安排，采取相应的接待形式和方法，千万不能掉以轻心。

5）会议场地布置

会议场地是与会者交流沟通的空间，是会议活动的主要场所。会议场地的布置要体现出与会议目标、主题、进程相协调、相适应的气氛，场内各种标识要显著、明确，方便与会者的参与和利用，会议场地布置包括以下几个方面：

（1）背景台布置。背景台上最主要的物件是会议的标志，这个标志过去通常采用横幅的形式，现在比较流行背景板。背景板主要由三部分内容组成：会议的会标和相关组织的会标或者会徽；会议的中英文名称、缩写和会议的举办时间和地点；会议的主办方、协办方。会议背景板的设计要注意与向与会代表寄送的会议通知书的设计和色调相吻合，并且尽量简洁，不要使用过多的颜色和过于繁琐的设计。背景板是会议新闻报道中最醒目的一幕，与会代表们也经常会在这里合影留念，因此相当重要。背景板的上方悬挂横幅，横幅的设计和制作就相对简单，我国的会议通常采用红色的横幅，横幅上的字多采用白色。字的内容一般就是会议名称，如有英文名称，一般情况下采用中文在上、英文在下的形式。

（2）主席台布置。主席台中央摆放长条桌，桌子的长度根据就座主席台的人数而定。长条桌上通常要摆放鲜花、茶杯或矿泉水、桌签、纸和笔、话筒等。主席台右侧摆放讲台一个，有时候两侧均有讲台，讲台上也应摆放鲜花和话筒，供主持人或翻译以及演讲者同时使用。

（3）会场座位布置。会议召开期间，根据不同的会议内容及参加人数的多少，会采取不同的会场座位布置。会场座位布置主要有以下几种类型（见表3-4）。

表3-4 **会场座位布置主要类型**

	布置形式	适合的会议类型	优势	劣势
礼堂型	桌椅面对主席台摆放，中间过道较宽	适合大型讲座式的会议、开（闭）幕式、全体会议等	场面开阔、有气势；空间利用充分	座位固定无法调整，会议室后部可视性较差
教室型	桌椅成排端正摆放，按教室格局布置	需要做笔记的小型讲座和演示会	人均空间较大，利于做笔记	会议室后部可视性较差
方形中空型	无主席台，桌子成方形中空，不留缺口，椅子摆在桌子外围	小型会议、座谈会、协商性会议及分组讨论	易形成融洽与合作的气氛，利于相互交流与沟通	对会议人数有所限制，难以使用试听设备
分散型	多将酒会结合会议，中间的圆桌上可放鲜花或其他展示物	宴会式会议、茶话会、研讨会以及分组讨论	突出主桌的地位和作用，使会议气氛轻松和谐	要求会议主持人具有较强的组织和控制会议的能力

值得注意的是：会场座位布置要考虑会议的规模和性质以及需要营造的会议气氛，最大限度地根据会议场所的综合条件来合理安排。

（4）安排视听设备。视听设备是会议所必需的，它包括从简单的麦克风到复杂的双向交流卫星。视听设备用以辅助演讲、代替现场发言、进行娱乐活动等。由于技术手段不断进步，富有经验的会议策划者都想充分利用先进的视听设备与技术使会议取得成功。

视听设备的安排包括：①落实设备来源。一般会议中心都会有视听设备供客户使用，会议主办方也可以找一家会议服务公司，通过租赁的方式，由他们提供专业的同步翻译和视听设备，为会议服务。②现场检查。在会议筹备期间要对会议地点进行一次实地考察，检查视听设备是否与会场相匹配，效果是否处于最佳状态。③确认安装完毕的时间。视听设备从租赁到安装的全过程要安排具体的负责人，并明确安装完毕的时间。④使用测试。视听设备安装完毕后视听设备负责人要对所有环节进行测试，各操作人员要熟悉操作过程，会议召开前还要安排大会主持人熟悉会场和使用视听设备。通过测试，可以尽早发现问题。

6）旅游活动

在会议休会期间或会议结束后，会议组织者可以安排与会者观看文艺节目和参观游览。这样既满足他们利用会议之机游览当地或周边风景名胜的愿望，又再次为他们提供了社交的机会。

会议活动的参观游览一般分为两种：一种是商务参观考察。会议的主办方主要是落实好交通工具、安排好食宿、配备司乘人员和陪同人员，陪同外宾参观考察还应配备翻译。这类参观考察也可委托会议中介公司来组织。另一种是旅游观光。一般来说，会议旅游基本安排短线旅游，时间不超过两天（大多数为一日游）。会议的主办方大都是委托旅行社实施，但要选择信誉好、价格合理的旅行社，并提前将旅游时间、线路、住宿餐饮安排告知与会人员，并组织好报名工作。

安排游览之余的文艺节目时应注意几个问题：①文艺节目应当配合会议和会展活动的主题；②照顾观看人员的兴趣和要求；③文艺节目应体现会议所在地的民族特色和传统文化；④文艺节目的安排应在休会期间，不影响会议的进行；⑤安排好观看人员的接送。

7）安排返程，清理会场

会议结束后，会议接待人员还要做好与会人员的返程工作，具体要做到：

（1）预订返程票。在会议报到登记时要求预订返程票的与会人员填写返程方式、时间、航班或车次等内容，及时与有关部门联系订票事宜。在会议即将结束时，把预订的返程票交到与会人员手中，并确认无误，做好钱票交割手续，并根据与会人员的返程时间做好返程送行的安排。

（2）会议费用的结算。会议接待人员在安排与会人员返程的同时还要准确及时地结算与会人员的会议费用，开具正式发票等。

（3）合影留念。一般情况下，会议结束后可安排全体与会代表合影留念，在有领导人参加的会议中，与会代表与出席会议的领导人合影留念通常是必不可少的。

（4）告别欢送。与到会迎接一样，与会人员离会时也要热情欢送，具体要求是：安排好车辆将与会人员送至机场或车站；与会领导、特邀嘉宾等身份较高者应当由会议主要领导亲自到机场或车站送行；会议主要领导尽可能安排时间向大家告别。

（5）清理会场。会议结束后，要清理会场，把会场恢复到和使用前一样的状态。在检查会场和房间时，若发现与会人员遗忘的物品和文件要及时通知归还。

3.3.3 会议日程、议程和程序编制

1）会议日程

会议日程是指将会议所有活动按照每日单位时间进行具体落实安排，如颁奖、授勋、签字、揭幕、剪彩、奠基、升旗等，以及其他辅助活动，如宴会、招待会、参观、考察、旅游、娱乐等。会议日程是促使会议顺利有序进行和提高会议效率的保证。会议日程策划的基本要求：

（1）全面准确地把握会议的议题性活动、仪式性活动和其他辅助活动的关系，突出会议的议程安排，同时注意各项活动之间的协调性。

（2）科学分配各项具体活动所需要的时间。所需要的时间可进行预测。预测的依据主要有：上届会议上进行同样的活动所花的实际时间；本次会议的议题和其他活动的增减情况；每项议题的发言人数和发言时间；每项仪式性和辅助性活动大致所需的时间；中间休息时间等。

（3）既要贯彻精简、高效的原则，又要科学、合理，做到紧中有松，劳逸结合，符合人体生理和心理活动的规律，以提高会议活动的质量。心理学试验表明，人的精力和体力每天呈规律性变化，其高峰出现在上午10时左右和下午4时左右，这时，人的思维最清晰、情绪最饱满、精力最充沛、注意力最集中，是安排重要会议活动的最佳时段。

2）会议议程

会议议程是对会议议题性活动的程序化，即把一次会议的各项议题按照顺序编排起来。所谓议题性活动，即针对会议的各项议题所展开的报告、讲演、辩论、商讨、审议、选举和表决等活动，其特点是以口头或书面的形式交流信息，是会议活动的主体部分。制定会议议程不仅能够规范会议的内容，而且有助于维护会议的秩序和控制会议的节奏。会议议程策划的基本要求如下：

（1）按照议题的轻重缓急编排会议议程。越紧要的议题越应排在议程的前端，不紧要的议题则应排在议程的后端。这样可以确保有足够的时间研究主要议题。即使在预定的会议时间内无法将全部议题处理完毕，起码较紧要的议题已被处理过。不紧要的议题则可另择时间处理。如果会议议题较少，也可以采取先次后主的方法，即会议开始后先将次要的议题解决掉，然后集中精力讨论研究主要议题。

（2）明确每个议题的处理时间。会议组织者应该预估每个议题所需的处理时间并在议程表中明确标示出来，这样便于会议主持人控制会议的议事进度。

（3）事先通知与会者，以使其做好准备。为让与会者对会议及早做准备（包括心理准备及物质准备），会议议程应当随会议通知事先发给与会者。议程是受到尊重还是被忽视，是与会议组织者对它的利用程度成正比的。

3）会议程序

会议程序是指将会议中各个相对独立的单元活动的所有活动细节按照时间先后加以排列而形成的顺序。会议程序具有详尽性、明确性和可操作性，它比会议日程和议程更加详细具体，可对每项活动开展细节的名称、主持或参与者的身份以及限定的时间等都做出明确规定。编制会议程序可以让与会者及会议工作人员详细了解每项单元活动的具体内容及时间顺序，同时使会议主持人熟悉和掌握各项活动的进程。

会议日程、会议议程和会议程序都是关于会议活动顺序的安排，它们之间的区别在于：会议日程是将包括仪式性、辅助性活动在内的会议各项活动落实到每日单位时间，凡会期满一天的会议都应当制定会议日程；会议议程则是整个会议议题性活动顺序的总体安排，不包括会议期间的仪式性、辅助性活动；会议程序则是会议各项单元性活动的详细顺序和步骤。规模较大、活动较多、会期较长的会议，往往同时制定会议的日程、议程和程序，其他通常情况下只编制会议日程就可以了。

【知识链接3-3】

2015夏季达沃斯论坛议程，见表3-5。

表3-5 **2015夏季达沃斯论坛议程表（9月9日）**

9月9日（星期三）				
时间	地点	主题	内容	嘉宾
9：00-10：00	演播厅	中国改革议程	在“新常态”环境下，中国如何调整其增长战略？ 将探讨以下内容： 应对波动不定的证券市场、地方债务和资产泡沫风险 推动大众创业，加大创新力度 兼顾长期结构性改革和短期解决方案	李瑞麟，波士顿咨询公司全球首席执行官兼总裁，美国 王建宙，中国上市公司协会会长，中国 王俊，华大基因董事合伙人，中国 朱宁，上海高级金融学院副院长、金融学教授，中国；全球议程理事会公共财政与社会保障体系议题组专家 主持人 王烁 ，财新传媒主编，中国；全球青年领袖
12：00-13：00	论坛厅	亚洲新议程	本场会议旨在探讨企业如何发挥更大的领导作用，推动亚洲各经济体之间合作？ 将探讨以下内容： 缓解紧张的地缘政治形势 促进跨境融资与投资 加快推动结构性改革	诸立力，第一东方投资集团董事长兼首席执行官，香港特别行政区；世界经济论坛基金董事会成员 Anthony F. Fernandes，亚洲航空集团首席执行官，马来西亚；全球青年领袖项目校友 小岛顺彦 ，三菱商事株式会社董事长，日本 John Riady，力宝集团执行董事，印度尼西亚；全球杰出青年；全球议程理事会东南亚事务议题组专家 主持人 Zanny Minton Beddoe，《经济学人》主编，英国

续表

9月9日（星期三）				
时间	地点	主题	内容	嘉宾
12：00-13：00	演播厅	适应新常态	中国的经济发展进入“新常态”，这会对世界产生什么影响？ 将探讨以下内容： 源于股市的金融风险传染 制造业和服务业的全球竞争力 适应不断发展的消费型经济	李稻葵，清华大学苏世民学者项目主任，中国；全球议程理事会全球经济失衡议题组专家 李晶，摩根大通董事总经理、亚太区副主席，香港特别行政区 王洪章，中国建设银行股份有限公司董事长，中国 主持人 Geoff Cutmore，CNBC主持人，英国
14：00-15：00	演播厅	中国产业合作新愿景	中国将如何通过推进国际产能合作，以提高生产力、稳定增长并扩大就业？ 将探讨以下内容： 连接全球产业价值链 传统工业区转型升级 充分发挥公私合作	陈永开，大连机床集团董事长，中国 Klaus Kleinfeld，美国铝业公司董事长兼首席执行官，美国；世界经济论坛基金董事会成员 尤里·特鲁特涅夫（Yury Trutnev），俄罗斯副总理兼远东联邦区总统特使 徐绍史，国家发展和改革委员会主任，中国 主持人 王波明，《财经》杂志总编辑，中国
15：30-16：30	论坛厅	互联网经济：发展与治理	在大多数经济体及行业都依赖互联网的情况下，我们如何在不抑制创新的同时，增强互联网的风险抵御力？ 将探讨以下内容： 移动应用 跨境电子商务与平台的商业模式 物联网与新兴技术	Mitchell Baker，谋智基金会(Mozilla Foundation)执行主席，美国；2015年新领军者年会联席主席；全球议程理事会数据促发展议题组专家 鲁炜，中央网络安全和信息化领导小组办公室主任、国家互联网信息办公室主任，中国 马云，阿里巴巴集团董事会执行主席，中国；世界经济论坛基金董事会成员 Carlos Moedas，欧盟委员会研究、科学和创新专员，布鲁塞尔；2015年新领军者年会联席主席 主持人 Fadi Chehade，国际域名与数字分配机构总裁兼首席执行官，美国

续表

9月9日（星期三）				
时间	地点	主题	内容	嘉宾
15：30-16：30	演播厅	现代丝绸之路	亚投行、丝路基金以及中国主导的其他全球机构将会对地区与全球秩序产生怎样的影响？ 将探讨以下内容： 多边开发融资的未来 基础设施项目的潜力 地缘经济竞争带来的影响	其米德·赛汗比勒格（Saikhan-bileg Chimed），蒙古国总理 Erbolat Dossaev，哈萨克斯坦国家经济部长 伊拉克利·加里巴什维利（Irak-li Garibashvili），格鲁吉亚总理 Benedikt Sobotka，欧亚资源集团首席执行官，卢森堡 吴心伯，复旦大学国际问题研究院常务副院长，中国；全球议程理事会地缘经济议题组专家 主持人 James Harding，BBC新闻台新闻与时事节目主任，英国
17：00-18：00	演播厅	处于十字路口的新兴市场	在大宗商品价格下跌和外部融资环境趋紧等不利因素的影响下，新兴市场的未来将如何？ 将探讨以下内容： 结构性缺陷、宏观经济脆弱和政策漏洞所蕴藏的风险 南南贸易和投资合作的潜力 新兴市场跨国公司的发展前景 本场会议由世界经济论坛与CNBC非洲台联合举办	Kalvakuntla Chandrashek-ar Rao，印度特仑甘纳邦首席部长，印度 Arif M.Naqvi，阿布拉吉集团创始人兼首席执行官，阿联酋 Marcos Vinícius de Souza，巴西发展、工业与国际贸易部创新事务秘书，巴西 主持人 Bronwyn Nielsen，CNBC非洲台资深主播兼执行总监，南非

注：9月10日及9月11日的议程此处省略。

资料来源 佚名.2015夏季达沃斯论坛——论坛议程［EB/OL］.［2015-10-13］.http：//money.163.com/special/2015davosschedule/.

【情景模拟3-1】

场景：以年级为单位，策划一次“学生生涯规划专题研讨会”。

操作：

（1）设定上级领导或院系领导、嘉宾、媒体等10人，会议主持人1～2人；

（2）成立筹备委员会或会务组，设定会议接待人员3～6人，写出会议活动策划和会议接待策划方案；

(3) 布置会议现场，现场模拟专题研讨会全过程。

知识掌握

1. 简述会议策划基本流程。
2. 会议主题的策划应符合哪些原则？
3. 会议地点选择因素基本有哪些？

知识应用

□ 案例分析

××公司营销业务经理培训会策划方案

一、方案总览

××公司营销业务经理培训准备在张家界国际大酒店举行，这是2015年度公司培训计划的一个重要部分，以提高与会人员的营销专业技能和相互交流学习为目的；同时市场情况的急剧变化也对这次培训提出紧迫要求。会议的组织必须按照团结、有序、高效的要求进行。

二、项目可行性分析

1. 选址可行：针对企业培训会议选址，选址地张家界具有良好的文化背景与社会环境，会议酒店拥有丰富的接待经验和良好设施。

2. 行程可行：培训与奖励旅游结合进行，专业会议接待与专业旅游服务相辅相成。前三天紧张培训提高员工专业技能，最后两天集体活动增进团队友谊，加强企业团队建设，增强员工荣誉感。

3. 价值可行：整体安排目标明确，功能突出，能全面达成预期效果。

三、行程安排

6月15日代表自行抵达/专人接机，入住张家界国际大酒店

6月16日—6月18日培训会议

6月19日早晨8：30赴森林公园，游览世界自然遗产——武陵源风景区，游黄石寨（黄石寨）、摘星台、金鞭溪、千里相会、水绕四门；住亘立国际大酒店

6月20日游天子山、贺龙公园、十里画廊、索溪峪；住张家界国际大酒店

6月21日早餐后送代表赴机场

四、住宿安排

1. 住宿地点：四星级张家界国际大酒店、准四星级亘立国际大酒店
2. 入住日期：2015年6月15日　离店日期：2015年6月21日
3. 人数：50～60人
4. 住房标准、数量：25间标准间、2间商务套房、1间豪华套房

5.餐饮：早餐自助餐，午餐、晚餐为中式围席餐，地点在新良大酒店中餐厅、百花园餐厅、金叶宾馆中餐厅

五、开会地点：张家界国际大酒店3楼大会议室

六、摆台：课桌式

七、用车

金龙满天星29座1台、丰田柯斯特19座1台、别克商务车1台、别克轿车一台

线路：机场—酒店—市内活动—武陵源—机场

问题：试分析××公司张家界营销业务经理培训会的策划方案实施的可行性。

□ 实践训练

国际高尔夫协会副总裁Peter先生及代表团一行六人，来桂林考察举办国际高尔夫协会年会的环境，并拟委托桂林××会展服务公司代为筹划并负责接待工作，如果你是该会展服务公司的经理，请你具体负责为此进行策划。

要求：(1) 请上网查阅桂林当地旅游资源的信息，该国际高尔夫协会的情况可查阅或虚拟资料，拟写一份年会策划方案，力求符合实际情况并具可操作性。

(2) 分角色演示对Peter先生及代表团的接待。

实践形式：以小组为单位完成，各小组间互相对提出的方案进行分析讨论。

第4章

展览会实施方案策划

学习目标

在学习完本章之后，你应该能够：

了解展览会承建商和运输代理商对展览会的重要性；

明确制作展览会网站的重要性；

熟知展览现场接待方案的策划；

掌握参展商手册的编制内容和方法。

【引例】

浙江省商务厅关于第十二届中国-东盟博览会
浙江形象馆设计施工项目招标的通知

各有关单位：

浙江省商务厅将继续组团参加2015年9月18日—21日在广西南宁举办的“第十二届中国-东盟博览会”。为宣传展示浙江、搭建中国与东盟交流合作平台，我厅将邀请省内外具有资质和实力的公司参加该项目的展览会设计、施工招投标工作，欢迎符合条件的公司参加投标。现将项目招标内容通知如下：

一、项目简介

（一）项目名称

第十二届中国-东盟博览会浙江形象馆。

（二）项目时间

2015年9月18日—21日。

（三）项目地点

广西南宁国际会展中心（国际馆）。

（四）项目面积

浙江形象馆——63平方米。

（五）项目内容

浙江形象馆以介绍浙江经济、宣传三外及海洋经济蓝图、以跨境电子商务、义乌国际贸易综合改革试点等为主题内容。以图片、文字、声控等方式展示为主。设计风格要时尚、新颖、现代感强。

（六）招标方式

全部采用竞标方式。

二、投标资格

1.投标者须是依法注册的法人机构，持有省内外有效企业法人营业执照，有展览设计、展览项目实施的相应资质，并具有独立签约的主体资格。注册资金100万元以上（含100万元）。

2.企业有规范的质量保证体系，技术、经营、人事、财务、档案等管理制度健全。2010年至今的设计施工项目中没有出现安全、质量事故及涉及企业诚信的不良记录。五年内无违规、违法现象。

3.具备一支专业的技术队伍，有固定的从事展览工程业务的人员。具备在指定地点、按时、按图纸、保质完成施工项目的能力。

4.近五年承担过此类大型工程的布展设计和施工，具有国内大型展览会布展设计的成功案例与经验。

5.在经营过程中信誉良好，无违法经营和无不正当竞争行为。有类似成功案例与经验的布展单位将予以优先考虑。

三、设计要求

1.展区设计要力求大方、简洁、明快，要求以现代风格融浙江地域特色为主调贯穿全馆，力求在展示理念、展示手段、展示方式、展示形式上有所突破和创新，具有较突出的视觉形象效果。

2.必须体现出浙江的地方特色，投标者必须是作品的合法拥有者，拥有著作权，不得简单地拷贝和抄袭其他展馆，侵犯他人著作权。

3.总价包括设计费、材料、运输、施工等费用，不含展馆收取的电费和管理费。报价应包括各项工程，服务内容的单价及总价的详细报价单，并注明基本尺寸和装修用的材料，装修材料必须要符合消防安全要求。形象馆费用要求控制在23万元以内。

4.效果图和施工图：所投标的整体现场效果图、俯瞰图及施工方认为需要提供的图纸。

四、施工技术要求

1.公共布展施工的管理中注意限高。

2.承建商负责施工的展位，对现场临时烟感探测器和临时自动喷水灭火系统进行监督管理。

3.所有的施工设计应当留有足够的消防通道，符合国际展览会的要求。

4.所有施工设计应当避开消防栓，消防栓的位置要实地勘测。

5.各项搭建及悬挂物应保证安全牢固。

五、评标办法及结果公布

（一）递交投标文件时间

设计方案及报价明细的提交时间拟定为2015年9月8日前。届时招标方将审查投标书是否完整，并进行初审，所有不符合要求的投标书将作为废标处理。

（二）开标时间和地点

时间：9月10日开标。

地点：浙江省商务厅1604会议室。

本厅将组织财务、监察、外贸等相关职能部门进行评标，最后进行比较评估，确定中标单位。

（三）公布结果

浙江省商务厅将在网上或以书面形式公布中标结果、通知中标单位，未中标者不再另行通知，投标文件不再退回。

六、联系方式

联系人：省商务厅外贸发展处　冯先生

电　话：××××－××××××××

传　真：××××－××××××××

资料来源　根据相关资料整理。

这一案例表明：展览会的现场设计施工是展览会能顺利高质量举行的非常重要的因素。通过公开招标方式确定现场设计施工的承建商，是保证施工质量的一种常见的有效方式。

● 4.1 展览会承建商及运输代理的选择

4.1.1 展览会展位承建商的种类及选择方式

展览会展位承建商是指可以为参展企业提供展台搭建、展示设计等相关展览服务的企业，展位承建商能够帮助参展企业更好的展示形象，增加参展效果，因此展位的设计和搭建绝对不能忽视。

1）展览会展位承建商的种类

根据展览会展位承建商与展览会组委会合作方式的不同，我们可以将承建商分为展览会主场承建商和普通承建商两种。

主场承建商是由展览会组办者指定的为参展商提供展台搭建等现场服务的企业。主场承建商一般负责为参展商提供标准摊位和光地搭建，以及会务制作（拱门、指示牌、名录牌）、展具租赁等服务。它还可满足参展商提出的一些特殊要求，提供如标摊变异、紧急加装、撤展等各项服务。主场承建商所提供的各项设计和服务必须与展览会的整体风格相一致。

普通承建商是由展览会主办者推荐或由参展商自行联系使用的会展服务企业。普通承建商负责参展商展位的设计和搭建，它在展览会提供的标准摊位的基础上进行装饰和装修，体现参展企业的企业文化，满足参展企业的具体要求。

2）选择展览会展位承建商的考察因素

无论是选择主场承建商还是普通承建商，都要进行全面考察，认真衡量。通常可以从以下几个方面考虑：

（1）技术是否全面，团队是否专业。要考察会展承建商是否掌握室内设计与装潢技术、工程结构知识、绘图绘画和模型知识、照明知识、展架展具以及施工材料和技术知识、给排水知识、电子和机械知识等展台搭建和设计的必备知识。同时还要考察该公司（承建商）的工作团队是否团结、是否具备积极向上的精神面貌。

（2）经验是否丰富。承建商的设计和搭建经验也是考虑的重要因素。承建商要具备一定的参展经验才能从容的应付搭建过程中出现的各种状况，保证搭建的顺利完成，而且能考虑到展位设计的实用性，确保展览的顺利进行。具有一定搭建经验的公司也便于主办单位考察他们的社会评价。

（3）价格是否合理。要关注承建商向参展商提供的服务价格。多方面衡量各家承建商服务报价的具体内容，争取选择最“物有所值”的承建商，降低参展费用。

（4）是否有正规的合同文本。正规的合同文本可以充分保护参展商与承建商之间的合法权益，进而避免双方不必要的经济与法律纠纷。

（5）是否能提供展位维护保养服务。承建商优质高效的服务不仅可以使参展商心情愉悦，还可以帮参展商把展览会办得更加成功。在选择承建商时不仅要注意其在搭建过程中能否为参展商提供标准化和个性化服务，更应注重搭建结束后其是否能提供良好的展位维护保养服务。

（6）要熟悉展览场地及其设施。展览会的布展和撤展时间有限，展位承建商要对展览场地及其设施有所了解，才能更好地考虑展位的空间设计布局，更好地安排人流的流向。

除此之外，层位承建商还应对展览场馆对层位搭建的限制性要求（如层位的限高以及展具展架使用的限制、通道和公共用地的限制、消防和安保方面的限制和要求等）有必要的了解，才能保证展台搭建的顺利进行。

3）展览会组委会确定主场承建商的方法

展览会组委会可以根据展览会的规模大小指定一家或几家会展企业成为该次展览会的主场承建商。规模大、展览题材多、展区划分细致的展览会可同时指定几个承建商；规模小、展览题材单一的展览会可指定一家资质较好的承建商。通常情况下可以通过以下方法来考察确定主场承建商：

（1）招标。招标一般可分为公开招标、选择招标、两阶段招标等几种形式。公开招标是指招标人以招标公告的方式邀请不特定法人或者其他组织投标；选择招标也叫邀请招标或限竞争性招标，即由招标单位选择一定数量的企业，向其发出招标邀请书，邀请他们参加招标竞争，一般选择3～10家单位参加竞争招标比较适宜，当然也要视招标项目规模的大小而定；两段招标即综合性招标或两步招标，是指无限竞争招标和有限竞争招标的综合方式，先用公开招标，再用选择性招标，分两段进行。这种方式一般适用于技术复杂的大型招标项目。招标单位首先采用公开招标的方式广泛地吸引投标者，对投标者进行资格预审，从中邀请3家以上条件最好的投标者，进行详细的报价、开标、评标。展览会组织者可以根据展览会展台搭建项目的实际情况选择合适的招标方式进行招标。

（2）专家推荐。邀请具有丰富的会展策划组织经验的专家推荐能够高质量完成展览会搭建任务的会展企业作为主场承建商。

（3）办展机构自行负责展位搭建。具有一定实力的会展策划组织单位一般都下设能够负责会展活动的子公司或者部门，涵盖旅游、交通、展台设计搭建等，办展机构可以自己承担展览会搭建工程。例如，励展博览集团是全球知名的展览及会议主办机构，已积淀逾百年的全球品质展览会的开发、策划、推广及销售的丰厚经验，并赢得权威展览会主办者的美誉。励展集团除了经营自己传统的会展项目之外还涉及广告、营销以及各种市场的延伸服务等，与各行业形成紧密联系，构建了一个广泛的业务网络。

4.1.2 展览会运输代理的种类及选择方式

俗话说，“兵马未动，粮草先行”。在整个展览会的举办过程中，展览运输是一个打前站的工作。展览运输是指运输展品、展架、展具、布展用品和道具、维修工具、宣传资料和招待用品等，参展商往往指定一些运输代理来专业负责展品的运输工作。

1）展览会运输代理的概念和种类

举办展览会，参展商可能来自国内也可能来自国外。有些参展商只选择一家运输代理商来负责海内外的运输，但是国内运输和国际运输有着比较大的差别，因此运输代理又分为国内运输代理和国际运输代理。

（1）国内运输代理。国内运输代理主要负责国内参展商的展品及相关物资的运输工作，有时也作为海外运输代理国内段运输的代理。国内运输代理主要分为来程运输和回程运输。

①来程运输。来程运输是指将参展商的展品及相关物资自参展商所在地运至会展现场，主要有以下几环节：

一是展品集中和装车。参展商将展品和相关物资，按要求的日期集中到指定地点，由国内运输代理进行理货并安排运输路线和方式；确定后再将展品和相关物资装上运输工具，运往车站、机场或码头。

二是长途运输。根据运送物品的特点，结合最佳运输路线和方式，长途运输可能会采用水运、空运、铁路和汽车运输。如果是汽车运输，最好是安排从运输地到会展场馆的“门到门”运输，以减少装卸次数；如果是空运，要注意提前订舱；如果是铁路运输和水运，则要注意出站和出港以后的运输衔接。

三是接运和交接。空运、水运和铁路运输都存在中途接运的环节。例如，物品从船上卸下后再由汽车运到场馆等。接运要注意安排好时间，尽量减少接运次数。货物运到会展现场，要交接给指定的展台工作人员。交接中要注意列出相关工作和货物清单以便工作衔接。

四是掏箱和开箱。掏箱是指将展品箱从集装箱或其他运输箱中掏出或卸下，并运到指定层位的过程；开箱是指打开展品箱取出货物。掏箱工作要准确有序，时间和人员要安排合理；开箱工作一般由参展商自己负责，要注意清点和核对货物。

经过以上运输环节，货物安全准时到达会展现场后，参展商就可以按照计划安排布展工作了。会展结束后，根据参展商的计划，有些货物需要运回参展商所在地，有些需要运给经销商等，这样就涉及回程运输的问题。

②回程运输。回程运输是指在会展结束后，将展品和相关物资从展位运至参展商指定的其他地点的运输工作。回程运输的目的地可能是参展商所在地、参展商指定的地点如经销商和代理商的所在地或另一展览会所在地等。回程运输的基本环节与来程运输相似。回程运输的时间要求虽然不高，但办展机构和运输代理应该提早筹备回程运输，以免引起撤展现场混乱。

（2）国际运输代理。如果举办的会展是国际性的，那么就应当再指定国际运输代理，也叫海外运输代理，来负责海外参展商的展品及相关物品的运输工作。尽管运输也是分为来程运输和回程运输，但其运输环节和手续的办理，要比国内运输复杂得多。跨国运输和国内运输最大的不同主要表现在以下三方面：

①运输方式。跨国运输基本上都是国际联运，整个运输过程基本要经过陆运—海运—陆运，或者是陆运—空运—陆运等几个环节，参展的货物要从一个国家运到另一个国家才能完成。因此，海外运输代理必须要清楚了解会展举办地所在国的海关规定、海关手续和进口税率，了解当地对展品进口的处理办法和规定，了解当地是否有免费进口宣传品和自用品的规定等，以免展品报关受阻。

②有关文件。由于跨国运输的货物要从一个国家运到另一个国家才能完成，所以运输过程中涉及的有关文件要比国内运输多得多，也复杂得多。一般来说，跨国运输需要准备的有关文件主要有会展文件、运输单证、海关单证和保险单证几种。对于这些文件，运输代理要明确告诉参展商提供各文件的具体时间和最后期限，以便及时办理有关手续。

会展文件是有关展品和相关物品的证明和文件，主要有展品和相关物品清单、展品安排指示书、需送海关审查的特殊物品样本和清单、发票等。有些国家可能还需要产地证书、商品检验证书等文件。其中，展品及相关物品的清单最重要，一定要完整准确。

运输单证是办理货物运输所需要的证明文件，主要有装运委托书、装箱单、集装箱配装明细表、提单、运费结算单等。如果货物需要回程运输，那么还需要有委托回运通知书。

海关单证是办理货物海关报关时所需要的证明文件，主要有报关函、报关单、清册、进口许可证、发票等。

展览所涉及的保险险别比较多，在运输过程中，一般办理投保“一切险”，有时还会投保一些附加险。展览涉及的险别比较常见的还有展品的盗抢险和道具的火险、第三者责任险、展出人员险等。保险单证主要是保单，另外还有受损报告书等。运输代理有必要了解会展是否有指定的保险公司，如果有就应尽量按规定办理。

③海关报关。如果有回程运输，海关报关手续就有两次：一是来程运输时的货物进口报关，二是回程运输时的货物出口报关。相比较，来程运输时的货物进口报关对参展商来说更加重要。

实际操作中，货物进口报关一般有以下四种办理形式：

ATA形式，也就是货物暂准进口方式。这是一种免税准许临时进口的海关制度，手续简便，不上关税。但是前提条件是展出者所在国和展览会所在国都必须是《关于货物暂准进口的ATA报关单证册海关公约》（简称ATA公约）的成员国。另外，展出者必须严格遵守制度，在展览会结束后将所有展品再出口。在公约成员国之间使用同意的ATA单证册，可以替代暂准进口国所要求的国内海关单证和所需提供的担保，简化货物暂准进口的海关手续，从而大大提高了通关效率。中国已于1993年加入ATA公约，中国国际贸易促进会（中国国际商会）是中国的ATA通关证的出证和担保商会。具体办事机构是中国国际贸易促进会法律事务部ATA处。

如果是保税形式的展览会，货物报关就可以采用保税的形式。保税形式报关手续要比一般报关手续简单，货物可以在展览会现场在进行检查。需要检疫的动植物物品不适用于这种报关形式。再者采用这种形式报关，物品不能带出保税现场。

再出口形式报关是提供相当于展品等物资进口关税相同金额的保证金，再办理报关手续使货物通关展出。这种形式是以展品等货物的再出口为前提条件，展品等货物再出口时必须与进口报关时完全一致。因此使用这种形式报关，检验十分严格，展览时货物不能随便出售或处理。再出口形式报关手续较多，比较费时。

进口形式报关是将展品等货物当成一般货物办理进口手续，缴纳关税。采用进口形式报关，展览会结束后展品等货物可以自由处理，采用这种方式须缴纳的关税可能较高。

2）展览会运输代理的基本工作内容

国际展览会运输协会认为，运输代理的业务主要依赖于三个方面的管理：联络、海关手续和搬运操作。

（1）联络。联络的第一个要求是语言。国际展览运输协会的运输代理成员中必须会有说流利的英语、德语、法语和展览会举办国家或地区的主要语言的人，这主要是为了保证运输代理和主办方、参展商能够很好地沟通和联络。第二个要求是运输代理必须在展览会场设立全套办公设施，如果会场不具备条件，要在合理的距离（步行距离内）设立办公设施，并配备常设的支持设备。其中为了协助客户与运输代理的联络，必须要配备国际电话和国际传真。第三个要求是运输代理必须提供详细、有效的邮政地址，这一点对于临时在现场工作的代理非常重要。因为参展商会在展览会前后把运输单证文件（提单、海关文件）直接寄给运输代理。

（2）海关手续。运输工作最关键的部分应该是办理海关手续。海关手续办理是否及时直接影响到国际参展商的展览计划，如果不能及时办理，就可能出现展览会已经开幕而展品未到展场的情况。对此主要有两个要求：一是展览会组织机构和代理共同为展览会设立临时免税进口手续，根据海关的规定，对于有些题材如汽车展览会，运输代理可能还需要担保或交保证金；二是要与海关商妥现场工作的时间和期限，包括正常工作之外的时间、周末和节假日等，以便有足够的时间办理海关手续。以下是办理进出口手续的一些时间标准：

①进口手续。整车放行卸货，在预先通知的情况下，货车抵达后6小时；未预先通知的情况下，货车抵达后14小时。空运货物放行，在预先通知的情况下，货车抵达后8小时；在未预先通知的情况下，货车抵达后48小时。

②出口手续。包装检查：在预先通知的情况下，开始后2小时；未预先通知的情况下，申请后8小时。装车检查、铅封、货车放行：在预先通知的情况下，装车后3小时；未预先通知的情况下，申请后8小时。办理出口或转口文件：在预先通知的情况下，提交文件后4小时；在未预先通知的情况下，申请提交文件后8小时。另外为顺利办理海关手续，参展商有义务向会展运输代理提供全套准确的相关文件，事先通知并准确地表述和申报。

（3）搬运操作。国际展览运输协会对搬运操作的要求主要有以下五点：

①运输代理必须熟悉现场，并在展览施工和拆除期间能随时使用合适设备和有经验的搬运工人，应事先预计到非常规的、大尺寸的物品运输装卸问题，并准备好需使用的特殊设备。

②运输代理要在现场安排仓储地，如果不可能，就在尽可能近的地方（不超过30分钟的路程）安排仓库，以存放保密和易盗的物品。

③空箱应当存放在现场或离会场尽可能近的地方，以确保参展商在展览会后能迅速运回空箱，这是保证展览会撤展顺利的关键因素。

④卸车和装车必须在同一天内尽快完成。

⑤要协调好所有参展商的要求，并安排好搬运操作，避免出现混乱。

总之，现场搬运操作的成功完全在于运输代理，因此运输代理必须事先就协调好所有参展商的搬运需求，提前把相应的安排告知主办机构和所有的参展商，避免节外生枝。

【知识链接4-1】

报关代理的工作准则

海关报关对国际参展商是非常重要的工作。国际展览运输协会对出口代理的海关报关工作主要有以下六个方面的要求：联络、展前客户联系、单证办理及通知、最佳运输、现场支持和展后处理（回运）。

- 联络

有效联络的三个因素分别是语言、通信设施和明确的邮政地址。

- 展前客户联系

展前客户联系是最关键的部分。出口代理要努力将报关所需的单证文件、包装和标志、截止日期以及报关特别要求和审查等报关要求全面清楚地传递给参展商。

- 单证办理及通知

货物启程时必须将展品情况和搬运细节通知现场运输代理，如参展商的展台号、展品运到展台的要求时间、展品箱数、展品尺寸、展品毛重、展品净重、展品体积、CIV价格等及运输细节如航班号、提单/空运提单号、卡车货车/集装箱/铁路货车号等。出口代理必须保证按基本规定提供正确、完整的单证，以确保不延误海关手续的办理。

- 最佳运输

考虑到货物的特性、预算和时间限制，出口代理应向参展商建议最佳的运输方式和路线。

- 现场支持

现场支持主要目的是保证客户在运输和装卸两个方面获得国际展览运输协会的专业标准服务，并帮助和支持现场运输代理完成现场搬运工作。

要达到现场支持的目的，出口代理可以作为客户和现场运输代理的协调人员，处理有关运输的事务；出口代理应迅速安排空箱运出和运回，协助现场运输代理的工作。另外在展览会期间出口代理还要巡视所有客户，收集展品处理或回运的要求，整理成准确简明的图表交给现场运输代理。

- 展后处理（回运）

出口代理应将货物的展后处理和回运的有关要求明确地告知现场运输代理，并监督其现场搬运工作，如果是进口货物，还要协助办理当地的税务事宜。

展品成为进口品的，出口代理要办理相关税务事宜；展品改变流向的，出口代理应通过现场运输代理办理，交代交货条件、交货地点和销售条款，以便安排运输。回程运输通常由出口代理自行办理运输手续。

国际展览运输协会对会展运输代理和报关代理的工作准则是针对其会员单位的，对我们选择会展运输代理有很大的参考价值。

资料来源　佚名.对国际参展商的报关代理服务［EB/OL］.［2011-12-29］.http：// www.028huiyi.com/hygl/hygl_list_464.html.

3）如何选择展览会运输代理

（1）考察运输工作能力。对运输工作能力的考察包括考察其是否熟悉展览场地、是否能够协调好参展商的搬运要求、是否具有统筹能力和应急能力等。

（2）考察海关报关能力。对于普通商品来说，参展商可以任意选择一个运输公司来承运，但是对属于海关监管的展览品的运输，则不是任何公司都能胜任的。在选择展览运输代理的时候尤其是在选择海外运输代理时要充分考虑该公司的报关能力和团队的整体素质。

4）会展运输的其他注意事项

会展运输不当，可能出现展品未运到、途中损坏甚至丢失等情况，可能导致很严重的后果，最常见的问题有：

（1）全部或部分展品未及时运到。有时会因为展品还在途中，或在途中丢失，或还在海关仓库里，或海关手续还未办完等原因导致展览会已经开幕但展品全部或部分未到展场，以致参展商无法正常参展。

（2）展品因包装不好而破损。由于展品没有进行适当包装在运输途中破损，会给展品参展带来负面影响，也可能会出现额外费用以及延误。

（3）缺少单证。缺少单证是指缺少产地证、检疫证等，这会导致额外费用甚至产生扣货、罚款等麻烦和损失，也会造成运输延误。

（4）包装箱出现问题。包装箱出现问题是指拆箱野蛮造成包装箱破损，使回运时无法再使用；包装箱储存不善丢失等。

（5）运输方式选择导致的问题。每种运输方式都有自己的优缺点，运输方式选择不当会给展览带来影响，例如，铁路运输能省去转运的麻烦，但费用比较高昂，周期比较长，给前期的准备工作造成了很大的压力。而且一般参展商由于参展次数有限，对整体流程的把握不是很到位，所以容易造成展品不能按时到达的现象。公路运输时间短，价格低，灵活性高，但道路情况的好坏直接影响到展品是否会损坏，中途转车无法监控展品，而且公路运输意外情况发生的概率远高于铁路运输。

（6）巡回展的运输。巡回展是一类特殊的展览，由于要转战各地，能否按时保质地将展品运到是最关键的问题，至于运费倒成为其次的问题。一般为了保险，都要通过不同的途径向同一地点发送两套展品物资。

【小思考4-1】

2010年俄罗斯国际石材展览与交易会在莫斯科全俄展览中心举办，吸引了众多中国参展商参展。然而，由于负责展品运输的货运代理公司的失误，造成运输的展品全部没有及时清关，最后导致所有中国参展商的展品皆未到达展览会现场，使中国参展商遭受了重大损失。请问中国参展商应如何避免这种情况的发生？

答：中国参展商应充分了解国内运输代理和国际运输代理的差别，合理选择好运输代理商。

【案例分析4-1】

展品运输中的包装问题

中国国际展览中心举办的某次国际木工类机械展览会上，一家瑞士公司首次参展。他们发运了1个40英尺集装箱的海运展品，货物经天津新港转关运输至北京展览中心。展品进馆前，检疫人员对货物进行查验，邀参展商一同去展览中心的监管仓库。当去掉铅封锁、打开集装箱时，发现5件木工加工机械均为裸装展品，也就是没有外包装箱。第一件和第二件均完好无损，但第三件展品右侧外腿有损坏的现象，好像是被重物撞击而产生的凹陷。展商当即表示，出厂安检时，机器外观完好无损，很有可能是发运出境时国外的运输公司在装箱时造成的损坏。虽然进馆调试后，机器运转还算正常，但由于有破损现象，造成展览会期间许多原本有意购买展机的厂家，最后被迫放弃。展商非常后悔没有对机器进行外包装。

资料来源 根据相关资料整理。

分析提示：展品运输是展览会实施方案的一项重要的工作，展品包装必须要符合长途运输要求，以确保展品完好无损地到达展览会场，否则会给展品参展造成负面影响。

● 4.2 展览会接待方案策划

曾有专家认为展览会的成功很大程度上取决于接待工作的好坏，主要包括参展商的接待、专业观众的接待、媒体的接待和政府领导或嘉宾的接待。

4.2.1 参展商的接待

参展商在确定参展后，展览会工作人员应把参展商手册和客商的展位确认书一起寄给参展商，方便参展商有计划的安排各项参展工作。参展商手册应该明确告知参展商展览会举办的时间、地点、主要活动安排、展示内容、展览会的各项服务及内容、参展商应该注意的各项规定、相关的申请表格等。参展商在接到展览组织者发给的参展商手册和相关通知后，才能根据自身的实际情况安排参展时间和展示内容、布置各项参展准备工作，所以及时准确发放参展商手册是做好参展商接待的第一步。

参展商通常会提前几天到达展览举办地，熟悉场馆并开始布置参展，在条件允许的情况下展览组织者首先应该做好参展商的接待工作。在展览会临近开幕的几天，应在机场、码头、火车站、汽车站等地安排人员进行接待。

展览会组织者还应做好参展商的住宿安排、旅游考察、场馆内餐饮、预订返程票务等服务工作，使参展商到达后能安心参展。还要为参展商提供具有一定资质的会展承建公司（有些参展商自行寻找承建公司，有些参展商则需要展览组委会协助提供）帮助他们搭建展览场地，提供展具租赁、用水用电等服务。

【案例分析4-2】

第九届中国国际园林博览会内宾组接待工作方案

第九届中国国际园林博览会（以下简称园博会）将于2013年4月至10月在北京举办，是国内园林花卉界最高层次的盛会。北京高水平举办第九届园博会是对住建部、对全国的承诺，是市委、市政府的重点工程，是落实“三个北京”的亮点工程，对于推动首都南部地区发展、推动永定河绿色生态发展带建设具有非常重要的意义，对于加快建设世界城市具有积极的作用。为更好地体现园博会的主题和宗旨，使举办工作取得圆满成功特制定内宾接待工作方案如下：

一、指导思想

第九届园博会的接待工作要以“热情礼貌、优质服务、优良设施、优美环境、尊重习俗、宾客满意”为总目标，为参加园博会的各级领导、特邀嘉宾和各界人士提供良好的服务，确保园博会的顺利进行和圆满成功。

二、组织机构

组　长：高　峰　　区政府办主任

副组长：马士有　　区民宗侨办主任

　　　　房书勇　　区台办主任

下设大陆贵宾接待部、民宗侨贵宾接待部、台湾贵宾接待部。

三、接待范围及原则

根据园博会组委会服务保障及优惠政策规定范围（超出部分费用原则上自理），接待来访的台湾贵宾，民宗侨贵宾，大陆地区地市级及以下贵宾，国内参建单位贵宾、本市各区县贵宾，及接待服务分指挥部交办的其他任务。并根据来访团组情况协调安排规格对等、行业对口的考察交流。

四、接待组织

（一）接待时间

根据各代表团具体抵离京时间确定。

（二）接待工作的职责

1．协调综合保障部领取贵宾证、嘉宾证和代表证，根据行程提前做好代表团离京票务工作。

积极为代表团提供展览会信息及票务和各种票证，方便代表团参加园博会期间的领导会见、小型宴会、会议座谈等活动。

2．协调综合保障部做好各代表团在京期间食宿安排、参访活动及旅游考察的交通保障。

3．强调对台工作的政治性、政策性和敏感性，宣传民族宗教侨务政策，做好相关工作人员的培训。

4．完成接待服务分指挥部领导交办的临时性工作。

（三）接待方式

大陆贵宾、台湾贵宾、民宗侨贵宾由相应接待部协调对口接待单位组织实施接待工作，并选派1名联络员全程陪同服务。

五、接待具体工作安排

（一）迎送安排

根据各代表团抵离京时间，由内宾组统一安排迎送。各接待部协调对口接待单位参与迎送。局级来宾领导率团参加园博会的，拟请各接待部领导并协调各对口接待单位领导到机场、火车站迎送。代表团抵离饭店时，饭店相关人员在大堂迎送。

（二）住宿安排

根据园博会组委会服务保障及优惠政策，安排各代表团入住指定酒店。代表团团长为局级领导安排单人标间；代表团局级成员安排标准间（1人/间），其他人员安排标准间（2人/间）。饭店大厅悬挂“热烈欢迎参加第九届中国（北京）国际园林博览会贵宾”的横幅。

（三）用餐安排

1.参会人员在驻地用餐以自助餐形式为主，各对口接待单位原则上应在代表团在京考察期间，宴请代表团一次。

2.提供清真饮食。为参加园博会的有清真饮食习惯的相关人员提供清真餐。在代表团驻地安排清真餐厅，配备专用餐具，专职服务员并确保清真食品的专用储运设备、车辆和计量器具。

（四）交通服务保障工作安排

根据代表团人员规格及规模情况，提供相应车辆保障，并及时配发园博会贵宾车证及专用车证。为确保代表团成员在京期间的行车安全，园博会期间各代表团所配车辆由各位联络员统一协调安排，会议配车不得擅自到组委会指定外的景点及郊区县参加会外活动。

六、工作要求

第九届园博会是国内园林花卉界最高层次的顶级盛会，是市委、市政府的重点工程，园博会的成功举办将对首都经济的发展以及其他兄弟省区市和计划单列市经济社会的发展起到积极的推动作用。为做好接待服务工作，特提出如下工作要求：

（一）高度重视，精心组织，加强领导。各有关单位要高度重视，精心组织，加强领导，确保园博会筹备及开园期间的接待服务工作平安、有序。

（二）克服麻痹思想，确保安全。安全是一切活动成功的基础，确保代表团在京的各项安全是内宾接待工作的重中之重。各成员单位要坚持“安全第一”的指导思想，克服经验主义和麻痹思想，落实责任制，消除安全隐患，确保代表团成员在京的各项安全。

（三）周到服务，注重细节。接待工作要坚持"热情周到、注重细节"的宗旨，继续发扬以往好的经验和做法，并不断地改进和创新，并积极地了解代表团领导和团员的生活习惯和工作特点，在各项接待活动中注重细节和个性化服务，不断提升工作质量和服务水平。

（四）加强学习，提升接待服务水平。民族宗教侨务工作及对台工作政治性、政策性和敏感性很强，参与接待的工作人员，要加强有关政策学习，同时要详细掌握园博会有关情况，为来访贵宾提供最优质的服务。

接待分指挥部内宾组

二〇一二年三月二十九日

资料来源　佚名.第九届园博会内宾组接待工作方案［EB/OL］.［2011-12-29］.http：//www.doc88.com/p-9582701546107.html.

分析提示：以上接待工作方案内容全面、要求具体，对于参展商接待工作具有重要指导作用，为接待工作的顺利进行提供了保证。

4.2.2　专业观众的接待

专业观众是对于展览会来说另一个重要资源，展览会是一个交易的平台，如果说参展商是卖方的话，专业观众就是买方，有买有卖、买卖双赢是一个展览会成功的重要标志。对于一个展览会来说在邀请专业观众来参加后还要做好专业观众的接待，其通常包括以下几方面：

1）专业观众登记

为了做好专业观众的管理和数据统计工作，专业观众在进场馆前要进行登记并获取相关证件，凭证件入场。

一般情况下专业观众只需要递交名片或在展览专业观众登记处填写一张登记表，就可以办理参观证了（有些展览会是免费办理的，有些展览会则需要交纳一定的办理费用）。填写的登记表主要包括几个部分的内容：一是专业观众的基本信息；二是专业观众的职业或所在单位的业务性质；三是专业观众参加展览会的主要目的；四是专业观众通过什么渠道获得展览会的信息；五是专业观众所感兴趣的产品等。

【知识链接4-2】

2015年第11届中国国际动漫节产业博览会的专业观众登记表见表4-1：

表4-1　**2015年第11届中国国际动漫节产业博览会专业观众登记表**

专业观众申请资料		
姓名：	职务：	公司名称：
电话：	传真：	E-mail：
公司地址：		邮政编码：

续表

请在下列选项内以√标注贵公司，或个人所属类别（可多选）	□ 基金与风险投资机构 □ 高新产业投资机构与基金 □ 影视投资制片人 □ 影视频道总监 □ 婴童、文具、玩具等相关产业 □ 创意产业专业人士 □ 海外文化交流机构 □ 动漫产业专业人士	□ 卡通产品授权生产和销售企业 □ 品牌管理与运营企业 □ 出版、发行机构 □ 动漫院校、研发机构 □ 网络与电讯产品开发及运营商 □ 书刊销售商 □ 主题公园产业相关 □ 其他（请注明）：______
贵公司或阁下关注之参展商及展览会内容（可多选）	□ 原创动漫试验基地 □ 动画制作机构 □ 动漫教研专业院校 □ 创意设计&创意产品类 □ 卡通衍生产品类（卡通玩具、卡通礼品、卡通服饰、卡通文具、卡通饰品、卡通相关食品、饮料、包装、主题公园、婴童产品）	□ COSPLAY □ 青少年漫画大赛 □ 电子竞技、网络游戏、网络动漫 □ 动漫社团 □ 动漫相关媒体集团 □ 动漫出版机构 □ 动漫人才交易 □ 其他（请注明）：______
是否参加过中国国际动漫节	□3次　□4次　□5次　□3次以下　□5次以上　□否	
专业观众适应范围	可免费换取首日中国国际动漫产业博览会门票一张，参观博览会并与现场展商商务洽谈	
其他需求		
以上资料请于4月10日以前以E-mail/传真/邮寄方式递交中国国际动漫节组委会，请在邮件上注明“专业观众申请”字样，如需相关资料请登录官方网址（http：//www.cicaf.com）。 组委会办公室地址：杭州市国货路5号405室中国国际动漫节节展办公室 邮编：310001 电话：0571-88039563　　联系人：徐亚萍 传真：0571-85087367　　E-mail：cicaf2015@163.com		

资料来源　根据相关资料整理。

2）发放展览会相关信息资料

为了让专业观众全面准确的了解展览会情况，更快更好地找到合作伙伴，展览组织者应提前编印好参观指南、会刊、光盘等信息资料供专业观众取阅。

3）参观引导

展览会组委会应提前培训一批志愿者或礼仪工作人员，为专业观众提供咨询或引领服务，还应在展览会现场显眼位置设立适量的指示牌，引导观众参观。

4）检查门票

对观众门票进行检查的基本程序是：当观众从入口进场时，请其出示专业观众证件，用票证检查工具对证件上的条形码进行扫描，以此来记录持卡人已经进入展馆；当观众出馆后再次进入展馆时也要求对证件上的条形码进行扫描，确认是持卡人本人重新进入。

5）其他服务

展览组委会还应该为专业观众提供餐饮、现场咨询、贸易配对、休息娱乐服务等增值服务。

4.2.3 媒体的接待

在展览的举办过程中，媒体接待是十分重要也十分敏感的环节，必须把接待工作落实到实处，注重细节，积极配合媒体采访，为媒体提供优质便捷的服务。做好媒体接待工作也是树立展览会良好形象的重要渠道，因此不容忽视，接待过程中应注意以下细节：

1）及时向媒体通报展览会举办时间，邀请其前来参加

许多展览会在正式举办前会举行一次新闻发布会，将展览会的筹备情况和有关信息向媒体和社会各界进行通报。此次新闻发布会除了向新闻界通报展览会举办时间外，也是在对外进行造势和宣传，并为后续的新闻报道做准备工作。

2）为媒体准备专门的新闻中心、新闻袋等媒体报道资料

办展机构一般都在展览举办现场选择合适的场所专门开辟一个区域供媒体记者写稿、发稿或者采访使用，我们通常称其为“新闻中心”。在新闻中心内要配备电脑、传真、写字台、笔、纸等，还有准备茶水、咖啡、点心等。注意新闻中心只对媒体相关人员开发，其他人员如非特别邀请不得进入，要保证新闻中心的安全和安静。

办展机构应该为每个媒体记者提供一个“新闻袋”，也就是办展机构发放给有关媒体以及到会嘉宾的装有本次展览资料的资料袋。新闻袋里一般放置的资料有：展览会背景介绍、展览会规模和特点、展览会有关数据、展览会相关活动安排、展览会会刊、参观指南、开幕式新闻通稿以及一些小礼品等。新闻袋应发放到每个记者手中，方便他们编写展览会新闻报道。

3）展览会前确定媒体专门接待人员

展览会要安排专人负责新闻记者的接待和联络工作，接待人员要对展览会的情况十分熟悉，能随时回答记者提出的有关展览会的各种问题。如果媒体记者想要采访参展商、出席开幕式的重要领导嘉宾或者某些重要观众，接待人员要能及时和他们联系，在获得他们同意的情况下，为媒体记者安排好采访的具体地点和时间，通知媒体记者前来采访。接待人员要对媒体的工作流程比较熟悉，要能灵活应对各种突发情况和问题。

4）礼貌接待媒体工作人员

要对到场的媒体朋友热情接待，布置好接待台，做好签到工作，安排好媒体座位

(媒体座位尽可能靠前)。对到场媒体可以给予一定的经济奖励。

5）在为媒体采访提供必要服务的同时也要实行必要的管理

展览组织者在尽力为媒体提供优质服务的同时，对于媒体记者一些影响展览会正常举行、妨碍参展商顺利参展的行为也要实行必要的管理。

4.2.4 嘉宾和政府人员的接待

在国内，很多展览会都不能完全脱离政府的引导作用走上“纯市场、纯经济引导”的道路，这就注定了中国展览会存在着不小的“政治因素”，嘉宾参与、领导视察就成了中国展览会组织者必须重视的问题。通常情况下接待工作应包括以下几方面：

1）要提前做好嘉宾和领导的邀请工作，确定出席展览会的人员名单

展览会组织者或者外联人员要提前与领导和嘉宾沟通出席时间，如果嘉宾或领导因特殊原因不能出席，要选好代替人选，在展览会开幕前一星期要基本确定出席展览会的领导和嘉宾的确切名单，以利于后续工作的开展。

2）提供优质的食宿和交通服务

出席展览会的领导和嘉宾一般都具有较高的社会地位，展览会组织者要为这些领导和嘉宾另行安排优质的住宿、饮食和交通服务，对年纪较大的领导和嘉宾要安排专人一对一服务，对海外嘉宾安排懂英语的接待人员接待。

3）展览举行期间制订合理考察方案

在展览举行过程中，展览会组织者要制订完善的领导和嘉宾视察参观方案，方案的内容应包括领导和嘉宾视察的时间、接待人员安排、接待车辆安排、参观线路安排等，对于国家领导人，展览组织者还要制订周密的安全计划，确保领导人的人身安全。例如，第三届中国-东盟博览会举行时，温家宝总理及东盟国家的领导人都到会展中心视察展馆，并慰问参展人员。中国-东盟博览会的组织者为了确保总理及其他国家领导人安全，制订了详细周密的领导人视察接待方案，确保了展览会的顺利进行。

4）做好展览活动结束后的欢送工作

展览活动结束后要统一有组织的恭送领导和嘉宾到机场、车站，直至他们安全离开展览举办地。

【小思考4-2】

矿泉水瓶到底能不能带进场馆?

某知名展览会邀请了重要的领导人来视察展馆。在领导人视察展馆的过程中，为了保证领导人的人身安全，安保人员除了禁止一切人员进出外，对原先在馆内布置展馆的工作人员也进行了严格检查，其中一项工作是把工作人员的矿泉水瓶全部没收，请问安保人员为什么要没收矿泉水瓶呢?矿泉水瓶到底能不能带进展馆?

答：矿泉水瓶中的水在经过检查后才能带入展馆，安保人员没收矿泉水瓶是怕瓶中装有有毒、有害液体或者是爆炸品。

● 4.3 编制参展商手册

4.3.1 参展商手册的概念和作用

参展商手册（参展说明书）是办展机构将展览会筹备、开幕以及参展商参加展览会时应注意的其他问题汇编成册，以方便参展商进行参展准备的一种小册子。编制参展商手册是展览会筹备过程中的一项基础性工作。从某种意义上讲，参展商手册是帮助参展商进行参展筹备的纲领性文件，也是办展机构对展览会布展、展览和撤展等各环节进行有效管理的指导性文件，参展商手册所包含的内容涉及举办展览会的各个环节。参展商手册主要有以下作用：

1）对参展商的指引作用

参展商手册分别对展览场地、展览会基本情况、展览会规则、展位搭建、展品运输和会展旅游等作出详细的说明，参展商在得到参展商手册以后，就可以按照该手册的指引对参展的各项准备工作进行筹备，如安排展品的运输、准备展位的搭建材料和设计等；在展览会布展现场，参展商将按手册的有关要求进行展位搭装和布展，避免布展期间的盲目和违规；在展览期间，参展商可以按手册的要求布置展品；在撤展期间，参展商可以按照手册的指引有条不紊地撤展；展览会结束后，参展商还可以按照手册的指引选择适合自己需要的会展旅游。在参展说明书的指引下，参展商可以更有效地准备和完成参加展览会工作环节的各项事务。

2）对展览会现场的管理作用

参展商手册对展览会在筹展、布展、展览和撤展期间的各项规定，不仅有利于指导各参展商按规定办事，也有利于办展机构按该手册的规定监督展览会现场的各种事项，并按手册的规定为参展商提供各种服务。参展商手册是办展机构对展览会筹展、布展、展览和撤展等环节进行现场管理的重要依据之一，它为展览会各阶段制定了大家必须遵守的行为规范，有利于办展机构按此规范对展览会各个环节进行管理。

3）对观众的作用

除了对参展商的指引和对展览会现场管理的作用外，参展商手册对展览会观众也有一定的用处。比如，手册对展馆平面图、馆内服务设施分布图、交通路线、指定接待酒店和展览会开放时间的说明，会对观众参观展览会有较大的帮助。观众在展馆交通路线图的指引下可以更方便地到达展馆，在馆内服务设施分布图的指引下可以找到自己需要的服务提供点，在展览会指定接待酒店说明的指引下可以享受展览会指定接待酒店的优惠价格待遇，在展览会开放时间说明的指引下可以合理地安排参观时间等。一般来说，展览会的观众有很大一部分是各参展商自己邀请来的，参展商一般都会将上述信息通知其邀请的观众，这样，参展说明书对观众所起的作用将更大。

4.3.2 编制参展商手册的主要内容

一般来说，参展商手册主要包括以下几方面的内容：

1）前言

前言主要是对参展商参加本展览会表示欢迎，说明本手册编制的原则和目的，提醒参展商在筹展、布展、展览和撤展等环节要自觉遵守本手册的相关规定等。前言一般都很简短，言简意赅。

2）展览场地基本情况

展览场地基本情况包括展馆及展区平面图、展馆所在城市的交通图、展览场地的基本技术数据等。绘制展馆及展区平面图时，要注意标明展馆各种服务设施所在的位置、展区和展位划分的详细情况、展馆内部通道和出入口等；在绘制展馆所在城市的交通图时，要注意标明展馆在该城市的具体位置、到展馆可以利用的各种主要交通工具和交通路线、各指定接待酒店在该城市的具体位置等；介绍展览场地的基本技术数据时，要清楚准确地列出地面承重、馆内通风条件、货运电梯容积容量、展馆室内空间高度、展馆入口高度和宽度、展馆的水电供应状况等。对展览场地基本情况的介绍，对于帮助参展商准确地找到展馆和自己的展位，进而对进行展位搭建和布展有着很好的指引作用。

3）展览会基本信息

展览会基本信息包括展览会的名称、举办地点、展览时间、办展机构、展览会指定承建商、指定运输代理、指定旅游代理、指定接待酒店等。对于办展时间，要具体列明展览会的布展时间、开幕时间、对专业观众和普通观众开放的时间、撤展时间等，以上时间尽量精确到小时；对于办展机构，要具体列明展览会的主办单位、承办单位、支持单位和协办单位等。另外，还要具体列明展览会指定承建商、指定运输代理、指定旅游代理、指定接待酒店等的详细地址、联系电话、传真和联系人，如果有网址和E-mail也最好能公布，以便参展商在需要的时候联系各有关单位。

4）展览会的相关规章制度

展览会的相关规章制度就是展览会要求参展商和观众参加展览会时所必须遵守的一些规章制度，包括展览会有关证件使用和管理的规定、展览会现场保安和保险的规定、展位清洁的规定、物品储藏的规定、现场使用水电的注意事项、现场展品销售的规定、消防规定、知识产权保护规定、现场展品演示的注意事项等。展览会规则是所有与会人员必须遵守的一些制度，对展览会现场管理和维护现场秩序十分重要。

5）展位搭建指南

展位搭建指南是对展览会展位搭建的一些基本要求和说明，主要包括标准展位说明和空地展位搭建说明等。由于所有的标准展位的基本结构和配置都是一样的，所以“标准展位说明”主要是对展位的标准配置作出说明，列明参展商使用标准展位的注意事项，提出如果参展商需要增加非标准配置以外的其他配置的处理办法等。“空地展位搭建说明”主要是对参展商搭建空地展位作出的一些规定和要求，如使用材料的要求、动火作业的规定、消防安全的规定和铺设电线的规定等。展位搭建指南对指导参展商顺利、安全地搭建展位和布展有较大帮助。

6）展品运输指南

展品运输指南是对参展商将展品等物品运到展览现场所作的一些指引和说明，主要包括海外运输指南和国内运输指南等。不管是海外运输指南还是国内运输指南，都要对展品的运输方式和运输线路、各种货品的交运和文件提交的期限、货运文件的准备和交付、收费标准、包装、海关报关、回程运输、自选服务等作出具体说明。展品运输指南对帮助参展商及时安排展品等物品的运输有很大作用。

7）会展旅游信息

会展旅游信息是对参展商及观众参加展览会期间的吃、住、行等需要和展览会前后的旅游需要等作出的一些说明。会展旅游信息要详细地列出各指定接待酒店的档次、协议优惠价格、地址、联系电话和传真以及联系人、与展馆的距离等，要列出海外观众和参展商入境的签证办法、会展期间及前后可供选择的商务考察和观光休闲旅游的线路和安排等。会展旅游信息主要是为了方便参展商及观众的日常生活。

8）相关表格

相关表格是指有关参展商在筹展和布展过程中需要使用的各种表格，主要包括展览表格和展位搭建表格两种。展览表格主要有贵宾买家服务表、聘请临时服务人员申请表、额外工作证和邀请卡申请表、研讨会和技术交流会申请表、刊登会刊广告申请表等。

参展商手册编制成功以后，可以印刷成册，在展览会开幕前适当的时间寄给参展商，也可以将其内容发布在展览会的专门网站上供参展商阅览和下载，如果展览会有海外参展商，还要将参展商手册翻译成外语文本。

● 4.4　建立展览会网站

4.4.1　建立展览会网站的作用

作为第四媒体的互联网，其特点就是可以跨越时空。正常情况下，网站无时无刻不在工作，它极大改变了展览公司的展览运作模式。建立展览会网站主要作用表现在：

第一，有利于拓展营销渠道，扩大市场，提高营销效率。会展企业通过网站可以开展电子营销，一旦展览会建立了专门网站，无论在世界的哪一个角落都可以了解到展览会的有关信息，大大节省了营销时间，提高了营销效率。

第二，有利于了解参展商的意见，掌握参展商的需求。在不干扰参展商正常工作和生活的条件下，会展企业通过网站上的调查表、留言簿、定制服务以及E-mail可以倾听参展商的意见，了解参展商的心声，加强企业与参展商间的联系，建立良好的顾客关系，并且可以制定相应的对应措施。

第三，有利于展览会与有关企业和机构的协作。现代大型展览会往往都是合作办展的成果，很少有哪个企业可以独立完成。同时，展览会的成功举办还有赖于展览会与参展商单位以及观众的密切合作。互联网有超越时空的优势，它可以成为各有关方面进行沟通合作的重要工具和纽带。

第四，有利于展览会招商招展工作的开展。展览会的招商招展工作是展览会成功举办的基础性工作，办展机构要通过各种渠道进行展览会营销，尽可能多地获得客户。网站在招商招展工作中能发挥重要作用。

4.4.2 展览会网站的类型

根据网站功能和内容的不同，通常情况下将展览会网站分为以下几种：

1）信息型网站

信息型网站的主要目的是通过网上信息传播，引起社会各界的广泛关注，掌握展览会的最新信息。

2）广告型网站

广告型网站的主要目的是为参展企业提供一个网络宣传的平台，同时也是为展览会自身做宣传，也可以增加展览会的收入。

3）在线销售型网站

参展商和专业观众可以通过网站订购门票、网上登记办理证件等，大大缩短了参展工作的时间，方便了参展企业。

4.4.3 如何建立展览会网站

网站可以帮助企业树立形象，宣传企业的产品，增加企业的销售机会，为客户提供服务。怎样才能建立一个成功的网站呢?建立网站要考虑以下问题：

1）进一步明确自己建立网站的目的

根据自己的产品、销售渠道和销售对象等情况，明确自己的网站是信息服务型、销售型、广告型还是综合型，面向企业客户的网站和面向个体参展商的网站是完全不一样的。比如，面向企业客户的网站的重点是其在企业间合作过程中的作用，而面向消费者的网站需要千方百计去增加浏览量。另外即使是面向个体参展商的网站，也并非都需要销售商品，而且并不是所有产品都适合在网上销售。比如可口可乐、柯达等公司都没有在网上销售产品，网站只是它们树立形象、提供顾客服务的一个工具，是它们整体营销战略的一部分。

2）了解你的目标市场

你的客户是企业还是个体参展商，他们来自何处?他们信息化程度如何，经常上网吗?他们主要使用哪些语言?主要希望了解哪些信息?他们的购买水平如何?主要使用哪种浏览器?当然，最初建网站时不可能了解这么细致，网站内容需要随着对消费者了解的深入而逐步调整。比如，企业的顾客群体如果喜欢新技术、受教育程度较高或经常使用Internet，则电子商务成功的可能性就很高。此外，目前Internet用户中男多女少也是考虑因素。

3）明确自己的竞争优势

你的网上、网下竞争对手是谁?与他们相比，你在商品、价格、服务、品牌等方面有什么优势?竞争对手的优势你能否学习?如何根据自己的竞争优势来确定营销战略?

如果能在建设网站之前将上述各个环节思考清楚，并找出相对准确的答案，那么展览会网站的建设就有了一个非常好的开端，剩下的主要是一些技术性问题，包括为网站取一个好域名，网站建设技术方案的选择，是自建还是租用，网站内容、风格与速度，确定网上内容的更新方法，制定网站技术维护方法等。

建立展览会的专门网站是一项技术性很强的工作，办展机构一定要精心策划、合理安排、明确分工、认真设计，这样展览会的专门网站才能发挥其最大价值。

【情景模拟4-1】

场景：假如你将要组织国内企业到国外参加某著名展览会，请模拟找运输代理商把展品运到国外的场景。

操作：

（1）选择运输代理商；

（2）与运输代理商进行沟通联络；

（3）列出货物交接手续；

（4）提交办理报关所需的文件；

（5）教师点评。

知识掌握

1.展览会运输代理商和承建商的种类有哪些?选择标准是什么?

2.展览会现场接待服务的对象是哪些?

3.参展商手册的主要内容是什么?

4.会展网站的类型有哪些?

知识应用

□ **案例分析**

2015年哈尔滨寒地博览会实施方案

2015哈尔滨寒地博览会（以下简称寒博会）定于2015年1月5日至8日，在哈尔滨国际会展体育中心（以下简称会展中心）举办。为做好寒博会组织筹备工作，制订本方案。

一、指导思想

依托“冰雪节”优势，以发展寒地经济、扩大国内外寒地城市合作开放为目标，突出“寒地平台、交流合作”主题，按照转型升级、巩固提升、注重实效的发展思路，深入挖掘利用哈尔滨及国内外寒地资源禀赋，进一步提高特色化、专业化、规模化水平，促进展览会可持续发展，为全市经济社会发展做出新贡献。

二、组织机构

（一）主办单位：哈尔滨市人民政府。

（二）支持单位：国家半导体照明工程研发及产业联盟、中国环卫协会清冰雪专业委员会、中国皮革协会。

（三）承办单位：市会展业办公室、市贸促会、哈尔滨长城国际展览有限公司。

（四）联合承办单位：市城管局、市科技局、市外侨办。

（五）协办单位：市建委、市商务局、市农委、市交通运输局、市环保局、市投资促进局、市旅游局、市体育局、市市场监管局、市工信委、市文化和新闻出版局、哈经开区管委会、哈高新区管委会、哈西办、市台办，各区、县（市）政府，会展中心。

三、参展布展

寒博会继续坚持政府主导、专业化运营、市场化发展的运营模式，设置除雪设备和寒地城市环卫车辆及设备，寒地城市智能公交系统车辆及配套产品，寒地建筑采暖环保照明（LED）及云计算领域的新技术、新材料、新设备、新能源及机器人，寒地物流服务，国外友好城市及企业，冬季服装和高档裘皮皮革制品，冬季体育用品和设施、旅游产品，寒地绿色农副产品和名优特产品及老字号产品，寒地文化等专业展区。

寒博会设置标准展位1 200个，展览面积3万平方米以上。

四、经贸活动

（一）开馆式。2015年1月5日在会展中心共享大厅举行，邀请国家、省、市领导及有关部门领导和部分国内外友好城市嘉宾、参展参会客商、媒体代表出席并巡视展馆。（由市贸促会负责）

（二）寒地城市发展论坛。2015年1月5日在华旗国际会议中心举行。邀请加拿大埃德蒙顿、美国明尼阿波利斯、俄罗斯哈巴罗夫斯克等国际友好城市政府官员和相关领域的专家、学者及企业代表，围绕“分享寒地城市经验、共促寒地城市发展”的主题，进行深入研讨和交流。（由市外侨办负责）

（三）寒地城市除雪设备技术研讨会及现场演示活动。展览会期间，会同中国环卫协会，组织国内外重点除雪设备生产厂家、中国环卫协会清冰雪专业委员会会员单位及国内重点城市城管、交通运输、高速公路管理部门和企业举办研讨交流、现场推介演示活动。（由市城管局负责）

（四）寒地LED节能照明技术、机器人产业论坛。展览会期间，联合国家半导体照明工程研发及产业联盟、黑龙江省半导体照明产业技术创新战略联盟、哈尔滨工业大学等，共同组织国内专业生产企业、用户和科研院所举办主题论坛和对接活动。

（由市科技局负责）

（五）寒地物流高峰会。会同黑龙江省物流及供应商会以及国家、省、市有关部门，联合组织国内外寒地物流企业和用户，围绕寒地物流服务产业进行研讨、交流、对接及招展招商等活动。（由市贸促会、黑龙江省物流及供应商会负责）

（六）企业对接及经贸洽谈。组织省内外相关行业专业人士、企业，与参展参会企业开展项目对接和面对面的交流洽谈。（由市投资促进局牵头，各相关部门配合）

（七）哈台企业“一对一”对接交流活动。展览会期间，会同黑龙江台湾中心，组织50户台湾本土企业参展参会，就寒地特色产业项目合作举办“一对一”洽谈对接，并考察相关企业。（由市台办负责，市投资促进局、哈经开区管委会、哈高新区管委会配合）

五、组织领导

成立寒博会组委会，主任由市委副书记、市长宋希斌担任，副主任由市委常委、常务副市长聂云凌，市委常委、副市长曲磊，市委常委、副市长丛科明，副市长焦远超担任；成员单位由市政府办公厅、市贸促会、市财政局、市外侨办、市城管局、市科技局、市建委、市交通运输局、市发改委、市农委、市环保局、市商务局、市投资促进局、市公安局、市体育局、市旅游局、市工信委、市市场监管局、市接待办、哈西办、市供热办、市政府新闻办、市卫生计生委、市文化和新闻出版局、市文联、哈经开区管委会、哈高新区管委会，各区、县（市）政府，哈尔滨国际会展体育中心、哈尔滨长城国际展览有限公司组成。组委会办公室设在市贸促会，负责统筹协调和推进落实工作，主任由市会展业办公室主任、市贸促会会长李纬担任。

六、任务分工

（一）招展招商工作

1.展览会招商招展、活动策划、专业化运营的整体统筹工作，由市贸促会、哈尔滨长城国际展览有限公司负责。

2.国外友好城市及海外企业参展组织、主宾友好城市展示及俄罗斯重点专业人士参会邀请工作，由市外侨办负责。

3.城市除雪设备、冬季环卫车辆和设备及配套服务生产企业招展招商工作，由市城管局负责，市工信委、各区县（市）政府配合。

4.寒地采暖和照明新技术、新材料、新能源及机器人生产经销企业招展招商工作，由市科技局负责，市工信委、哈经开区管委会、哈高新区管委会和各区、县（市）政府等配合。

5.寒地建筑（墙体）节能环保、新材料、新技术和新产品生产经销企业招展招商工作，由市建委负责，市环保局等有关部门配合。

6.高寒城市智能公交系统车辆及配套产品、高速公路除冰雪设备生产企业招展招商工作，由市交通运输局负责。

7.俄罗斯食品及相关产品生产经销企业招展和专业客商邀请组织工作，由市商务局负责。

8.寒地特色农副产品、老字号产品生产经销企业和寒地文化项目招展招商工作，分别由市农委、市商务局、市文化和新闻出版局、市文联、哈西办、阿城区政府负责。

9.寒地服装服饰、裘皮、皮革等生产及经销企业招展招商工作，分别由道里区、道外区、南岗区、阿城区、尚志市、巴彦县政府负责。

10.冬季旅游产品、滑雪设备、冬季体育用品暨器材生产经销企业招展招商工作，分别由市旅游局、市体育局负责。

11.哈尔滨“智慧城市”“云计算”等重点资源、技术的形象展示宣传工作，由市科技局、市商务局、哈经开区管委会、哈高新区管委会等部门分别负责。

12.俄罗斯等海外专业买家和合作伙伴参会洽谈邀请工作，分别由市外侨办、市商务局、市科技局负责。国内买家和合作伙伴的邀请，由各活动组织承办部门负责。专业观众的组织、邀请，由市贸促会负责。

（二）综合协调工作

1.展览会工作方案制订、综合协调及落实工作，由市贸促会负责。

2.展览会资金筹措及使用，由市财政局、市贸促会负责。

3.经贸洽谈、研讨交流活动的经费筹措，由各相关部门负责。

（三）服务保障工作

1.安全保卫工作，由市公安局牵头负责。

2.省、市领导邀请工作，由市贸促会、市政府办公厅牵头负责。

3.新闻宣传工作，由市政府新闻办牵头负责，市贸促会配合。

4.户外广告宣传审批等工作，由市城管局、市建委、市公安局负责，市贸促会、哈尔滨长城国际展览有限公司配合。

5.重要嘉宾邀请接待工作，按照“谁邀请、谁负责”原则，由各部门分工负责，市接待办协调指导。

6.组织参展参会客商参加“冰雪节开幕式”和参观“冰雪大世界”“雪博会”，由市旅游局、松北区政府、市贸促会负责。

7.假冒伪劣商品监督清理及侵权纠纷处理等工作，由市商务局、市市场监管局、市知识产权局负责。

8.海外商品通关、检验检疫工作，由市商务局牵头，市贸促会配合。

9.参展手续办理及场馆管理、协调等工作，由市贸促会、哈尔滨长城国际展览有限公司、会展中心负责。

七、相关要求

（一）加强领导，精心组织。各地区、各有关部门和单位要高度重视，按照任务分工，认真做好招展招商、活动安排、客商邀请等工作，并指派专人负责任务对接。

（二）加强宣传，营造氛围。各有关部门和单位要利用各类媒体加强宣传和氛围营造，吸引社会广泛关注，扩大展览会影响。

（三）突出特色，专业发展。各有关部门和单位要突出寒地特色，提升专业化、规模化水平，把寒博会培育成为国内首个寒地商品展示、洽谈与交流的经贸平台。

资料来源　佚名.2015哈尔滨寒地博览会工作方案［EB/OL］.［2015-02-17］.http：//zwgk.harbin.gov.cn/auto334/auto335/201502/t20150217_99309.html.

问题：请仔细阅读这份展览会实施方案，分析如何贯彻实施方案，保证展览会的如期成功举行。

分析提示：展览会成功举行需要各方面的密切配合。从承建商及运输代理的选择、招展招商、展位的分配、布展要求、展览会接待、撤展等各个环节必须做到环环相扣。

□ 实践训练

假如当地有一家展览公司要举办一个土特产品展览会，这家公司要公开征集展览会实施方案，请你草拟一份实施方案参与应征。

第5章

展览会品牌策划

学习目标

在学习完本章之后，你应该能够：

了解展览品牌的含义和特性以及界定品牌展览会的主要标准；

明确展览会品牌定位的构成体系、原则、策略和步骤；

熟知展览会的品牌塑造策略和品牌维护策略；

掌握展览会品牌宣传与推广的特点、策略和方式。

【引例】

品牌展的魅力

2003年，伊拉克战争和非典型肺炎对全世界的展览业都造成了很大的影响，但在中国，享有盛誉的第九十三届中国出口商品交易会在广州成功举办；被国际工业界公认为与欧洲EMO展、美国IMTS展、日本JIMTOF展并列的世界四大国际机床名展之一——第八届中国国际机床展览会在北京也大获成功；作为中国第一大车展的第十届上海国际汽车工业展览会也圆满落下帷幕，让人们一睹名展的风采。据媒体报道，第九十三届广交会参展企业数量高达9 128家，创历届之最；而第八届机床展面积也从上届不足7万平方米扩大到7.2万平方米，来自27个国家的1 200多家企业参展；第十届上海车展比上届的展出面积增加了60%，吸引了23个国家和地区的730多家厂商参展，展示场馆总面积达8.1万平方米，为历届之最。由此可见，这三大名展非但不见丝毫受损，反倒“逆风飞扬”，这就是品牌的魅力所在。

这一案例表明：品牌展览会具有无可比拟的巨大优势，它是会展企业面对瞬息万变的市场环境而能立于不败之地的重要保证。因此，通过各种有效的途径来建立展览会品牌，是会展策划的一个至关重要的组成部分。

5.1 展览会品牌定位

当今展览业发展的一个重要趋势，是市场份额越来越向最有价值的品牌集中，品牌展览会正受到越来越多的重视。品牌的重要性在现代经济中表现为两个“二八法则”：一是20%的品牌企业为社会提供80%的经济贡献；二是20%的强势品牌占有80%的市场份额。品牌既是展览企业的一面旗帜，也是展览会竞争优势的重要来源。拥有自己的品牌展览会，是每一个展览企业赖以生存和发展的根本。

5.1.1 展览品牌的含义和特性

1）展览品牌的含义

展览品牌就是一种用于识别某项展览产品和服务，并使之与竞争者形成差异的名字、规则、标记、符号、样式等要素的综合体。展览品牌既是展览产品和服务个性化的表现，代表着展览企业对其产品与服务特征、利益和品质等的一贯承诺，又是展览客户对展览产品和服务的主观感受的总和，体现着他们对展览产品和服务的认识和评价。可以说，展览品牌就是一个展览会内在质量与外在形象的高度统一。

2）展览品牌的特性

展览品牌与其他产品或服务品牌一样，具有质量优异、文化附加值较高、高知名度、高美誉度、高市场占有率、高经济效益、高无形资产价值以及较长的市场生命周期等特点。同时，展览品牌还具有一些其他产品和服务品牌不具备的特性。

（1）功能性。展览品牌的功能性主要表现在它提供的是一种交易和交流平台，借助这种平台来搜集、整理、传播信息，最大化地满足参展商和观众获得信息、贸易成交、寻找代理商等需求。成功的展览品牌往往能够以一种始终如一的形式将品牌的功能与参展商和观众心理上的需要连接起来，通过这种方式将品牌的定位信息明确地传递给参展商和观众。

（2）体验性。作为服务产品，展览品牌更多的来自于参展商和观众的直观感受和个性体验，体验已成为展览服务的一个重要部分。展览品牌的体验性体现在它以展览服务为舞台、以展览产品为道具，以参展商和观众的需求为核心，通过外在的服务和环境创造出值得回忆的、内在的体验。它强调的是品牌效果的感性满足，重点在于品牌带来的感受和体验。

（3）系统性。展览品牌实质上是一个由个性、文化和信誉等多种要素相结合的、综合的系统。一个展览品牌的内涵通常包含了展览会品质、市场定位、品牌文化、品牌形象推广、展览会的组织与管理、展览会规划、市场扩张模式等展览经营活动的各个环节，这些环节相互作用，相互制约，共同构筑了展览品牌的价值系统。此外，展览品牌的系统性还表现在它是与行业发展、城市发展紧密关联的，行业和城市发展因素也是展览品牌价值系统中的重要组成部分。

5.1.2 界定品牌展览会的主要标准

从目前会展业的实际情况看，衡量一个展览会是否是品牌展览会一般主要依据以下标准。

1）有行业内权威机构和代表企业的支持

获得行业内权威机构和代表企业的支持是品牌展览会的重要标志。一个展览会如果获得了权威机构（如行业协会、政府主管部门等）的支持，无形中就在展览企业与展览客户之间架起了中介担保的桥梁，增强了展览会的可信度。而行业内主要代表企业的合作与参与，无疑是体现展览会价值和品质的重要指标，会给展览会带来巨大的宣传效果和影响力。某个展览会能否成为品牌展览会，首先取决于整个行业对它的认可。

2）代表行业的发展方向

代表行业的发展方向也是展览会品牌化的重要标志，它体现了展览会的专业性和前瞻性。只有代表行业发展方向的展览会，才会有明确的目标市场和目标客户，才能够提供几乎涵盖这个专业市场领域的所有信息，而展览会提供的信息越全面、越专业，观众就越积极，参展企业也就越踊跃。

3）具有一定规模

品牌展览会的明显特征之一就是具有相当的规模。一般来讲，展览会规模越大，相对单位成本就越低，展览会经济效益就越好，这就是所谓的规模效应。同时，只有形成规模，展览会才会有吸引力，才能使更多的参展商和观众集中起来，从而实现展览会的价值。

4）进行强有力的媒体宣传

品牌展览会往往都与有影响力的媒体合作，不断地对展览会做强有力的宣传。只有进行持续的媒体宣传，展览会才能吸引住参展商和观众的眼球，才能在众多的展览会中被识别出来。媒体宣传不仅是建立品牌的一个重要环节，也是维持和强化品牌的重要途径。

5）提供专业化的服务

能够提供专业化的展览会服务是界定品牌展览会的重要标准。专业化的展览会服务，是指以参展商和观众的需求为核心提供的一系列优质、高效、规范的展前、展中和展后服务，其涉及展览会的整个运作过程，从市场调研、项目立项、广告宣传、招展、观众组织、活动安排、现场气氛营造到后续工作，甚至包括展览企业所有对外文件、信函、宣传资料的格式化和标准化规定等。

6）拥有较高的知名度和美誉度

知名度和美誉度是从参展商和观众心理感知角度衡量品牌展览会的指标。知名度是指潜在的参展商和观众对一个展览会的知晓与了解的程度，以及这个展览会的社会影响的广度和深度，它是评价展览会名气大小的客观尺度。而美誉度是指公众对一个展览会的信任和赞美程度，即良好的口碑，它是评价展览会好坏程度的指标。通常来讲，展览会的知名度越高，口碑越好，吸引的参展商和观众就越多，成交的可能性也越大，其展出效果就越好。

7）获得国际展览组织的认证

一些重要的国际展览组织对申请加入该组织的展览项目及其主办单位有着严格的要求及规范的审查程序。由于有较为成熟的资质评估制度，因而获得这些国际展览组织的资格认证，使用它们的标记就成了品牌展览会的重要标志。

【知识链接5-1】

国际展览联盟（UFI）是迄今为止世界展览业最重要的国际性组织之一。UFI对申请加入的展览会的规模、办展历史、国外参展商的比例、国外观众的比例等都有严格的要求。其标准为：国际性展览会至少已连续举办3次以上，至少要有2万平方米的展出面积，20%的国外参展商和4%的海外观众。这种简单但严格的标准使UFI认证在展览业中成为高品质展览会的标志。

目前，我国（不含港、澳、台地区）获得UFI认证的国际品牌展览会数目已经达到61个，具体名单如下：

1.上海国际汽车工业展览会
2.中国国际工程机械、建材机械、工程车辆及设备博览会
3.北京国际工程机械展览与技术交流会
4.中国长春国际汽车博览会
5.中国国际服装服饰博览会
6.中国国际投资贸易洽谈会
7.国际医疗仪器设备展览会
8.北京国际印刷技术展览会
9.国际制冷、空调、供暖、通风及食品冷冻加工展览会
10.中国东莞国际鞋展·鞋机展
11.中国（深圳）国际钟表珠宝礼品展览会
12.中国国际医药（工业）展览会暨技术交流会
13.中国国际机床工具展览会
14.中国国际石油石化技术装备展览会
15.中国国际纺织机械展览会暨ITMA 亚洲展览会
16.中国国际安全生产及职业健康展览会
17.中国（大连）国际服装纺织品博览会
18.中国国际模具技术和设备展览会
19.中国国际地面材料及铺装技术展览会
20.国际食品、饮料、酒店设备、餐饮设备、烘焙及服务展览
21.中国国际家具生产装潢与装饰机械及配件展览
22.中国国际高新技术成果交易会

23.国际名家具（东莞）展览会
24.广州（锦汉）家居用品及礼品展览会
25.锦汉纺织服装及面料展览会
26.中国国际铸造、锻造及工业炉展览会
27.多国仪器仪表学术会议暨展览会
28.中国国际加工、包装及印刷科技展览
29.中国国际流体机械展（新加坡）
30.中国国际通信设备技术展览会
31.上海国际广告印刷包装纸业展览会
32.中国（深圳）国际品牌服装服饰交易会
33.深圳国际礼品、工艺品、钟表及家庭用品展览会
34.深圳国际玩具及礼品展览会
35.中国深圳国际机械及模具工业展览会
36.中国国际石材产品及石材技术装备展览会
37.中国国际林业、木工机械与供应展览
38.义乌国际袜子、针织及服装工业展（香港）
39.华南国际印刷展（香港）
40.中国国际电力展（香港）
41.中国国际塑料橡胶工业展览会（香港）
42.顺德木工展（香港）
43.华南国际包装技术展（香港）
44.中国国际线缆及线材展
45.中国国际管材展
46.中国（上海）国际建材及室内装饰展览会
47.中国国际染料工业暨有机颜料、纺织化学品展览会
48.中国（深圳）国际文化产业博览交易会
49.中国国际全印展-中国国际印刷技术及设备器材展
50.中国国际社会公共安全产品博览会（简称安博会，英文缩写“CPSE”）
51.深圳国际家具、家居饰品、家具配料展览会
52.中国国际家居博览会
53.亚洲国际流体机械展
54.中国国际中小企业博览会
55.中国（上海）国际建筑节能及新型建材展览会
56.中国（东莞）国际纺织制衣、鞋机鞋材工业技术展
57.中国国际光电博览会（CIOE）
58.中国义乌国际小商品博览会

59. 中国国际农用化学品及植保展览会

60. 中国新疆国际煤炭工业博览会

61. 中国新疆国际农业博览会

资料来源 根据相关资料整理。

8）经过长期规划

一般而言，培养品牌展览会需要经过多年的时间，是一个长期规划的过程。品牌展览会不能只追求短期经济效益，而应在知识、经验、能力、社会资源诸多方面逐步积累，形成长期稳定的增长。展览企业必须要有长远眼光，并通过持续不断的努力来培育和呵护品牌展览会，急功近利只能适得其反。

【案例分析5-1】

一个由中国人创办的世界机床名展——中国国际机床展览会

中国国际机床展览会（CIMT）是中国机床工具工业协会为了行业的发展与振兴，从国家和行业发展的长远利益考虑，审时度势，于1989年在我国境内创立的一个世界级的机床品牌展览会。

CIMT是一个站在世界高度、国人立场，完全由中国人在本土自主举办的国际性展览会。从创办之初，中国机床工具工业协会便以其特有的行业性、权威性、服务性、公正性和国际对应性，有效地组织起国内外制造企业和用户，以整体阵容参与到展览会的各项活动中去，通过举办高水平、权威性的展览会，搭建有形市场与无形市场的大平台，促进了我国的相关产业进入国际经济大循环，满足了我国机床工具业的强劲供求需要，为掌握世界商情、推动出口、促进内销做出了正确导向。

“交流技术、加强合作、扩大贸易、共同繁荣”是CIMT的办展宗旨。“集结世界机械制造技术与装备之精华，展示机械制造领域技术的新高度，汇合世界机床市场多方位信息的大潮汛；以此推动中国机械制造业和机床工具业的技术进步与生产力发展”是CIMT的办展目的。至今CIMT已经举办了14届，在20多年的办展历程中，CIMT的题材没有变，宗旨没有变，目的没有变，但每一届展览会的主题都由主办者中国机床工具工业协会结合行业需要、用户需要、国家政策导向、时代和市场变化的需要进行精心策划，使CIMT能够常办常新，具有领先意识和深层内涵。

CIMT从起步之初，就瞄准了世界一流的国际机床展览会。从办展方式、组展思路、拓展展览会功能领域，都按国际一流展览会的标准，结合中国国情实施了高起点的名展战略，使CIMT在全球几十个国际性机床展中脱颖而出。其无论是展览会的规模、代表性、组织机构、管理和服务设施还是观众质量都迅速得到国际展览联盟的认可。国际展览联盟认为CIMT是一个具有国际影响力的展览会，在全世界展览行业中占有重要位置。1993年，国际展览联盟接纳CIMT为会员。从此，CIMT被国际同行誉为世界四大国际机床展之一。

迄今为止，CIMT的展览会规模一直居中国各类国际专业工业展览会之首，备受国家领导人的关注。国内外新闻媒体如知名报刊、工业权威杂志、广播电视的记者，对CIMT也给予了极大的热情和关注，现场采编的一手报道源源不断地刊出。

二十多年来，CIMT一直伴随着中国机床工具行业的发展与进步而逐步发展、壮大。现在，CIMT已成为国际先进制造技术交流与贸易的重要场所，成为我国机械制造技术进步和机床工业发展的推动力量。

资料来源　朱立文，王雄.国际认证的中国展览会暨企业发展报告［M］.北京：经济日报出版社，2004.

分析提示：中国国际机床展览会是我国品牌展览会的典型代表。它不仅有行业权威机构的支持，代表着行业的发展方向，而且在国际认证、展览会规模、媒体宣传等各个方面都符合一个品牌展览会的标准。

5.1.3　展览会品牌定位的构成体系

要把一个展览会办成品牌展览会，首先需要对其进行准确的品牌定位。所谓品牌定位，就是针对目标市场，确定、建立一个独特品牌形象的过程与结果，其实质是依据目标顾客的特征设计产品属性并传播品牌形象，从而在目标顾客心中形成一个独特的有价值的形象。展览会的品牌定位是一项多角度、全方位的系统工程，主要包括市场定位、产品定位、顾客定位、品牌形象定位四个方面。

1）市场定位

市场定位是指展览企业为了目标市场的选择，即根据行业的特性，对市场进行细分，确定能够建立展览品牌的目标市场的过程。

（1）行业的选择。展览企业在进行市场定位时，应着眼于企业未来的长期发展，选择发展前景良好的、有利于企业发挥自身优势和利用优势市场资源的行业作为目标市场。

（2）展览会类型的确定。市场定位还应明确所举办的展览会的类型。定位于何种类型的展览会，主要视展览企业的规模、经济实力、生命周期、发展战略以及展览会所服务的行业的特点等而定。比如，小型展览企业和处于发展初期阶段的展览企业往往选择定位于专业展市场。而一些正在走向成熟的、实力雄厚的大型展览企业则通常选择定位于综合展市场。

2）产品定位

产品定位是展览企业对举办什么样的展览会以满足特定市场需求的决策。产品定位是品牌定位的支撑，是塑造展览品牌的基础，没有准确的产品定位，品牌定位将成为“空壳”。

（1）规模定位。规模是产品定位需要首先考虑的因素。一般而言，应根据展览会所属行业的性质来确定展出面积和参展商及观众的数量。展出面积与参展商和观众的数量之间要形成合理的比例，参展商和观众的数量不能过多，以免造成场馆过于拥挤，影响展出效果。

（2）服务定位。服务是展览品牌竞争力提升的内在因素，服务的好坏直接关系到展览会的成功与否。展览会服务的定位包括确定展前、展中、展后所提供的一系列服务项目和内容，以及制定切实可行的服务标准。展览企业要根据参展商和观众的实际需求安排合理的服务项目，以便提高顾客满意度。但是，不能为吸引参展商和观众而不顾自身实际情况把服务标准定得过高，以至于因无法达到承诺的服务水准而降低品牌在顾客心目中的可信度。

（3）价格定位。对于不同的展览会类别，价格定位的侧重点应有所不同，如对于贸易展，重点应在于确定展出场地租金；而对于消费展，除展出场地租金外，门票的价格也需要重点考虑。展览会的价格要尽量合理，价格过高或过低都会影响展览会的形象。

（4）展品定位。展品定位需要确定参展企业的展品的档次、等级、类别，要围绕目标观众的类型而定。展品是衡量展览会质量的一个重要因素，一个展览会不能什么档次、什么等级、什么类别的展品都展出，以免造成鱼龙混杂，使展览会混乱无序，损害展览会的形象。

此外，展览会举办时间和举办地点的选择也是产品定位的重要内容。

3）顾客定位

顾客定位是对参加展览会的目标顾客——参展商和观众的选择，包括参展商和观众的地域、行业、数量、性质的确定。品牌定位必须以顾客需求为导向，没有一定的忠实顾客群，就不可能形成展览品牌。展览企业在进行品牌定位时，要对潜在的参展商和观众进行正确客观的分析，要从理性消费和感性消费两方面来考虑和了解目标顾客的需求特征，以目标顾客的满意为根本，并能满足他们的长远需求，这样展览品牌才有发展的潜力。

4）品牌形象定位

品牌形象定位是展览企业为了在目标顾客心目中建立某种符合展览市场定位、产品定位和顾客定位的鲜明而独特的形象而进行的决策。品牌形象定位是建立展览品牌的关键。每一个品牌都必须有属于自己的形象，以便目标顾客识别和记忆，并与竞争品牌加以区分。

（1）产品形象定位。产品形象就是展览会的形象，主要包括两方面：一是外在形象，这是展览会的感觉符号系统在顾客心目中的反映，主要来源于展览会名称、标志等；二是内在形象，这是展览会的理念系统在顾客心目中的反映，主要通过展览会服务与质量来表现。

（2）企业形象定位。企业形象是顾客对展览企业的评价和感受，它包括企业的各个方面，如企业文化、管理水平、发展战略、员工待遇、社会地位等。展览企业可通过自身企业形象的提高来促进展览品牌的形成。

（3）营销形象定位。展览品牌的营销是借助广告、宣传资料、新闻、公关、活动等向目标顾客传递展览品牌信息的过程。良好的营销形象有助于增强目标顾客对展览会的认可，提升展览品牌形象和品牌竞争力。

5.1.4 展览会品牌定位的原则和策略

1）品牌定位的原则

（1）个性化原则。每个展览品牌都应该有自己的个性化特征，而不能简单模仿别人，要做到“人无我有”、“人有我优”或“人有我特”。在目前市场竞争激烈的情况下，展览会雷同现象日益突出，这是市场经济发展的必然结果。一个展览会要想从众多同类展览会中脱颖而出，形成品牌，就必须拥有自己的特色。因此，在进行品牌定位时，必须认真准确地分析各种与办展有关的条件和因素，从而找到展览会自身独特的个性和特征。

（2）资源利用最大化原则。展览会品牌定位的最终目的是促进展览会的发展，取得参展企业和专业观众的信赖，占领更多的市场份额，为办展机构和社会创造最佳经济效益和社会效益。因此，品牌定位要与办展机构的资源、能力相匹配，应充分考虑办展机构拥有的各种资源条件，优化配置和合理利用，既不要造成资源闲置或浪费，也不要超过现有资源条件，追求过高的定位，最终陷入心有余而力不足的被动境地。

（3）适应需求原则。品牌展览会必须根据特定的目标顾客群的需求特点来确定自己的办展策略，提高展览会的竞争力和影响力。在对展览会进行品牌定位时，需要考虑展览会的各项内容和因素与顾客需求的适应性，将品牌定位与顾客的需求偏好紧密结合起来。无论办展机构给展览会品牌如何定位，真正成功的关键在于这一定位是否迎合消费者的心理，是否能够满足参展企业和专业观众的需求。

（4）定向原则。定向就是要确定一个展览会品牌长期的发展方向。如果办展机构连一个展览会品牌的方向都没把握准，品牌就会在发展过程中“迷离错乱”，甚至出现定位的“朝令夕改”，也就是说，办展机构很难给自己的展览会品牌找到正确的定位。因此，只有先确定展览会品牌发展的正确方向，才能找准品牌的位置，才能给品牌进行恰当的定位。

（5）竞争者原则。竞争者是影响展览会品牌定位的重要因素。在激烈的市场竞争条件下，更需要对其他同类题材的展览会进行全面、客观、准确的分析，从而明确本展览会与竞争对手各自的优势、劣势以及差异性。在进行品牌定位时，应该以市场上的竞争者作为给自身品牌定位的参照系，从而制造差异，与竞争者相区别而存在，以差异求发展，以己之长攻其之短，赋予本展览会更大的竞争优势。

2）品牌定位的策略

（1）首席定位策略。首席定位策略就是使自己的展览会品牌处在同类展览会的“第一”或“霸主”的地位。对展览会所涉及的产业来说，该策略强调的是权威性、专业性、新产品与新技术的集聚性以及产业发展的代表性。首席定位一旦实现，就意味着该品牌在市场上占据领导地位，在同类展览会中具有不可比拟性。

（2）比附定位策略。比附定位就是攀附名牌的定位策略，即办展机构通过各种方法同某个知名品牌展览会建立一种内在联系，使自己的展览会品牌在某一领域内迅速进入消费者的视线，占领一个牢固的位置，借助名牌展览会的影响力使自己品牌迅速成长壮大。但是，这种定位策略仅适合于展览会成长的初期，长期下去难以带给消费者独特的价值体验。

（3）市场空当定位策略。市场空当定位是指办展机构寻求市场上尚无人重视或未被竞争对手控制的位置或者领域，使自己的展览会品牌能适应这一潜在目标市场的需要。

（4）功能定位策略。功能定位就是通过向消费者强调展览会的功能来进行定位。在向参展企业和观众传达展览会的功能信息时要突出重点，传达一个或几个展览会的主要功能，这样更能突出展览会品牌的个性，使品牌定位获得成功。

（5）品质价格定位策略。品质价格定位策略就是将展览会的品质和价格结合起来定位展览会品牌。品质和价格通常是消费者最关注的要素，他们都希望购买品质高、价格适中或便宜的产品。运用这一策略，就需要办展机构不断提高展览会的质量，丰富展览会的价值，同时采取各种手段降低办展成本，并将由于降低成本而产生的利益让渡给客户，让他们真正感受到展览会的“物有所值”和“物美价廉”。

（6）档次定位策略。按照品牌在消费者心目中的等级层次可将展览会品牌分成高、中、低不同的档次，不同档次的展览会品牌可以带给参展企业和观众不同的心理感受和体验。现实中，高档次的展览会品牌传达的是高品质的信息，往往通过高价位来体现其价值，并被赋予很强的表现意义和象征意义。但中、低档的展览会，也并非意味着其质量不可靠，只不过是展览会品牌的定位不同而已，同样也能受到特定目标市场的欢迎。

（7）利益定位策略。利益定位就是致力于满足参展商和观众的某种利益，通过向他们承诺利益上的诉求，来突出展览会品牌的个性和价值。采用该策略，就要将展览会所能提供的利益与参展商和观众的目的或需求有机地结合起来，并根据市场需求变化，不断丰富和更新展览会给予消费者的利益。

（8）竞争定位策略。竞争定位策略就是针对现有竞争者的品牌定位来进行自身的品牌定位。该策略的目的十分明确，就是要和竞争对手一争高低，以抢占市场。在实际中，办展机构常常会将自己的展览会与竞争对手举办的展览会进行客观比较，找出其不足或弱点，设法改变竞争者举办的展览会在客户心目中的现有形象，从而确立和提高自己展览会的地位。

5.1.5　展览会品牌定位的步骤

展览会品牌定位的实质，就是要将展览会独特的品牌形象深植于参展商和观众的心目中，这就要求展览会必须要有其他竞争者所不具有的竞争优势。否则，它在参展商和观众的心目中就不可能占有一席之地。因此，给展览会品牌进行定位，必须紧紧围绕发现、选择和明确其竞争优势的思路来进行。

1）发现潜在的竞争优势

展览会的潜在竞争优势可以来源于展览会的功能、成本、经营管理等各个方面，如更符合趋势的主题选择、更优惠的价格、更具代表性和权威性的参展商、更高质量的专业观众、更人性化的服务等。这些潜在竞争优势使本展览会能比其他同类展览会带给参展商和观众更多的价值。办展机构应该根据自身的实际情况，仔细地分析和寻找展览会的潜在竞争优势。

2）选择合适的竞争优势

由于将各种潜在的竞争优势转化为现实的竞争优势是需要一定的条件和成本的，因而不是所有潜在的竞争优势都能转化为现实的竞争优势。有些潜在竞争优势可能不具备转化成现实竞争优势的条件，有些可能因为转化的成本太高而不值得转化，有些则可能转化的时机还不成熟。所以，并不是所有的潜在竞争优势都有价值，必须对它们有所选择。能够被选择作为展览会品牌定位基础的潜在竞争优势必须要满足以下四个条件：

（1）差异性。所谓差异性，就是这种竞争优势是其他同类题材展览会所不具备的，是本展览会所独有的，或者即使其他同类题材展览会具备了，本展览会也能以比其更加优越的方式提供这种优势。并且如果本展览会具备了该优势，其他同类题材展览会将很难模仿。

（2）沟通性。沟通性就是说该优势对于参展商和观众来说是可以理解和可以感受到的，并且对他们来说是有价值的，是他们期望展览会能够提供的。

（3）经济性。经济性也就是参展商和观众通过参加本展览会来获取该优势带来的利益比通过其他方式要来得优越，他们也愿意为获取该利益而支付参加本展览会的有关费用，并且也有能力支付这种费用。这主要表现在两个方面：一是参展商和观众通过参加本展览会与通过其他非展览方式获取同样效益的成本之比。在成效相等的情况下，通过参加展览会获取优势要比通过其他方式所花费的成本要低，这种优势才具有经济性；二是参展商和观众参加该展览会和其他同类题材展览会之间的成本效益比。只有通过参加本展览会获取优势的成本低于参加其他展览会，这一竞争优势才具有实际意义。

（4）盈利性。盈利性即办展机构将该潜在优势转化为现实优势是有利可图的，能够从中获取利润，同时该潜在优势具有转化为现实优势的可行性。

只有具备了上述条件的潜在竞争优势才可以被列入展览会品牌定位考虑的范围，否则，即使选择了某项“潜在优势”，也会在今后的实施过程中遭到失败。

3）明确展览会的竞争优势

在对潜在竞争优势进行选择后，就可以确定有利用价值的潜在优势了。但是，并非所有符合条件的潜在优势都要包含在展览会品牌定位之中。展览会品牌定位到底要传播哪些优势，还要结合办展机构自身的实际需要和参展商与观众对展览会的期望来做最后的选择。在实际中，最后确定的优势不一定是某个单一的优势，也可能是多重优势的综合体。

● 5.2　建立品牌展览会的基本策略

建立品牌展览会是一项长期、复杂的系统工程，它主要包括两个阶段：一是品牌塑造阶段，这是打造和形成品牌展览会的过程；二是品牌维护阶段，即维持、巩固和发展品牌展览会的过程。在这两个阶段，展览企业都需要采取各种策略或措施，以最终实现建立品牌展览会的目标。

5.2.1　展览会的品牌塑造策略

展览企业必须充分调动自身内外各方面的积极因素，合理利用各种品牌资源，并运用相应的策略来塑造品牌，缺乏任何一个环节都难以形成品牌展览会。

1）促使展览活动与产业发展紧密结合

品牌展览会的形成涉及很多因素，需要具备许多条件，其中之一就是展览活动要与所在产业密切结合，体现产业优势。产业优势能对展览会参加者产生巨大的吸引力和说服力，因为这能使他们获得更多、更为详细的市场动态信息，得到更为周到的服务。在与产业紧密结合的展览会中，展览会活动不仅仅是产品的展示、信息的交流，而且还同期举办专业性研讨会、论坛等，能够反映所在产业的发展现状和趋势，从而丰富和深化了展览品牌的内涵，增强了品牌的影响力。因此，展览品牌的塑造要建立在产业发展的专业化基础之上，展览活动针对性越强，信息传递越专业，展览内容越能反映产业的发展动态和趋势，其品牌的号召力就越强。

2）寻求权威机构的支持

一个展览会若能获得权威行业协会的支持和合作，无疑就增加了该展览会的声誉和可信度，并带来了巨大的宣传效果，有利于其塑造品牌。行业协会是企业的代言人，其宗旨是维护行业的利益，保护和增进全体成员的合法权益。因此，行业协会在产业内享有较高的威望，在市场上具有很强的号召力。它们不仅了解行业的实际情况和企业的实际需求，而且是联系政府与企业的中介，容易与政府沟通。如果让行业协会参与到展览会的组织中来，展览会就更易于开展，就能吸引到更多的参加者，在市场上也更容易得到业内的认可，展览品牌也容易形成。另外，获得政府的支持对于塑造展览品牌也是不可或缺的。政府部门能使展览会得到更多方面的支持，特别是在协调和获得各相关行业支持方面发挥作用。借助政府的权威和影响力，展览会的招展招商将更为便利，展览会宣传将更有分量，展览活动能够更加顺利地进行，从而为展览品牌的形成奠定良好的基础。

【案例分析5-2】

全力打造中阿博览会金字品牌

为把中阿博览会打造成为“金字品牌”，需要各方共同合力，探索构建“135”办会模式，将中阿博览会打造成为开放的战略平台，让中阿博览会拥有长久的生命力。

“1”指加强顶层设计。围绕服务中阿合作、推动宁夏全面开放，优化顶层设计，使中阿博览会永葆生机与活力。突出时代性，与时俱进，根据形势变化，科学设计活动板块、内容和形式，创新和完善办会机制。突出开放性，集聚整合国内外资源，发挥政府、市场、社会的作用，调动阿方、国家部委、兄弟省（市、区）的积极性，坚持请进来和走出去相结合，以更加开放的理念和胸襟办会办展。突出务实性，聚焦中阿务实合作，落实投资项目，深入交流交往，实现双方互惠互利、共赢发展。突出前瞻性，既立足当前，抓好相关工作落实，又立足长远，谋划好未来发展的思路和举措，把中阿博览会打造成高层对话、经贸合作、文化交流、共建“一带一 路”的重要合作机制和综合性平台。

“3”指三个大的架构。第一个架构，建立“三个三”机制。形成商务部、中国贸促会、自治区人民政府三家作为中方主办单位；协调相应外方国际机构和国家作为外方主办机构；引入中国国际交流中心、罗兰贝格公司等企业、协会与我区会展公司形成中方、外方、宁夏企业三方市场力量共同承办的模式。第二个架构，推进投资、贸易、金融服务三大便利化。通过加快国际贸易“单一窗口”建设，复制推广上海自贸区等改革创新经验，深化商事制度改革，推进“三证合一、一照一码”，推进区域通关一体化等措施，提升服务水平，提高宁夏对外开放服务的能力。第三个架构，打造陆上、空中、网上三条丝绸之路。实施铁路提速联通、高速公路贯通和机场枢纽提升三大工程，开通“中阿号”国际货运班列。以银川直飞迪拜航线开通为契机，加强与国际国内航空公司合作，推动宁夏货运航空公司开通国内、国际货运航线，加快银川河东国际机场三期建设，促进银川空港、临空经济区与综合保税区融合发展。依托银川综合保税区，高标准建设肉类、水果、植物种苗进境口岸，创建中阿经贸合作示范区。发展对阿跨境电子商务，吸引更多企业在我区设立区域运营中心、结算中心和物流配送中心，构建跨境电子商务产业圈，使宁夏成为 推动“一带一路”建设的新高地、承载国家向西开放战略的大平台。

“5”指五大园区与五大机制建设，建好五大园区。按照“中阿共建、部区联建、区市联动”的工作机制，加快中阿产业园、中阿文化园、中阿商贸园、中阿科技园、中阿信息港等开放载体建设，服务中国企业和产品走出去，“一带一路”沿线国家走进来，以园区为平台形成产业集聚高地。建好主宾国、主题省、中阿共办、顾问咨询、日常化工作五大机制，逐步把中阿博览会打造成“金字品牌”。

资料来源　根据相关资料整理。

分析提示：要成功塑造品牌展览会，要重视“天时地利人和”，营造良好的办展环境，取得来自社会各方的支持，特别是政府权威部门和有影响力的社会组织机构的强力支持，建立健全展览会的运营机制。

3）大力吸引行业内知名企业参与

展览会影响力的大小在很大程度上取决于行业内知名企业参加的数量。一流的企业总是利用知名展览会展示最新产品和发布最新消息，推出许多概念性产品，以显示出最新的经营理念，从而引导行业的发展潮流。由于各种展览会名目繁多且鱼龙混杂，给企业的选择带来很大的麻烦。为了便于选择，许多企业就根据某个展览会的知名企业参加的多少来确定自己是否参与，在这种情况下，行业内知名企业的参与程度将决定一个展览会的参加者数量和规模，决定展览会的市场影响力。因此，要在市场上树立起业界认同的展览品牌，就必须吸引知名的、在行业内有代表性的企业参加展览会，借助它们的品牌影响力来打造品牌展览会。

4）加强专业观众的组织

展览品牌能否塑造成功与参观展览会的观众质量有十分密切的关系。展览活动的专业化要求将普通观众排除在专业展览会之外，或是将专业观众和普通观众的参观时间错开，以满足专业人士交流的需要。展览会的专业观众一般包括贸易商、采购商、批发商、科研教育人士、政府官员和特邀嘉宾等。参加展览会的专业人士是代表企业进行商务活动，在企业内甚至行业内具有较大的影响力，他们对展览会本身和相关服务的评价会产生连锁反应，影响到企业日后的决策，并通过口碑效应影响到其他潜在客户的决策。因此，展览品牌的打造不仅需要组织到更多的专业观众，而且还要满足他们挑剔的要求。

5）突出鲜明的展览主题

展览主题设计是塑造展览品牌的重要手段。如果主题界定适当，突出明显，有独特的创新、鲜明的风格，就能够给展览会参加者带来强烈体验和心理认同感。这种展览主题将激发潜在客户的参与动机，并形成强大的“磁化”作用，促进潜在的展览会参加者转化为现实的展览会参加者。能体现品牌价值的展览主题应该有明确的市场定位和受众对象；能够反映专业问题，有针对性；要常变常新，体现时代特征，可以维持品牌的持久生命力。但在确定展览主题时，不能哗众取宠，不应局限于一时的轰动效应和短期的经济利益，而应注意其延伸性和持久性，不仅关注展览会本身的效益，还应重视展览会对举办地经济效益、社会效益所产生的促进作用，并且要突破地区和国家的界限，寻求国际认可、适合在国际上推广的展览主题，增强展览品牌的国际知名度和影响力。

6）与相关行业结成品牌联盟

展览品牌的塑造不仅取决于展览企业自身的服务质量，而且还有赖于相关行业中其他企业的服务质量。与旅游、物流、信息技术等展览活动的辅助性行业结成品牌联盟，将使展览会获取更多的利润和保持长久的竞争优势。各联盟企业优势互补，可以确立新的竞争优势，使展览会的核心竞争能力得以壮大。在品牌联盟中，无论哪个企业的某一方面或某一品牌做得比较出色，都会因此提高展览活动整体的知名度和各个企业的形象，由品牌联盟所产生的品牌关联性优势也就凸显无疑。展览企业与相关行业的品牌联盟和市场的互动与协同，建立起一种跨行业协作的机制，使整条展览产业链成为一个既分工又合作的高效率的产业系统，增强了品牌联盟内所有成员的市场竞争力。

7）开展强势的媒体宣传，提升品牌知名度

所谓展览会的品牌知名度，是指某一展览会品牌被参展商和观众知晓的程度，反映的是展览会品牌能被潜在客户认出或记起的能力。客户的购买决策过程是从认识品牌开始的，只有认识了品牌，才有可能喜欢品牌，进而可能产生购买行为，直至重复购买，最终成为忠实的客户。品牌知名度一般分为四个层次：

（1）无知名度。一个展览会进入市场之初，目标参展商和观众根本就不知道该展览会及其品牌，展览品牌处于无知名度状态。

（2）提示知名度。经过一段时间的广告运作、市场营销和公关活动，该展览会品牌在部分参展商和观众心目中有了模糊的印象，潜在客户在经过提示后能记起该品牌，即展览品牌具有了提示知名度。

（3）未提示知名度。在没有经过提示的情况下，参展商和观众能主动记起该展览品牌，也就是展览品牌发展到了未提示知名度阶段。

（4）第一提及知名度。即使没有任何提示，当一提到某一种题材的展览会时，参展商和观众就会首先想起或脱口说出该展览品牌，这就是第一提及知名度，此时展览会达到了品牌知名度的最佳状态。

提升展览会的品牌知名度，就是要使展览品牌逐步从无知名度走向第一提及知名度，这样，展览会才会被其目标参展商和观众作为首选的对象。而展览会提高品牌知名度的主要方式就是开展强势的媒体宣传。展览品牌的塑造需要借助广播、报纸、电视、杂志、网络等各种媒体对其进行广泛的宣传，使其为潜在的参展商和观众所了解和知晓，从而使展览会成为知名品牌。通过强势的媒体宣传，可使展览会的影响力在时间上得以延伸，在空间上得以辐射，并最大限度地加深目标客户对该展览品牌的印象，从而获得一种长久效应。

8）强化专业的展览服务，提高品牌认知度

所谓展览会的品牌认知度，就是参展商和观众对展览会的整体品质或优越性的感知程度，也就是目标客户对展览品牌内涵的全面、深入理解的程度。它使参展商和观众对展览会的品质作出“好”或“坏”的判断；对展览会的档次作出“高”或“低”的评价。品牌认知度对于塑造展览品牌具有重要意义：首先，可以给目标参展商和观众一个参加展览会的充足理由，使本展览会能最先进入他们参展或参观选择决策考虑的范围；其次，使展览会获得目标参展商和观众的认同，提高他们参加展览会的积极性；再次，有助于展览企业及其销售代理开展招展招商工作，增加展览会的营销筹码；最后，可以扩大展览会的“性价比”，创造竞争优势，促进展览会进一步发展。

提高展览会的品牌认知度，关键在于强化专业的展览服务。展览品牌的塑造需要通过不断优化展览活动的交流媒介作用、提升展览服务的专业化水平和增加展览项目的附加价值来提高客户对展览品牌的认知度。同时，展览企业可以通过与客户互动或产品试用等方式，使客户亲身体验或切身感受到展览品牌的价值，以此来加深客户对品牌内涵的理解和认同。

9）进行形象识别系统设计，塑造良好的品牌形象

展览会的品牌形象是有关展览品牌的全部信息在参展商和观众心目中的投影，即目标客户对展览品牌的总体评价。展览品牌所包含的各种信息经过目标客户的感知、体验和选择，形成了展览会在他们心目中的品牌形象。一个成功的展览品牌必然拥有良好的品牌形象。而塑造良好的品牌形象，需要掌握一些最基本的原理：第一，要赋予展览品牌实质性的、紧贴顾客需求的价值体系。展览会的品牌不仅仅是用来做广告的展览名称或口号，更要能体现出展览的核心内涵和价值。展览品牌必须要有特定而丰富的含义，不能空洞和流于形式，否则展览品牌就成为一个普通的标签，不能向客户传达任何有意义的信息。第二，要设计展览品牌的可识别符号。不管是展览品牌的含义，还是展览品牌的价值，或者是展览品牌的个性，都属于无形的理念范畴。要想使这些无形的东西更容易被客户所理解和接受，就要想方设法将它们“化无形为有形”，因此需要通过设计展览品牌的可识别符号来促使客户增加对展览品牌的记忆和理解。第三，要确定展览品牌形象传播策略。展览品牌形象是展览品牌在展览客户心目中的反映和头脑中的折射，展览品牌所包含的信息必须通过各种传播手段才能到达展览客户，使他们对展览品牌产生认知和认同。所以，树立展览品牌形象，需要对适合形象传播的手段和方法有所规划。

进行展览品牌形象识别系统设计是树立展览品牌形象的主要手段。展览品牌形象识别系统（CIS）就是将那些能使展览会的目标客户认知和认同展览品牌的理念、行动和符号，经过系统化后提出的一套促进展览品牌形象传播的整体策略。其主要包括四个方面的内容：理念识别系统（MIS）、行为识别系统（BIS）、视觉识别系统（VIS）和听觉识别系统（AIS）。

（1）展览理念识别系统。展览理念识别系统是展览品牌形象识别系统设计的核心内容。展览理念是指包括展览举办宗旨、展览定位、展览经营思想、展览价值、展览承诺、展览规范、展览发展战略等在内的有关展览举办的指导思想和价值体系。展览理念识别系统对展览品牌形象识别系统设计具有全局性的指导意义，对展览本身的发展也有极大的影响。理念识别系统一旦设计完成，展览企业必须从制度和物质上保障展览理念的贯彻执行。

（2）展览行为识别系统。展览行为识别系统是对展览举办过程中的各项活动和行为的设计，主要包括展览服务活动、展览营销、展览礼仪、展览工作人员行为、展览现场相关活动等。展览行为识别的实质是对展览理念的具体执行，是将抽象的展览理念有形化，从而使展览的目标客户能够切身体验到展览理念的实际意义。

（3）展览视觉识别系统。展览视觉识别系统是对用以表达展览理念和行为的一整套包含图案、色彩和文字等元素的视觉化符号系统的设计。它主要包括展览和品牌名称、展览标志、标志语、展览标准色、展览标准字、展览吉祥物、展览标准信封和信笺、展览宣传材料、办公用品、交通工具，工作人员制服等。视觉识别系统给展览客户带来最直观的视觉刺激，使展览品牌在他们脑海里留下深刻的印象。

（4）展览听觉识别系统。展览听觉识别系统是对展览举办过程中与声音相关的事物的设计，主要包括展览音乐、展览广告语等。听觉识别是从听觉方面来感染展览的目标客户，传播展览品牌形象。

10）建立展览企业品牌文化

企业品牌文化，是企业围绕品牌塑造所形成的有独特风格和能够被顾客感知的企业全体成员的理念、意志和行为规范的综合体，它体现了企业理念或精神诉求，是企业内在凝聚力的外在表现。塑造展览品牌的过程中，展览企业要着力建立一种品牌文化，来真正体现媒体所宣传的展览的品牌个性和品牌定位。展览企业的品牌文化应该是以参展商和观众为中心，围绕他们已有的和潜在的需求形成的。当展览品牌所依托的文化底蕴能够充分表达和体现参展商和观众的需求时，品牌就被赋予了人性化的特征，也就获得了建立顾客忠诚的良好基础。为了建设良好的品牌文化，展览企业还必须对员工进行品牌价值的培训，向员工介绍企业的品牌战略，让员工明确他们的工作对实现品牌价值的重要性，使员工自觉地将自身价值的追求与展览品牌的塑造结合在一起。

5.2.2 展览会的品牌维护策略

展览品牌形成之后，并不意味着品牌建设的最终完成。在瞬息万变的市场中，展览品牌如果缺乏持续、有效的品牌维护，不能及时进行调整和创新，就很可能在激烈的市场竞争中衰亡。因此，展览企业必须采取多种措施来保持展览品牌的生命力。

1）培养顾客的品牌忠诚度

品牌忠诚是顾客以其对品牌的满意经验为基础，对其所偏爱的品牌所表现出的重复购买的消费行为。品牌忠诚度为品牌提供了稳定的顾客群，并由此能够为企业带来保持市场占有率、降低营销成本、吸引新顾客、减缓竞争威胁等多项价值。所以，留住现有的展览顾客，提高他们的品牌忠诚度，不仅是展览品牌获得持续竞争力的基础，而且越来越成为展览品牌竞争的重点和目标。培养顾客的品牌忠诚度，可以运用以下策略：

（1）不断适应顾客的需要。顾客需要是构建品牌忠诚度的基础。在现实中，参展商和观众对于那些“因为需要，所以参加”的展览会表现出极强的品牌忠诚度。作为展览企业，必须不断深入了解和分析顾客参加展览会的动机和需求，及时、准确地调整展览会的各项服务，确保顾客能够实现他们参加展览会的目标，这是保持其参展和参观热情最重要的基础工作。

（2）长期保证展览会质量。保证展览会质量是培养参展商和观众对展览品牌忠诚的前提条件。保证展览会质量的一个重要指标就是坚持展览会的品牌承诺。品牌承诺是展览企业对参展商和观众能够从品牌展览会中获取某种价值的承诺。一旦做出承诺，展览企业就要采取相应措施保证品牌承诺的兑现。如果展览会无法兑现其品牌承诺，将会极大地破坏已有的品牌形象，顾客对品牌的忠诚度也就无从谈起。因此，只有坚持自身的品牌承诺，保持展览会质量的稳定性，才能增强顾客对展览会的信任，从而提高顾客的品牌忠诚度。

（3）为顾客提供满意的服务。顾客满意度是构建品牌忠诚度的核心。参展商和观众对展览会服务的满意度是决定其是否再次参展和参观的重要依据。展览企业要提供让顾客满意的服务，就必须处处为顾客着想，充分体现人性化的服务理念，并正确处理和化解顾客的抱怨和不满。同时，展览品牌要立足于“顾客满意”，对所提供的服务不断进行定期的测评与改进，以实现服务的最优化，使顾客满意度最大化，进而达到顾客忠诚和积累顾客资源的目的。

（4）塑造良好的企业形象。参展商和观众对展览品牌的忠诚不仅是出于对展览会使用价值的需要，通常也带有强烈的情感色彩。因此，展览企业形象的好坏在很大程度上影响着参展商和观众的品牌忠诚度。

（5）增进企业与顾客的关系。展览企业应及时向顾客传递各方面信息，加强企业与顾客之间的沟通与交流，以便与顾客建立情感纽带，确保顾客对展览品牌的忠诚。此外，认真倾听顾客的声音也是加强顾客关系的重要手段，它可以发现问题并改进服务，从而获得顾客的信任，提高顾客的满意度。

2）进行品牌创新

品牌创新是企业根据市场变化和顾客需求，运用各种资源，创造品牌新的价值，从而保持和发展品牌竞争力的活动。在激烈的市场竞争环境中，展览企业要获得可持续发展的动力，就必须努力扩展自身的品牌优势，以获得更大竞争优势。这要求展览企业在经营过程中不断地进行创新，赋予品牌新的内涵和意义，提高品牌的吸引力和号召力。展览品牌创新的途径主要包括：

（1）服务创新。展览企业要准确把握行业特点，根据参展商和观众需求的变化，不断地创新展览会的服务内容和服务方法，提高服务水平和服务效果。同时要积极研究和开发新的服务项目，提供超过参展商和观众期望的“超值服务”，从而提高展览品牌的价值。

（2）主题创新。展览主题要依据行业和市场的发展变化不断地进行调整和创新，以提高展览品牌的吸引力。

（3）营销创新。展览企业在品牌经营过程中，不能仅仅依赖传统营销方式来进行展览会营销，而要挖掘一切可利用的资源，努力进行营销创新，积极拓展展览会的营销手段和渠道。如利用互联网与参展商和观众开展互动式交流；建立先进的客户关系管理（CRM）系统；对重要参展商或观众开展一对一营销等。

此外，品牌创新的途径还包括市场创新、组织创新、制度创新、技术创新等。只有进行全方位的创新，展览品牌才能获得持续不断的竞争力和生命力。

3）加强品牌的保护

品牌保护是展览会品牌维护工作的一个重要组成部分，展览企业必须从战略的角度来对展览品牌加以保护。加强品牌的保护，应主要从以下几方面来进行：

（1）树立品牌保护意识。展览企业首先要树立品牌保护意识，要把品牌的知识产权视为品牌资产的核心。只有树立品牌保护意识，企业才能自觉地运用各种手段保护品牌权利，从而维护自身的合法权益。

（2）培育核心竞争力，创造不可模仿的品牌价值。展览企业应利用各种资源，提供优质的产品和服务，实行差异化战略，培育核心竞争力，使展览品牌具有不可模仿性。这样不仅能够有力地排斥其他企业的模仿，抑制展览会“克隆”的现象，而且可以保持和提升品牌竞争力，使品牌更具活力和生命力，成为市场上的强势品牌。

（3）用法律手段保护展览品牌，打击假冒展览会。假冒展览会质量极差，严重损害了品牌展览会的市场形象，甚至会降低品牌展览会在顾客心目中的地位。因此，积极借助法律手段打击展览会的侵权、假冒行为也是保护展览品牌的必要措施之一。

（4）培养知识产权保护方面的专门人才。拥有了专门人才，一旦市场出现侵犯展览品牌知识产权的情况，展览企业就能及时做出反应。

当然，保护展览品牌不能仅靠展览企业，还需要借助政府、行业协会、参展商和观众以及新闻媒体等各方面的力量。

5.3 展览会品牌宣传与推广

展览会品牌宣传与推广是展览企业通过一定的方式和渠道，将展览会的品牌信息传播给特定的目标受众，从而建立起展览会品牌形象的过程。品牌宣传与推广是一项长期性、系统性的工作，必须具备整合传播的思路，同时要以实现长期效应为出发点。伴随着会展业的迅速发展，展览会品牌宣传与推广也日益受到展览企业的重视。

5.3.1 展览会品牌宣传与推广的特点

1）整体性

展览会品牌宣传推广是一项整体的宣传推广工作，具有多重任务，是服务于整个展览会的。通过品牌宣传推广，要建立起良好的展览会品牌形象，创造展览会竞争优势，同时要促进展览会的招展招商，并使内部员工形成牢固的品牌意识等。因此，展览会品牌宣传推广必须根据展览会的整体利益全方位地传播展览品牌信息。

2）阶段性

展览会品牌宣传推广工作的阶段性很强。在展览品牌发展的不同阶段，其宣传推广有着不同的目标和任务，因此也就需要有相应的宣传推广方案与之配套。

3）计划性

展览会品牌宣传推广工作涉及面广，这就要求从一开始就必须做好整体的品牌宣传推广规划工作。从宣传推广目标的树立到宣传推广内容的确定，从宣传推广手段的选择到宣传推广工作每个环节的落实，都要有通盘的计划。

4）服务性

展览会的本质就是一种服务，参展商和观众之所以参加展览会，是因为他们想得到展览会所提供的各种服务，如贸易成交、信息交流、形象展示等。所以从根本上说，展览会品牌宣传与推广实质上是在宣传和推广展览会的服务。

5.3.2 展览会品牌宣传与推广的策略

1）忠于展览会的品牌个性

展览会的品牌个性是展览品牌所具有的稳定的特征，是最能体现展览品牌形象差异的内容。越是具有个性的东西越能让人印象深刻，因此，品牌个性对展览会的品牌宣传推广具有重要作用。把握品牌个性是进行展览会品牌宣传推广的核心要求。展览会品牌宣传推广要“说利益”、“说品质”，更要“说个性”，独特的品牌个性将成为展览会品牌宣传推广的有力武器。因此，展览企业必须积极促进展览会品牌个性的形成，让展览会品牌成为有个性的品牌，成为别人无法模仿的品牌。并且，展览会品牌个性一旦形成，展览会的品牌宣传推广就要忠于展览会的品牌个性，要让展览会的品牌个性贯穿宣传推广的各个环节。

2）尽量提供有形的线索

展览品牌的定位和品牌个性等都是无形的东西，展览客户看不见、摸不着，印象自然也不会深刻。展览企业应该将这些无形的东西化为有形的线索，如各种标志、符号、图案、标识语、数据和形象的比喻等，让展览客户能更直接、更直观地认知展览品牌。展览会品牌宣传推广要努力将客户看不见的各种无形的品牌内涵用有形的形式展示出来，让客户看得见、摸得着，从而切实感觉到展览品牌的价值和意义。

3）只承诺展览品牌能够提供给客户的服务

展览会在品牌宣传推广中所做的承诺会使参展商和观众对展览会抱有期望，如果这些承诺不能变为现实，客户将会非常失望，展览会的形象也将大受打击。所以，展览会在进行品牌宣传推广时只能承诺展览会能提供的服务，避免客户对展览会产生过高的期望。对某些没有把握的服务标准做出承诺，会对展览品牌造成极大的伤害。

4）重视口碑传播

口碑传播对展览会品牌形象有巨大的影响，人们的口碑是展览企业无法控制的传播渠道，但展览企业可以通过努力，尽量使展览品牌获得良好的口碑。如设法让对展览会感到满意的顾客向其他人传达他们对展览会的满意评价；制作一些宣传资料让展览会的忠实顾客传递给潜在顾客；加强对“意见领袖”的宣传推广工作等。不管是参展商还是观众，口碑传播对他们的最终决策都有着重要的影响，因此展览会品牌宣传推广必须重视口碑传播。

5）注意对内宣传推广

展览本质上是给客户提供一种服务，这些服务是通过展览企业的员工来完成的。因此，展览企业的员工不仅要明白需要向客户提供哪些服务，还要明白如何提供这些服务并努力提高服务的质量。所以，展览会品牌宣传推广不仅要面对企业外部的客户，还要面对自己的内部员工，要让员工清楚展览会对客户的各种承诺，鼓励员工向客户提供高质量的服务来实现这些承诺。通过对内宣传推广，可以增强员工的责任感和荣誉感，促使他们自觉地为展览客户提供满意的服务。

6）保持宣传推广的连续性和一贯性

展览会品牌宣传推广要有连续性，对展览会品牌的定位、个性、优势和特点等的宣传要始终如一，不能变幻不定。只有这样，才能在参展商和观众的心目中形成固定的印象，从而达到良好的宣传推广效果。

7）综合利用多种宣传媒体

展览会品牌宣传推广必须借助一定的媒体才能进行。展览企业应该根据展览品牌的现状、媒体的特性等因素来精心选择适合的媒体。在进行品牌宣传推广时，展览企业不能仅利用某一种媒体，也不能只是对多种媒体简单叠加利用，而是要选择几种媒体，充分考虑各种媒体的优缺点，取长补短，组成一个合理的品牌宣传媒体组合，来积极传播展览会的品牌个性和品牌形象，以不断提高展览品牌的知名度和认知度。

5.3.3 展览会品牌宣传与推广的方式

1）广告宣传

广告宣传是一种传统的品牌宣传推广方式，也是最主要的品牌宣传推广方式之一。广告可以在报纸、杂志、广播、电视、电影以及户外媒介等多种媒体上投放，受众面很广。在报纸、杂志等印刷媒体刊登广告，除了对展览品牌做出生动、简明的文字描述外，还应配以相应的图片，以增强展览客户的直观感受。电视具有直观性、时效性、普及性，是传播效果最好的广告载体，因而展览企业应注重电视广告的制作和投放，选择收视率高的电视台投放广告，并尽量使广告在黄金时段播出，这样才能取得最佳的广告宣传效果。

【案例分析5-3】

创造美好生活 2015无锡国际汽车展览会

无锡地处长江三角洲区域中心，拥有三千年悠久历史，是吴文化的发祥地、民族工商业和乡镇企业的摇篮，被誉为太湖明珠。经过改革开放30余年的发展、已经成为中国十大经济中心城市之一、名列福布斯“中国大陆最佳商业城市”第五。改革开放以来，无锡经济社会发展较快。无锡经济总量多年位列全国大中城市前十、2013年无锡人均GDP保持江苏省第一、全国大中城市第二。凭借优越的交通区位、雄厚的产业基础、较强的消费能力、丰富的旅游资源等优势，无锡国际汽车工业展览会必将使展商收获更多的辉煌业绩。

巨擘主办　锻造高端车展

中国国际贸易促进委员会汽车行业分会是中国高端专业车展的缔造者，也是本车展的主办单位，它的加盟将使无锡车展成为长江三角洲的一颗独具特色的耀眼明珠。

百年汽车历史走到今天已经使汽车远远超出了运输工具的基本概念，其体现着驾乘者的追求、品味和素养，形成了无可替代的汽车文化；而不断发展的汽车技术在高性能、多用途、低能耗、高安全等层面使汽车时尚令人无限神往。本届展览会将通过崭新的形式深层地诠释汽车文化，充分展示汽车时尚的魅力，引领高性能、低能耗汽车发展的方向，创造美好的现代汽车生活。

多种媒体联合　汇聚立体宣传能量

无锡国际汽车工业展览会从创办伊始就吸引了媒体的关注与参与，在相互促进下，本展览会将会成为风格独显、影响广泛、成绩卓然的品牌展览会。利用展览会平台，充分发挥多种媒体的优势，在展览会广告、宣传报道和品牌宣传上形成立体交叉的网络，这将使本届展览会的效果更加完美。

政府支持　紧随社会发展方向

无锡市人民政府及政府主管部门着力支持的无锡国际汽车工业展览会，紧随市政府关注民生、造福社会、加速西部建设的指导方向，以促进汽车市场繁荣、引导汽车消费、普及汽车文化、服务展商和观众为己任，使每一届展览会在规模、社会和经济效益上都获得了稳步的增长，从而赢得了市政府的高度信赖。本届展览会将为实现市政府把无锡国际汽车工业展打造成国内举足轻重的品牌展览会，使无锡成为长江三角洲汽车消费中心，成为上海国际车展的品牌延伸展的宏伟目标而积极努力。

车市盛宴　圆你我梦想

本届展览会将以“创造美好汽车生活”为主题，通过更多新颖的展示形式和展览会活动，更多地为车商提供展示机会，以使所有靓车获得在外观吸引力、性能优势、技术特色、环保特效、售前售后服务等各个方面的展示机会，为车商组织更多新颖、多彩的产品展示和体验活动，在本届车市盛宴上，每个参与者都将有机会实现梦想。

商机无限　收获业绩辉煌

无锡国际汽车工业展览会以车商创造持续发展和商机为办会主旨，以维护展商利益、扩展销售市场、提高展商产品知名度和影响力为工作重点，因此，在历届展览会上都使众多展商获得了可观的销售业绩，本届展览会将在展览会宣传、广告、信息发布、客户召集、观众组织等各方面采用更多有效方式，采取更加科学和先进的管理手段，使展商得到更多贴切的展览会服务，从而收获更多的辉煌业绩。

一、时间安排

布展时间：2015年5月30日—6月2日

开幕式时间：2015年6月3日上午9：30

展览会时间：2015年6月3—6月8日

媒体参观日：2015年6月3日

普通观众日：2015年6月3日—8日

撤展时间：2015年6月8日（15：00—24：00）

会址：无锡太湖国际会展中心

二、展览会范围

1.轿车、商务车、客车

2.汽车设计及新概念产品

3.汽车零部件、汽车附件、电脑控制系统及相关软件及其他相关服务

三、组委会联系方式：何经理××××××××××

四、组委会地址：无锡太湖国际会展中心

资料来源　根据相关资料整理。

分析提示：利用报纸、电视、互联网等新闻媒体进行宣传广告，吸引目标客户，快速提高展览会的知名度，有效扩大展览会辐射半径，可以加快展览会成为品牌甚至名牌的进程。

2）直邮宣传

直邮宣传是展览企业以直接向展览客户邮寄展览会宣传单、宣传手册、邀请函、展览会说明等宣传资料的方式来进行品牌宣传推广。直邮宣传是展览会品牌宣传推广常用的方式之一，其针对性强、有效性高、效果明显。如果在邮寄资料里能够配以录影带、光盘等声像资料，则宣传效果会更为显著。

3）网络宣传

互联网是一种新型的传播媒介，具有宣传成本低、不受时空限制、受众广泛、反馈及时等优点，已经成为展览会品牌宣传推广的重要工具。网络宣传主要有寄发电子邮件、网络广告和建立展览会网站等形式。

4）新闻宣传

展览企业经常借助新闻媒体的报道来宣传展览品牌。由于新闻报道具有大众性和客观性的特点，因而更具有影响力和可信度，也更容易被展览客户所接受。同时，新闻宣传费用一般较低，因为通常情况下新闻采访与报道是免费的。因此，展览企业应加强与新闻机构的合作，通过邀请记者前来采访、举行新闻发布会等形式，为新闻媒体提供充足的新闻素材，最大限度地利用媒体资源，强化新闻宣传力度。在进行新闻宣传时，展览企业特别需要注意新闻通稿和新闻图片的提供。质量高、内容新、符合新闻写作要求的新闻通稿被广泛应用的可能性会更高。好图片则比好文章更易被采用，并能直观体现展览会的品牌形象。

5）人员推广

人员推广就是展览企业的工作人员通过直接与展览客户联系来宣传推广展览品牌，包括直接拜访、打电话、发传真等方式。人员推广能最直接地与客户进行一对一的沟通，能很好地联络客户的感情，倾听客户的声音。对于一些重要的客户，采用这种方式是十分必要的。

6）机构推广

机构推广即展览企业通过与对展览客户具有影响力的机构合作来共同宣传推广展览品牌。这些机构主要有政府主管部门、行业协会和商会、外国驻华机构、国际组织以及新闻单位等。

7）展览会推广

展览会推广就是展览企业派出工作人员参加国内外同类展览会，在展览会上宣传推广展览品牌。国内外举办的同类展览会是展览目标客户最为集中的场合，在这些展览会上进行宣传推广，费用较低、灵活性强，能起到很好的效果。

8）公关推广

公关推广即展览企业通过开展各种公共关系活动来宣传推广展览品牌。为扩大展览品牌的影响、提升展览会的品牌形象、吸引参展商和观众，展览企业往往在展览会期间举办论坛、评奖、比赛、文艺演出等公关活动。这些公关活动不仅是展览会的服务项目，而且是展览会品牌宣传与推广的重要组成部分。

知识掌握

1.展览品牌具备哪些特性？

2.界定品牌展览会的主要标准有哪些？

3.展览会品牌定位的原则有哪些？

4.塑造良好的品牌形象需要掌握哪些最基本的原理？

5.培养顾客的品牌忠诚度可以运用哪些策略？

6.展览会品牌宣传与推广的策略有哪些？

知识应用

□ 案例分析

FIC2015展览会成功背后的思考

2015年4月1日至3日，第十九届中国国际食品添加剂和配料展览会（FIC2015）在上海新落成的国家会展中心成功举办，展览面积首次突破10万平方米，较上年增加46%，参展企业近1 500家，较上年增加23%，而且仍有100多家企业未能申请到展位，展览会注册的专业观众达43 000多人。展览会期间由中国食品添加剂和配料协会与中国营养学会共同举办了中国食品界院士论坛，国内与食品相关的全部四位院士陈君石院士、孙宝国院士、庞国芳院士、朱蓓薇院士另外还有美国营养学院院士李兆萍博士共同就食品安全、食品检测和食品添加剂发展等问题做了精彩演讲，这是我国食品界迄今为止最高层次的论坛。展览会还举办了国内外食品添加剂法规标准大讲堂，分别邀请了中国、日本、韩国、美国和欧盟的专家就各国的食品添加剂法规、标准和管理方法进行了详细解读。另外同期还举办了44场技术交流会和新产品发布会。展览会不仅云集了食品添加剂和配料行业的骨干企业，还有国内外著名的食品企业也都前来参展和参观，所以这不仅是食品添加剂和配料行业的一次盛会也是整个食品界的一次盛会。

当前，我国经济已经从高速增长转为中高速增长的新常态，经济下滑和结构调整压力增大，国际市场疲软，食品工业增速明显放缓，食品添加剂和配料行业的发展形势严峻。在众多不利因素的情况下，FIC2015展览会不仅没受影响反而更加火爆，不禁让人产生深入的思考。

众所周知，食品添加剂和配料行业与食品工业是相辅相成的，食品工业的发展带动了食品添加剂和配料行业的发展，同时食品添加剂和配料行业的发展也促进了食品工业的快速发展。在食品工业发展日趋成熟的今天，食品添加剂和配料行业对食品工业的促进作用体现得越发明显，人们已经深入理解了“没有食品添加剂就没有现代食品工业”的实际内涵。最突出的促进作用就是食品添加剂和配料行业已经成为食品工业科技创新和技术进步的重要推动力。在今天，食品领域的技术创新大多与食品添加剂和配料有关，无论是传统食品工艺改进还是新产品的研发多数都是通过食品添加剂和配料的创新使用来完成的，甚至设备更新和产品质量提高都与食品添加剂和食品配料密切相关，从一个简单的基本事实完全可以证实这样的判断：连续多年来，我国政府授予的食品行业科技进步奖和发明奖中与食品添加剂和食品配料相关的占了最多比重，在国家和地方各级政府立项的食品行业科研项目中，与食品添加剂和配料相关的课题也占了很大比重。正是看重了食品添加剂和配料行业这个科技创新的特点，越来越多的食品企业每年都要到FIC展览会上寻找新的亮点和新的机遇，了解行业最新的发展趋势。参展企业一般也将最新的研究成果在展览会期间发布，这就是虽然本届展览会安排了44场新产品发布会和技术交流会仍不能满足企业的要求而且场场爆满的原因。技术创新是食品添加剂和配料行业发展的特点，也是展览会最吸引观众的地方。

随着FIC展览会的连续举办，展览会的影响越来越大。不仅越来越多食品相关企业前来参展，很多政府部门以及国内外的有关政府、组织也越来越关注这个展览会。如山东省禹城市是“中国功能糖城”，功能糖产业是其支柱产业，每年市委书记或市长都要亲自带队率领各级政府部门来到展览会，本届展览会又是市长带队同时带领了40多位各部门及乡镇领导前来，参加了院士论坛、新产品发布会和座谈会等各项活动；还有吉林省的一位副省长曾亲自布置省工信厅要参加这个展览会，关注食品工业发展新的动向；在前两届展览会上，美国政府农业部一位副部长曾带领两个州的州长来参加展览会并会见食品添加剂和配料协会领导，主动希望与协会加强在食品和食品添加剂的发展、安全以及展览方面的合作，本届展览会美国展团的面积又有较大增加；另外日本食品添加物协会、韩国食品协会以及中国台湾等地区的相关组织都与协会加深了合作并都组织了展团前来参展。由此看到，展览会的影响正在向深层次发展，国内外有关政府和组织的重视也使展览会有了一个较大提升。

伴随着展览会规模不断扩大，展览会已经成为一个全面展示、充分交流的平台。据分析，展览会期间直接贸易成交额增速在减少，但专业观众增速加快，这说明展览会正在从直接的贸易往来向全面展示、充分交流的方向拓展。很多企业都充分利用展览会这个平台开展了许多丰富多彩的专业活动，除了协会安排的44场技术交流会和新产品发布会外，很多企业都召开了经销商交流会、销售总结会、客户见面会、新产品鉴定会和讨论会、座谈会等，企业利用这个人员集中的良好时机开展活动收到了很好成效。同时展览会也是展示企业形象、扩大自身影响的最好时机，协会曾调查过一些企业，征求它们在目前经济下滑的情况下对展览会的建议，大多数企业一致认为越是在这种不利的情况下，企业越应该加大宣传力度扩大企业影响。目前行业正在承受巨大的发展压力，这也是行业进行结构调整和转型的良好机遇，有实力、有品牌、有信誉的企业在这个时期加大投入就可能占有更多的市场份额，企业在这样困难时期能够坚持过来今后就会有更大的发展空间。本届展览会还有一个特点就是海外参展企业又有明显增长，海外参展企业有440家，较上年增加48家，展出面积已经超过展览会的1/3，反映出国外企业越来越看重中国的市场，也说明国外企业对这个展览会的重视。

经过近20年的培育和发展，FIC展览会已经成为世界同行业中规模最大、专业观众最多、最有影响力的展览会，而且展览会具有完全的自主产权，在国内与外资同类展览会竞争中全面占有优势。这与主办方的精心组织和辛勤努力分不开，中国食品添加剂和配料协会作为展览会的主要组织者，从一开始就有一个正确的定位，协会将展览会作为为行业服务的一个重要手段，从行业和企业的需要出发组织企业进行展览，使展览会成为协会全面服务行业的内容之一。这样FIC展览会在组织参展、展位分配、展览价格和配套服务上都与一般的展览会有明显的区别。在同类展览会中，FIC的价格最低，行业活动最多，科技创新促进行业发展的作用突出，骨干企业引领地位显著。协会还精心组织了层次高、专业性强、行业急需的行业活动，本届展览会的院士论坛就是一个最大的亮点，这是迄今为止食品行业最高档次的论坛，论坛现场观众爆满，会场外面走廊里都站满了人，很多人一直坚持在会场外听完院士们的精彩演讲，论坛深受欢迎，影响很大。协会还组织了中外食品添加剂法规标准大讲堂，以往类似的讲座也会有，本届展览会协会抓住行业关注的热点将其系统化，与日本食品添加物协会和韩国食品协会共同主办了这次大讲堂，邀请了中国、日本、韩国、美国FDA和欧盟的知名的专家全面讲解有关法规和标准问题，大讲堂的档次有了一个很大提高，各位专家讲解的都是各国当前第一手资料，深受企业欢迎。而且经过中、日、韩三方协商，大讲堂形成了一个工作机制，轮流在三国举办，解读各国法规标准的最新发展动态。本届展览会协会还安排了44场技术交流会和新产品发布会以及有关标准讨论会和专业委员会年会筹备会等一系列行业活动，这些活动的开展极大丰富了展览会内容，也吸引了更多的专业观众积极参与，更为重要的是协会真正将展览会打造成了为行业服务的一个重要平台。

FIC展览会是成功的，人们看到了它的规模、看到了它的热烈、看到了组织者为之付出的辛苦和努力。人们生活水平提高的需要和食品工业发展的需要带动了食品添加剂和配料行业的发展，也带动了展览会的发展，这是展览会发展的基础。FIC展览会抓住机遇，已将自身发展成为得到海内外业界认可的食品添加剂和配料行业专业品牌展览会。

资料来源 佚名.FIC2015展览会成功背后的思考［EB/OL］.［2015-05-11］.http：//www.cnfood.cn/n/2015/0511/54991.html.

问题： FIC展览会在品牌培育方面给了我们哪些启示？

分析提示： 品牌培育包括品牌定位、品牌塑造和品牌维护。展览会的品牌定位主要包括市场定位、产品定位、顾客定位、品牌形象定位四个方面。展览会的品牌塑造策略主要有：促使展览活动与产业发展紧密结合；寻求权威机构的支持；大力吸引行业内知名企业参与；加强专业观众的组织力度；突出鲜明的展览主题；与相关行业结成品牌联盟；开展强势的媒体宣传，提升品牌知名度；强化专业的展览服务，提高品牌认知度；进行形象识别系统设计，塑造良好的品牌形象；建立展览企业品牌文化等。展览会的品牌维护策略主要有：培养顾客的品牌忠诚度；进行品牌创新；加强品牌的保护等。

□ **实践训练**

以你所在地区的某个展览会为样本，首先分析它是否属于品牌展览会，然后根据其实际情况制定相应的品牌策略，并形成书面建议。

要求： 具备判断品牌展览会的能力；能够综合运用各种品牌策略；提出的建议有针对性、内容翔实且合理可行。

第6章

会展相关活动策划

学习目标

在学习完本章之后，你应该能够：

了解会展配套活动的策划相关知识；

明确会展相关活动的种类和作用；

熟知会展相关活动的策划技巧；

掌握会展相关活动的策划流程。

【引例】

“厨房辩论”与1959年美国住房展览会

1959年，美国住房展览会在莫斯科举行，时逢尼克松总统访问苏联，因此他主持了展览会和开幕式等重要活动，并与赫鲁晓夫当众进行了一次“厨房辩论”。两位领导人的出席和辩论出乎组织者意料地提高了展览会的吸引力和知名度，令这次美国住房展览会在国际上非常轰动和成功。

这一案例表明：在展览会期间恰到好处地策划一些配套活动可以为展览会起到极好的烘云托月的作用。展览会相关活动一方面给展览会增加了更好的气氛，另一方面进一步丰富、拓展和完善了展览会的贸易、展示、信息和发布四大基本功能。

● 6.1　会展相关活动策划的作用与原则

6.1.1　会展相关活动策划的作用

近年来，展览会举办机构组织一些与展览会相关的配套活动已经成为会展业的发展趋势。会展相关活动不仅仅是展出本身的重要补充，更是展览会之间竞争和成功的重要砝码。例如，2004年12月10至12日在广州锦汉展览中心举办的第24届中国

（广州）商业地产博览会，为配合博览会的顺利举办，根据开发商商业物业的特点和要求，由博览会组委会邀请投资者、经营者、策划机构联合举行了一系列的招商配对活动，包括项目发布会、招商说明会、战略扩张说明会、选址说明会、项目巡展、交流酒会和商业地产风云榜颁奖典礼等活动，取得了良好的效果。

1）能丰富展览会的信息功能

展览会是行业和市场信息的重要集散地，参加展览会的目的就是为了收集和发布各种有用的信息。举办与展览会相关的各种活动，如专业研讨会、技术交流会和行业会议等，与会的专家、学者和行业专业人士能将大量的最新的信息带给会场听众，这种活动极大地丰富了会展信息积聚和传播的功能。

2）能拓展展览会的展示功能

展览会是企业产品和形象的展示台，是企业树立和强化品牌形象的重要渠道，在展览会期间举办产品展示会、有关表演和比赛能很好地拓展展览会的展示功能，使观众对产品产生深刻的印象。

3）能强化展览会的发布功能

展览会是行业人士积聚之地，信息传播快并具有一定的权威性，在展览会上发布新产品，可以产生巨大的影响。

4）能延伸展览会的贸易功能

参展商的目的之一是贸易成交或寻找合适的供应商，展览会首先是一个重要的贸易平台。展览会相关活动如产品订货会、产品推介会、项目招标会等活动延伸了展览会的贸易功能。

5）能吸引更多潜在观众和参展商

策划得当、组织完善、丰富多彩的活动对展览会的观众具有很大的吸引力。

6）能提升展览会的档次、扩大展览会影响

相关活动策划得好，能迅速扩大展览会的影响，提升展览会的档次。如高规格、高水平的行业会议，专业研讨会和技术交流会本身就表明了展览会的层次和水平。

7）能活跃展览会现场气氛

具有丰富观赏性或参与性的相关活动（如表演、比赛等）可以极大地调动现场观众的积极性，使现场气氛活跃，营造良好的氛围。

6.1.2 会展相关活动策划的原则

成功的相关活动为展览会锦上添花，不成功的相关活动则会画蛇添足，举办相关活动必须遵循一定的原则才能确保成功。

1）紧扣主题，符合需要

相关活动的主题与形式必须紧紧围绕展览会的主题，不能与展览会脱节。否则，相关活动不仅不能为展览会增添效果，还会扰乱展览会现场的秩序，消减展览会的功能，甚至带来安全隐患。

2）注重效果

相关活动的策划应该考虑如何丰富和完善展览会的基本功能，如何吸引潜在的参展商和观众。只有针对不同的展览会的需求，策划得当，组织有力，活动本身才能产生较好的效果。如果是采取专业研讨会的形式，就必须紧紧抓住行业的热点和难点；如果是表演和比赛，就必须具备很好的观赏性和参与性。

3）忌喧宾夺主

相关活动的主题与形式策划既要产生较好的效果，又要避免现场活动影响企业的展出和观众的参观。有时过分热烈的现场反而导致吸引很多无效观众，对企业的展出效果和贸易活动带来不利影响，所以，气氛的营造必须兼顾到展览会的主要目的，避免喧宾夺主。

4）安全原则

不管是哪种形式的配套活动，都要考虑到安全原则，例如，围观的大量人群也会使观众进出展览会发生困难，因此必须考虑到场地、通道的合理安排，并采取相应的安全配套设施。

【案例分析6-1】

张先生是某会展服务公司策划部门的主管，负责某珠宝展相关活动的策划。为了突出和烘托珠宝展的主题，张先生特地费尽心思策划了一场名模佩戴和展示珠宝的表演活动。开幕之日，由于模特非常漂亮、珠宝非常华贵，表演活动效果非常之好，表演区吸引了大量的观众，人满为患，一度需要保安现场维持秩序，才能保证整个展厅交通的通畅。

张先生对自己的策划方案非常满意。不料，1小时之后，突然发生了两起珠宝失窃案，两件价值不菲的珠宝被盗。次日又发生两起盗窃事故，损失巨大。其他参展商顾虑到安全问题，考虑提前撤展。

分析提示： 会展相关活动的策划必须考虑到对会展效果和安全的影响。

● 6.2　会展相关活动的种类与策划

就目前会展业的发展状况来看，展览会期间组织的活动比较多的有开/闭幕式及开/闭幕酒会、论坛、专业研讨会、行业峰会和技术交流会、产品发布会或推介会、比赛、表演、旅游、娱乐等活动。

6.2.1　展览会开/闭幕式及开/闭幕酒会

1）开/闭幕式

开/闭幕式是展览会正式开始和结束的标志，同时也是主办单位向公众展示展览会的规模和实力的良好机会，因而必须受到重视，不能有任何差错。闭幕式的策划与开幕式的策划基本上一致，现以开幕式为例加以说明。

（1）开幕式的基本程序。展览会开幕式的基本程序是：嘉宾在休息室集中；礼仪小姐引领嘉宾到主席台就座；主持人主持开幕式；介绍到会的各位嘉宾；有关领导或嘉宾代表讲话；进行剪彩或开幕表演活动；重要领导或嘉宾宣布展览会正式开幕；主持人宣布展览会开幕式结束；负责人和工作人员引领嘉宾们进展馆参观。

（2）展览会的开幕式策划。展览会的开幕式策划主要需要做好的工作，见表6-1。

表6-1 **展览会开幕式的策划要点**

主题	开幕式应该紧扣展览会的定位，围绕一个鲜明的主题来展开，开幕式的所有活动都是为了突出展览会的主题
时间	应遵循“三不宜”原则，即不宜过早、不宜过晚、持续时间不宜过长。通常都将展览会开幕式的时间定在早上9点左右
地点	一般选择在场馆前的广场上举行，舞台往往需要临时搭建
开幕式程序	制定一份清晰而简洁的开幕式程序
出席嘉宾	一般邀请行业主管部门的领导、行业协会的主管人员、外国驻华机构代表、专家及其他相关人士作为嘉宾出席开幕式。仔细筛选嘉宾名单，对于所有应邀嘉宾，应该提前沟通并确认，落实好接待、翻译、礼仪人员以及嘉宾在开幕式主席台上的位置等事宜
讲话稿和新闻通稿	必须认真准备领导的讲话稿和新闻通稿，两者在核心内容上大同小异，都会说明本届展览会的亮点、创新之处以及对整个行业发展的重要意义，但相比较而言，前者更加口语化，而且可以带有个人的感情色彩；后者则对展览会进行全面的介绍，可供新闻记者获取一些背景资料
应急预案	充分考虑到天气状况，可求助当地气象部门预测当天的天气状况。如果恰逢天气炎热或雨天，应提前通知嘉宾、媒体记者等做好相应准备，对意料之外的情况，要预先策划好应急预案，以保证开幕式的圆满成功

（3）开幕式创新策划技巧。一个设计巧妙的开幕式能给主管领导、参展商和专业观众留下耳目一新的感觉。展览会的开幕式应该不断创新，开幕式创新的渠道很多，既可以是形式上的，也可以是内容上的，甚至是文化上的。概括而言，展览会开幕式创意设计的常用渠道有：

①名人效应。尽管现代展览业已经发展到今天的水平，但邀请名人出席开幕式仍旧不失为一种很好的方式。这种通过政府或行业VIP的影响力来提高自身展览会受关注度的是一种高明的营销手段，不论从吸引参展商或专业观众还是从争取更多媒体报道的角度出发，都能给人不错的“第一印象”。

②制造新闻事件。由于出席嘉宾层次较高、潜在新闻集中且信息量大等原因，开幕式往往会受到众多媒体记者的关注。因此，主办单位应该充分利用这个机会，适当制造一些轰动性的事件，以期吸引媒体注意，大力宣传展览会的形象。

【案例分析6-2】

四海襄盛会　陶瓷谱新篇

10月18日，景德镇国际会展中心彩旗飘扬，嘉宾云集，处处洋溢着一派喜庆的气氛。2015中国景德镇国际陶瓷博览会盛大开幕。全国政协副主席、全国工商联主席王钦敏，江西省人民政府省长鹿心社，江西省政协主席黄跃金，中国轻工业联合会副会长、秘书长王世成，商务部外贸发展局副局长贾国勇，中国国际商会会展部长郭英会共同推杆启动开幕。古老而美丽的瓷都，又一次迎来了这一年一度举世瞩目的国际陶瓷盛会。

出席开幕式的领导和嘉宾有：全国政协副主席、全国工商联主席王钦敏，江西省人民政府省长鹿心社，江西省政协主席黄跃金，中国轻工业联合会副会长、秘书长王世成，国家商务部外贸发展局副局长贾国勇，中国国际商会会展部长郭英会，江西省人民政府副省长刘昌林，国家质检总局原副局长、中国检验检疫学会会长魏传忠，南京军区空军原副司令员韩德彩，江西省人大常委会秘书长魏民，江西省人民政府秘书长、办公厅主任张勇，江西省政协秘书长肖为群，柬埔寨磅清扬省副省长海纳，韩国利川市市长赵炳敦，英国特伦特河畔斯托克市荣誉市长简·安·鲍尔斯，斯里兰卡卡马塔拉市代市长迪龚达·咖马戈·亚撒拉特纳，景德镇市人民政府市长颜赣辉。

鹿心社代表中共江西省委、江西省人民政府，向前来参加这次博览会的各位领导和嘉宾表示热烈欢迎！向多年来给予瓷博会大力支持的国家商务部、中国贸易促进会、中国轻工业联合会表示崇高敬意！向长期以来关心支持江西经济社会发展的海内外各界朋友表示衷心感谢！

资料来源　佚名. 2015中国景德镇国际陶瓷博览会隆重开幕［EB/OL］.［2015-10-12］. http://www.huaxia.com/jdztb/jdzdt/2015/10/4588094.html.

分析提示：本案例利用中外高层政府领导出席吸引大众的注意力，达到预期的效果。

2）开/闭幕酒会

有时候，展览会主办单位还会在开/闭幕当天举行欢迎晚宴或酒会，以答谢主要参展商和相关人士。开/闭幕酒会是展览会的一项重要公关活动，可以很好地促进展览会与参展商、行业领导和其他有关各方面的关系。闭幕酒会则是宣告展览会举办成功和顺利结束，可参照开幕式酒会程序进行。现以开幕酒会为例加以说明。

办展机构一般会在展览会开幕的当天中午或晚上为展览会举行开幕酒会，办展机构要事先安排好酒会举办的地点和时间、酒会举办的方式、出席酒会的人员范围、酒会的标准等。

一般来说，出席酒会的人员主要包括出席开幕式的领导和嘉宾、办展机构的领导和代表、行业协会和商会的领导、参展商代表、行业主管部门官员、新闻媒体、工商管理部门的代表、有关外国驻华机构代表等。展览会组委会要事先通知他们有关酒会的情况，并对他们发出正式邀请，派专人跟踪落实他们到会的情况。

酒会的标准可以按展览会的总预算中对酒会的预算来具体安排。酒会最好安排在离展馆不远的酒店里举行。根据展览会的实际条件选择酒店的档次，要考虑酒店的接待能力、便利程度及安全问题。开幕酒会可以采用自助餐的形式也可以采用围餐的形式，可以由展览会主办单位领导致简短欢迎词，并安排其他有关领导发表简短讲话。

6.2.2 论坛、专业研讨会和技术交流会

为提升展览会的层次和水平，许多展览会都在展出期间举办展览会所涉及产业的论坛、专业研讨会、行业峰会或技术交流会。无论是产业高峰论坛，还是专业研讨会或技术交流会等活动的功能都相差不大，主要体现在下列五个方面：拓展展览会功能；丰富展览会内容；协助招商、招展活动；指导行业发展；促进交流合作。另外，它们的策划过程、组织形式都有相似的地方。现以论坛为例加以说明。

高峰论坛是一种为某个主题或某类主题而召开的会议，通常都是高层人员参加。现在大型的展览会举办的高峰论坛已经超越了会议范畴，将会议与项目合作、展览展示融合在一起，与会者不但“动口”交流讨论，而且常常“动手”签订合作项目、进行新技术新产品展示，使其成为展览会的亮点和精品项目，它不但使展览会活动丰富多彩，其本身也逐渐发展成为形式生动活泼的专题展览会，可以起到提升展览会的层次和积聚人气的作用。

1）论坛的策划与组织程序

（1）成立论坛组织委员会。主办单位首先需要成立一个组委会或专门的工作小组来负责论坛的筹备工作。一些高级别论坛的组织框架通常由指导委员会、组织委员会和顾问委员会3部分构成。从论坛的组织框架就可以看出论坛级别的高低和其是否具有行业的权威性。例如，中国会展经济国际合作论坛是我国会展业到目前为止最高级别的论坛，其组织架构包括了国内外会展业的权威机构。

（2）市场调查。工作小组成立后，第一项工作便是进行详细的市场调查，调查的主要内容包括：产业发展的热点问题，近期举办的同类展览会的论坛议题、收费标准和效果、潜在目标听众的评价和建议。调查的工具主要有直接邮寄、室内研究、通过E-mail和互联网（展览会的主题网站）进行调查等。

（3）明确主题。主题是论坛的灵魂，一个鲜明的主题可能对潜在听众尤其是目标专业观众具有强大的吸引力。对于展览会而言，成功的论坛主题必须符合以下标准：围绕展览会题材，紧扣展览会主题；能抓住行业发展的热点和难点问题，有现实性；能面向目标听众（主要指参展商和专业观众），有针对性；能反映行业发展的现状与趋势，有前瞻性；对与会者是难得的教育和交流机会，有实用性。

组委会通常依据市场调查结果来具体确定展览会论坛的主题。同时应该积极征询相关科研机构和院校专家的意见及建议，这是论坛成功的关键。

（4）策划具体议题。主题一旦确定，接下来的工作便是设计具体的议题。策划具体议题的基本依据是论坛的结构和目标听众的需求。每一个具体的议题都应该具有明确的目标，而不是为了凑内容；多个务实而富有吸引力的子议题，才能共同支撑论坛的主题。另外，在策划具体的议题时，还应适当考虑未来邀请演讲嘉宾的可操作性。

2）论坛嘉宾的邀请

邀请合适嘉宾出席论坛或在论坛上演讲对论坛的成功举办至关重要，从某种程度

上决定了论坛的层次和水平，也可以判断该论坛的权威性和影响力，对邀请演讲嘉宾更是如此。通常情况下，对国外的演讲嘉宾至少要提前6个月发出邀请，而对国内的演讲嘉宾至少要提前2至3个月，并协助做好相应的准备工作。对于重要的演讲嘉宾，还应做专门的接待计划，如办理签证、预订机票、安排演讲人及其随从人员的住宿、餐饮、交通等接待工作。

【案例分析6-3】

主讲嘉宾在哪里？

某教育项目工作组在英格兰的中西部组织了一次为期一天的国家级会议，某发言人被提前邀请在论坛上发表重要讲话。该项目工作组的基地远在英格兰的偏远一隅，他们将在会议开始前一天的晚上住进伯明翰的某个廉价连锁旅馆，以稍做休整。因此，发言人同意与他们在那个旅馆会面。那天晚上，那个发言人很晚才到达伯明翰。他上了出租车，请司机载他到那个旅馆，但到那儿以后却发现旅馆已经满员了。他不知道怎么办好，只好在另一家位于马路对面的、价格相对贵得多的旅馆住下来，并开始为明天该去哪里参加会议而担心。他知道会议将在该市最大的大学内召开，但是那儿有很多会场，他不知道该在哪个会场发言。

第二天，他从八点开始就给联系人打电话（主要发言将在十点开始）。当然，所有的相关人员都已经离开各自的“基地”，赶来参加会议了，而“后方基地”没人能给他丝毫的建议。他给大学会议办公室打电话，但是他们所预订的会议中没有与他要找的会议条件相符的。在他乘出租车四处转悠的时候，办公室的人四处为他打电话咨询，最后终于找到了会议举办的地点。

据说项目工作组的人以为专业团体的人已经给这位发言人寄发了相关通知，而对方也是这样想的。事实上，谁都没有采取行动，谁都没想到该给他打个电话，去核实一下他是否真的已经在指定时间到达了指定地点。他们知道他会在会前的那天晚上晚些到达，但是谁都没有为此操心，甚至当他没有出现在旅馆与他们共进早餐时，他们也没有在意。

资料来源　罗宾森.会议与活动策划专家［M］.沈志强，等，译.北京：中国水利水电出版社，2004.

分析提示：邀请合适嘉宾出席论坛或在论坛上演讲必须落实到实处，细节决定成败。

3）论坛的日程安排

论坛的日程安排主要包括时间、地点、主题或议题、主讲人姓名、职务及演讲的题目等。时间安排要具体到几点几分。总体来看，论坛的时间不宜安排过长，一般以1至2天为宜，具体的时间要以论坛内容的多少而定。

4）论坛的宣传推广与赞助

（1）论坛的宣传推广。论坛的宣传推广是论坛组织工作必不可少的一部分，其主要目的是招揽听众，增加论坛和展览会的影响力。主要的宣传方式有在报刊上刊发消息或广告、通过电话或传真推广、直接邮寄资料和网络推广等。宣传资料的内容主要包括论坛的时间、地点、主题、演讲嘉宾的基本情况简要介绍、参会人员需要交纳的费用与办理的手续以及举办机构的联络办法等。展览会期间论坛的宣传推广计划也是展览会整体宣传推广计划的一部分，往往和展览会招商招展融合在一起进行宣传。

（2）论坛的赞助。高水平的论坛不仅给展览会增加新亮点，增强展览会的影响力和权威性，还会给组织机构创造可观的经济收入。论坛的经济收入来源主要有两个方面，一个是门票收入，另一个是冠名权赞助。冠名权赞助又分独家冠名权赞助和多家冠名权赞助，独家冠名权赞助具有排他性，不允许有第二家赞助单位出现；而多家冠名权赞助则可以有多家单位赞助，一般按双方达成协议日期的先后顺序来排序。赞助的方式可以是提供资金，或者提供会议场地与设备，也可以是提供与会人员的礼品、午餐或晚宴等。具体的赞助方式和赞助数量由组织机构与赞助商协商决定。

5）论坛的现场管理与会后工作

论坛现场的管理工作主要包括会场布置、设备安装与调试、现场注册、现场协调与服务等。参与现场管理的工作人员要有强烈的责任心和时间观念，并且要有较强的组织与协调能力，对自己的工作要认真负责，耐心倾听与会人员提出的意见和建议，及时帮助与会人员解决他们遇到的困难和问题，这样才能保证论坛的顺利进行。

论坛结束后，工作人员首先要及时进行现场和会后跟踪调查，尽可能多地搜集与会人员对论坛的各种意见与建议，为把下一届论坛办得更好提供依据。另外，论坛结束后要及时以适当的形式来感谢演讲嘉宾和与会者，以加强论坛组织者与演讲嘉宾和与会人员之间的情感联络，为下届论坛的组织工作打下一个良好的基础。最后，论坛组织机构内部要认真全面地进行总结，总结出做得好的方面的同时，也要总结出不足之处，以便把下届论坛做得更好、更具影响力。

【知识链接6-1】

第二届国际基础设施投资与建设高峰论坛在北京举行，论坛议程，见表6-2。

表6-2 **第二届国际基础设施投资与建设高峰论坛议程**

时　间	演讲主题	演讲人（部门）或嘉宾
5月26日		
09：00—09：10	论坛主席致欢迎词	刁春和（中国对外承包工程商会会长）
09：10—09：25	加强投资合作，促进互利发展	中国商务部领导
09：25—09：40	菲律宾基础设施发展现状及投资机遇	菲律宾公共工程和公路部
09：40—10：00	全球经济透视与基础设施投资前景	世界银行
10：00—10：15	开展资源合作，促进基础设施发展	中国冶金科工集团公司
10：15—10：40	茶歇	
10：40—10：55	中国政府对国际基础设施合作的金融支持	中国进出口银行
10：55—11：10	海外基础设施市场趋势及中国企业参与机遇	AECOM
11：10—11：25	中国交通基础设施发展与国际合作	中国交通建设股份有限公司
11：25—11：40	可持续基础设施的投资战略与竞争优势	瑞士巴塞尔全球能源基金会主席

续表

时　间	演讲主题	演讲人（部门）或嘉宾
12：00-13：30	午餐	
13：30—15：00	主题论坛：投资合作与商业模式创新-国际承包商的发展之路 简介：近年来，随着国际工程项目向大型化、复杂化和专业化方向发展，EPC、PMC等一揽子式的交钥匙工程模式和BOT、PPP等带资承包方式成为大型国际工程项目中广为采用的模式，一些大型国际承包商已经开始从单纯的承包商角色向开发投资商角色转变，越来越早地介入到项目规划的过程中，从承包项目转向策划项目、发展项目并进行投资。与此相适应，国际承包商必须不断创新经营模式，以应对日趋激烈的国际市场竞争。来自业界的嘉宾将结合自身专业和经历，与参会代表分享自己的理解和观点 论坛主要话题： □投资合作与商业模式创新 □海外并购以及与国际承包商的合作 □国际化与本土化并重 □专业化与多元化发展 □市场竞争优势与核心竞争力 □不同工程技术标准之间的融合与合作 □投资基础设施项目的风险识别与防范	拟请发言嘉宾：围绕上述主要话题从政府部门、行业协会、承包商、金融机构、咨询服务机构、科研机构等邀请合适嘉宾
15：00—15：30	茶歇	
15：30—17：00	专题论坛：PPP模式在基础设施建设项目中的运用 简介：当前，以公私协作（Public-Private Partnership）模式与东道国进行投融资合作已成为国际基础设施建设市场发展的一种趋势，并是赢得长期公共服务管理合同的利器。在主动应对公私协作（PPP）发展新趋势、抓住市场新机遇的同时，需要引进国际上比较成熟的公私协作项目开发、融资安排、风险管理等理念和操作经验 论坛主要话题： □PPP项目融资模式的优势及其所面临的现实问题 □如何成功提交PPP项目投标文件——国际实践方法交流与分享 □PPP项目的风险管控——风险识别与规避 □对企业实施PPP的建议——短板VS长矛，经验教训	
17：00—17：30	新闻发布会	

续表

时　间	演讲主题	演讲人（部门）或嘉宾
5月27日		
09：00—12：00	分论坛一/资源开发与基础设施发展 简介：资源开发与基础设施的建设有着密不可分的关系。一方面，资源开发对基础设施建设有很大的带动作用，资源开发往往需要首先解决道路、桥梁、电力、民用建筑等配套基础设施。另一方面，通过资源开发，可以解决配套基础设施建设的资金问题。将资源开发和基础设施建设有机结合，是加快基础设施建设的一种有效合作模式 论坛主要话题： □矿产资源开发的国际合作与互利发展 □当前全球矿业形势分析及未来展望 □矿产资源开发与基础设施发展 □矿产资源开发项目的风险与应对 □矿产资源开发与资本市场 □国际矿业公司的联合与并购 □中国企业海外矿业投资 □矿业与可持续发展（环境保护、安全、社会责任）	拟请发言嘉宾：围绕上述主要话题从政府部门、行业协会、承包商、金融机构、咨询服务机构、科研机构等邀请合适嘉宾
09：00—12：00	分论坛二/金融创新：基础设施发展的助推器 简介：基建项目融资具有资金需求量大、投资风险高、时间周期长、流动性差等特点。对于项目业主和承包商来说，融资困难是基建项目面临的最大困难之一。另外，当前主要货币汇率宽幅波动，全球金融市场不确定性加大，更是加剧了融资的困难和风险。对于金融机构来说，针对投资者的风险偏好设计不同的金融产品和服务，既能满足投资者的需求，又能在降低和控制风险的情况下获得较好的收益 论坛主要话题： □中国国际承包商的融资瓶颈 □融资保险与担保 □保函管理及风险控制 □银企合作 □金融衍生产品在工程中的应用 □承包工程与人民币跨境贸易结算 □金融租赁 □离岸金融与项目融资	拟请发言嘉宾：围绕上述主要话题从政府部门、行业协会、承包商、金融机构、咨询服务机构、科研机构等邀请合适嘉宾

续表

时　间	演讲主题	演讲人（部门）或嘉宾
09：00—12：00	分论坛三/交通基础设施的投资、建设与运营 简介：交通运输业作为国民经济的基础性、服务性产业，是维护经济运行与社会正常运转和协调发展的基本条件，同时，经济社会的快速发展带动了巨大的交通运输需求。在各国基础设施规划中，交通基础设施是优先发展的领域。中国企业承揽的基础设施项目中，交通基础设施占相当比例，是中国企业开展国际基础设施合作的重要内容 论坛主要话题： □中国交通基础设施的发展与国际合作 □交通基础设施规划、建设与运营 □PPP、BOT在交通基础设施项目中的应用 □综合交通体系与智能交通系统 □公共轨道交通 □新材料、新工艺、新设备的应用 □承包商的社会责任与可持续交通设施	拟请发言嘉宾：围绕上述主要话题从行业协会、咨询服务机构、一线承包商邀请合适嘉宾
09：00—12：00	分论坛四/走进拉美——机遇与挑战 简介：拉美国家是当前基础设施投资与建设的热点市场之一。在本国加大基础设施投资的同时，普遍重视和支持外国资本投资本国基础设施建设，并给予相应的优惠政策和支持措施。随着中国与拉美国家经贸合作关系的紧密，越来越多的中国企业走进拉美国家，开展基础设施领域的工程承包和投资合作。对于中国企业来说，拉美市场蕴含着新的机遇，同时也充满着挑战 论坛主要话题： □“从矿坑到港口”工程项目 □向环境、社会与经济可持续发展的转变 □拉丁美洲项目的实施，特别对委内瑞拉、巴西、阿根廷和智利的项目实施问题分别介绍，内容涉及 ● 当地的特殊要求 ● 当地的典型风险 ● 突出问题 ● 最佳项目实践	拟请发言嘉宾：拉美国家（重点为委内瑞拉、巴西、阿根廷、智利等）资深工程项目管理专家等
2011年5月27日		
09：00—12：00	基础设施项目推介对接会 （墨西哥、俄罗斯、菲律宾、印度尼西亚等）	

资料来源　根据相关资料整理。

6.2.3 产品发布会和产品推介会

产品发布会和产品推介会也是展览会期间较为常见的两种相关活动。产品发布会和产品推介会对产品的信息发布和贸易功能都很强。主办者可以是参展企业，也可以是行业协会，或是办展机构。

产品发布会有时也被称为产品推介会，这是参展企业将自己的产品投放市场前经常采用的一种产品推广活动。由于展览会的特殊作用，许多参展企业都会在展览会现场组织这一活动，以提高自己产品的知名度。

1）产品发布会的一般流程

在实际操作中，产品发布会的策划和组织几乎都是由主办单位或行业协会和参展商共同完成的。其中，主办单位主要负责整个发布会的框架设计和现场服务，实施方案则由发布产品的企业来策划和执行。概括而言，从展览会主办单位的角度来讲，产品发布会可大致分为以下五个步骤：

（1）产品发布会主题的选择。产品发布会的观众主要包括技术人员、经销商和新闻媒体等，以传达最新的产品信息和技术为目的。因此，在策划产品发布会时，主办单位首先需要与行业内研发能力强的企业及相关科研机构沟通，了解本行业新产品的发展动态和客户对产品发布会的需求与设想，确定一个鲜明的核心主题，本届展览会上所有场次的发布会都必须围绕核心主题来展开。核心主题确定后，接下来的工作便是细分主题，所有细分主题的最终表现就是不同类型的最新产品。

（2）设计产品发布会的框架。产品发布会的框架根据既定的细分主题进行设计。产品发布会的框架还包括媒体邀请计划、观众组织计划、现场执行计划等重要内容。其中，在现场执行计划中，对不同目标企业的发布会的统筹安排至关重要。

（3）销售产品发布会。制订好整个产品发布会的设计方案后，主办单位就可以向相关企业尤其是本届展览会的目标参展商销售了。一般来说，销售的主要对象是该行业内倡导技术创新、注重产品升级的大企业。在具体操作时，主办单位可以将产品发布会销售工作与招展工作结合起来，并可根据实际情况对既定方案进行灵活调整。

（4）召开产品发布会。在实际操作中，企业承担着产品发布会的主要工作，主办单位所扮演的角色主要是进行现场协调和提供现场服务，处在配合与协助的地位，主要负责发布会场地的租赁与布置、设备的租赁和调试、现场的管理、服务与协调等，还包括时间控制、企业出场顺序安排和咨询服务等。发布会所发布的内容和形式则由产品发布单位负责，发布会的观众常常由双方共同邀请。

（5）完成善后工作。与一般的会议大同小异，产品发布会的善后工作主要包括开展现场观众调查、跟踪媒体报道情况、答谢发布产品的企业和进行工作总结等。主办单位应该重视对媒体报道情况的跟踪，正面的媒体报道对参加的企业而言具有很大的吸引力，因而，主办单位应该将其纳入整个展览会媒体工作中。

2）策划展览会产品发布会的常用技巧

统一安排不同参展商的发布会，使发布会显得组织有序、主题明确；统筹安排展览会期间所有场次的产品发布会或推介会，避免现场混乱；利用媒体日、新产品专区等方式，为参展商展示产品创造更多机会；能反映行业发展的新趋势和新技术；做好会场布置、现场协调、安全保卫和现场服务等工作；制订切实可行的媒体邀请计划很重要；控制待发布产品的档次和质量。

6.2.4　评奖活动策划

为扩大影响，在实际操作中，组委会往往举办一些评奖活动作为展览会的重要补充，如对展台可评选最具人气展台、最佳展台设计等，并举办相关颁奖晚会。

1）评奖活动程序

通常，评奖活动程序，如图6-1所示。

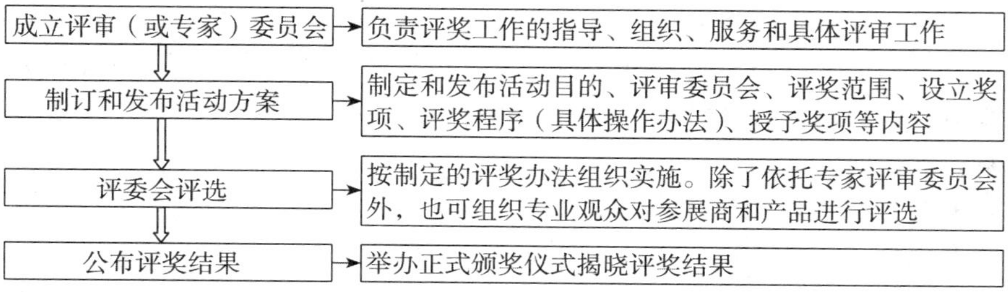

图6-1　评奖活动程序

2）评奖活动策划技巧

为保证评奖活动取得良好效果，必须考虑的细节，见表6-3。

表6-3　**评奖活动策划技巧**

权威公正	主办单位首先必须确保评奖活动的权威性和公正性，以期激发参展商的兴趣，取得他们的信任；忌设立名目繁多的奖项
合理控制时间	①至少提前3至6个月发布评奖方案，给参展商充足的时间做准备。②揭晓评奖结果安排在展览会结束的前一天较好，这既会让所有参与评奖活动的参展商有所期待，从而在展览会期间表现更加积极，又不至于在最后一天要闭幕时匆匆收场
提升展览价值	组织评奖活动的目的是为了提升展览会的价值，不能为了评奖而评奖
制造新闻事件	主办单位应该围绕颁奖活动，抓住时机，通过众多媒体在展览会现场尤其是颁奖仪式上，适当制造新闻事件，以提升展览会在业内和公众心目中的形象

【案例分析6-4】

第十一届中国国际动漫游戏博览会（CCG EXPO 2015）颁奖仪式暨音乐会

由国家文化部与上海市政府联合主办的中国最高级别的动漫游戏行业展览会——第十一届中国国际动漫游戏博览会（CCG EXPO2015）7月9日在上海世博展览馆盛

大开幕。现场人气爆棚，不仅打响了CCG EXPO跨入第二个十年的头炮，也显示出动漫游戏消费市场的勃勃生机。

本届CCG开幕的当晚，在上海东方艺术中心举办了CCG EXPO 2015颁奖仪式，奖励行业和观众评选出的中国优秀动漫企业及原创动漫作品。仪式上评选出了最具人气原创动漫作品《秦时明月》，最具人气网络文学作品《择天记》，最具人气原创类游戏《血族》等奖项。CCG EXPO大奖旨在与政府评奖形成错位，以行业认定的创新能力及消费者认定的市场业绩，建立企业发展的行业与市场评价体系，为行业树标杆、立榜样，引领行业前行，推动中国动漫游戏行业蓬勃向前。

现场还为第二届新生力量动漫原创大赛的获奖选手颁奖。作为中国动漫游戏行业发展的重要推手，CCG EXPO全力打造的品牌赛事"新生力量动漫原创大赛"致力于为怀揣动漫梦想与热情的人们提供原创作品展示平台，为动漫游戏企业输送优质创作人才和优秀的新锐创意，通过大赛的平台为怀揣梦想的青年才俊提供一片播撒梦想种子的土壤，让创意能在这里生根发芽，并在不久的将来收获满地的蓬勃青绿。本届大赛吸引了来自全国的动漫工作室、各大院校的千余部作品积极参与，最终由网易漫画选送的作品《世界的恶意》获得最佳原创漫画大奖。

在颁奖仪式后，现场还举办了一场"漫·中国风"中国原创动漫游戏音乐会，集中演出了广受观众欢迎的近年来国内外优秀动漫游戏作品主题音乐，让大家在欣赏音乐的同时更加真切地感受到我国动漫游戏产业蓬勃发展带给大家更多更美好的享受。

资料来源　佚名.CCG EXPO 2015颁奖仪式暨音乐会各项获奖名单揭晓［EB/OL］.［2015-07-16］.http：//acg.178.com/201507/230494726518.html.

分析提示：在展览会项目中增加评奖活动活跃了展览会的气氛，使展览会参展商、观众形成良性互动，提高展览会的吸引力。

6.2.5 表演、比赛及其他相关娱乐活动

根据展览会规模的不同，办展机构还可以安排各种与展览会主题相关的表演、比赛或其他娱乐活动，以烘托展览会气氛和扩大展览会效果。组织展览会相关活动有利于活跃现场气氛和吸引潜在的观众和参展商，在行业内和社会上都将产生较大影响。

1）表演、文艺晚会活动

在展览会展出期间，策划相应的表演活动既可以调动现场气氛、丰富展出内容，也有助于参展商优化展出效果。美国Trade Show Week杂志在2004年年底的一项调查结果显示，75%的参展商首先选择用演出（包括演示）方式来宣传自身的产品和服务。例如，有些办展机构专门组织由著名歌星或影视明星参加演出的文艺晚会来提高知名度，或者特意举办营销性的比赛和表演活动吸引观众，如车展上的模特表演，服装服饰类的展览会往往会策划时装走秀。

一些大型的展览会，尤其是政府主导型的展览会往往会在展览会期间举办文艺晚会，特别是一些具有地方特色的大众性表演活动。举办一台文艺晚会涉及多个部门，

需要投入一定的财力，如果文艺晚会组织得好，其影响力可能会大于展览会本身。如大连服装节期间举办的文艺晚会已成为服装节的一个不可缺少的组成部分。

【案例分析6-5】

“情牵丝路·大地飞歌·2015”——第17届南宁国际民歌艺术节晚会

2015年9月17日晚，“情牵丝路·大地飞歌·2015”第17届南宁国际民歌艺术节晚会首场演出在南宁人民会堂上演。晚会将民族的多元文化、历史情脉、“一带一路”与南宁城市发展、美丽中国的时代脉搏紧密融合，表达了新丝路开放、融合、创新、交流的主题。

这台晚会从模式到内容都有诸多创新：首次由室外大型广场演出向剧场演出模式转换，并于9月17日至19日晚在南宁人民会堂连演3场，在内容上也采用情景音画的方式，让观众在酷炫的舞台效果中感受民歌的纯粹精彩。晚会分为上篇“云上歌圩”、中篇“天下民歌”、下篇“丝路歌汇”、尾声“大地飞歌”四个篇章，打造“情动天下的盛大歌圩、乐动天下的民族歌海、浪漫多彩的海上丝路”三大情景。

自1999年至今，南宁国际民歌艺术节晚会已经举办了17次。从2004年起，南宁国际民歌艺术节与中国—东盟博览会同期举办，在连续服务12届中国—东盟博览会的实践中，成功开启了中国与东盟文化合作的新篇章，也成为广西与全国各地、世界各地文化交流的重要平台。多年来，作为民歌节的重要组成部分，“大地飞歌”晚会已经成为中国最华丽的顶级民歌盛宴，以其浓郁的民族特色、艺术性与时尚性的完美结合产生了广泛影响，并形成了南宁这一“天下民歌眷恋的地方”的独有品牌。

资料来源　佚名.第17届南宁国际民歌艺术节晚会昨晚首演［EB/OL］.［2015-07-16］. http://www.nanning.gov.cn/NNNews/tpxw/201509/t20150918_504426.html.

分析提示：主办方举办大型文艺晚会作为展览会重要的相关配套活动，显示了实力，增添了气氛，使展览会取得更好效果。

2）竞赛

竞赛也是展览会期间经常举办的一项活动。展览会题材的不同，策划竞赛的内容和方式也不一样。如服装服饰题材的展览会，通常会策划时装模特大赛、未来流行趋势和流行色发布会、设计师作品发布会等；美食或食品题材的展览会，通常会策划厨艺大赛；在一些文化题材的展览会上，也常常会策划一些绘画大赛或摄影大赛等。在策划这些活动时，既要考虑到它的权威性和代表性，还要考虑到公众的可参与性。

【案例分析6-6】

摄影比赛添彩智慧城市建设技术研讨会暨设备博览会

2013年10月30日至31日，第八届中国智慧城市建设技术研讨会暨设备博览会在北京国际会议中心隆重召开。“争先杯”第二届全国住房和城乡建设系统摄影比赛获奖作品及优秀作品在大会现场辟有专区展出，反映行业建设成就和和谐社会建设各项成果的优秀摄影作品为智慧城市大会添彩。人们在参观智慧城市大会展览会，聆听智慧城市建设领域专家学者、企业行家们智慧的声音的同时，徜徉其间，欣赏美不胜收的图片，也不失为一种精神的享受。

据悉，摄影比赛由住房和城乡建设部信息中心主办，截至比赛结束共收到来自20多个省、市、自治区的上万幅作品。这次在智慧城市大会展出的作品包括年度大奖、一、二、三等奖及部分优秀作品，内容涵盖住房建设领域各个专业及反映大好河山的风光片、反映人民和谐生活的纪实性题材的照片。由国内知名摄影家组成的评审专家委员会认为，本届摄影比赛水平较高，获奖作品立意深远、主题鲜明，拍摄手法娴熟、艺术性强。摄影比赛得到了中建三局一公司的赞助冠名。

资料来源 根据相关资料整理。

分析提示：智慧城市博览会主办方举办的摄影大赛为大会营造了良好的氛围，使大会成为当地热点新闻，对交易会的成功举办起到了很大的促进作用。

3）表演、比赛及其他相关娱乐活动的策划技巧

要成功地组织展览会的表演、比赛及其他相关娱乐活动，主办单位至少应考虑四点：

（1）紧扣主题，提前策划。主办单位要清楚自己正在策划的是什么性质的活动。是与展览会主题相关的还是纯粹的娱乐性表演，是开幕式表演还是欢迎晚宴表演（或答谢晚宴表演），是为整个展览会服务的还是由某家参展商出资委托的。项目人员必须对整个展览会的所有表演活动进行策划和宏观把握，如果活动由参展商自己组织，主办方也要负责协调。

举办这些活动的主要目的是活跃展览会的气氛，丰富展览会的展出内容，增强展览会的影响力，总的原则是一定要紧紧围绕着展览会的主题，采取与展览会题材相适应的组织形式，这样才能达到预期的效果。有些表演活动主要是参展企业为了活跃自己展位的气氛，吸引更多的观众而自己组织的，展览会组织者只是负责管理与协调有关事宜，为其提供相应的服务，而不参与这类活动的策划、组织与实施。但必须指出的是，演出活动应该与展览会的主题紧密相关，切记不能喧宾夺主。

（2）选择场地。如果是为整个展览会服务的表演，譬如开幕式上的乐队或舞狮表演，就应该选择在展览会的公共场所举行；如果由某家参展商出资委托的表演，则应安排在该参展商的展台上或附近举行。总之，除了开/闭幕式上的活动外，将各类与展览主题相关的表演安排在展出现场比较合适。当然，具体选择在什么地方表演，要根据实际情况而定。

（3）现场协调。主办单位应该对由组委会自身组织的表演进行统筹安排，并做好现场调度与服务，确保表演活动的顺利、安全举行，避免参展商之间因为对方的表演（或演示）活动影响了自己的展出效果而发生纠纷。

（4）安全防卫。无论是为整个展览会服务的表演，还是参展商自己组织的表演或演示，都会吸引大量观众驻足观看，引起人流的聚集，主办单位必须事先和场馆协商，提前制定危机处理预案并安排适当人力，做好安全保卫工作。

【案例分析6-7】

体育彩票为博览会汇聚人气

8月31日，为期4天的2015年中国国际休闲体育文化产业博览会完美收官。博览会自8月28日开幕以来，受到各界关注。大连体彩在现场设立展区，展示了中国体育彩票的历史沿革、发展成果和公益形象，现场还组织了千余人的展演队伍，展示了大连全民健身成果，为博览会增添了一抹亮色。

“7、8、3……现场哪位观众手中持有这张排列三彩票的?”展览会期间，每天在现场都有互动抽奖活动。大连体彩为回馈参展市民，展览会期间每天免费向市民发放1 000张体彩排列三彩票。市民除可以参与当晚全国开奖外，还可以参与展览会现场的模拟摇奖。多位幸运人士获得了体彩顶呱刮彩票。让这些幸运中奖者喜出望外的是，幸运并没有因此停止，他们还在现场陆续刮出了大大小小的奖金，引得市民们投来羡慕的目光。

“11选5趣味飞镖”“微信手机摇一摇跑步比赛”“体彩砸金蛋”等互动小游戏也让市民在玩得开心的同时，将体彩准备的小礼品抱回家。在“拼体力”参与互动的同时，许多参展市民也准备“拼运气”尝试体育彩票的乐趣，他们有的来到外形美观、操作简单的顶呱刮自助销售终端机前购买顶呱刮彩票，现场刮奖；有的则被新颖的彩票销售房车吸引，亲自体验11选5、超级大乐透等玩法。现场不时有中奖喜讯传出。

资料来源　根据相关资料整理。

分析提示：举行观众喜闻乐见的娱乐活动并紧扣主题，不但活跃气氛，汇聚人气，还可以提升展览会的受欢迎程度和亲和力。

● 6.3　会展旅游活动

6.3.1　会展旅游与举办展览会的关系

1）会展旅游是会展的发展和延续

会展旅游包括会展举办期间和会展举办后所进行的一系列的旅游活动，是会展活动延伸出来的具有积极意义的重要“副产品”，它同时实现会展与旅游的社会功能。会展旅游依托于展览会并服务于展览会。

从长期策划举办会展中积累的经验来看，参加展览会的参展商和观众有90%以上是商务人士，这些商务人士在展览会开幕前后，大多会希望去一些产业或市场集中的地区实地深入了解一下有关商品信息和市场行情，或者到当地著名风景区去适度放松心情。这样，为了提高客户对展览会的满意程度，作为对参展商和观众的一种附加服务，办展机构就有必要考虑如何满足他们对会展旅游的需求了。

要很好地满足参展商和观众对会展旅游的需求，我们首先就要弄清楚会展旅游与举办展览会之间的关系。一般来说，会展旅游是会展产业价值链的一个重要组成部分，是会展的发展和延伸。举办展览会时，参展商和观众参加展览会是主要目的，参加会展旅游只是参加展览会活动的一种延伸和补充。办展机构在安排和筹划会展旅游时，必须注意到会展旅游不能脱离展览会而存在，它是依托于展览会并服务于展览会的。

2）会展旅游是专项旅游产品或活动

会展旅游是专项旅游产品或活动，可为旅游者带来多种旅游动机的实现，为旅游地带来可观的经济收入。会展旅游往往比观光旅游层次更高，因为参与会展旅游的客人一般是各行各业的专门人才或主要负责人，在素养上比大众观光游客高出很多，因而，会展旅游比观光旅游拥有更多的文化、科技、商贸含量；同时，会展旅游给举办地带来的巨大经济效益和社会效益也是观光旅游所难以比拟的，所以越来越受到各地政府的重视。作为世界旅游业的一个极其重要的组成部分，会展业将是未来旅游业中非常有发展前途的市场之一。

6.3.2 会展旅游者的动机

会展旅游者的动机主要归为商务目的和休闲目的两大类。参展商和观众对会展旅游的需求可能在展览会开幕之前、展览会进行之中，也可能在展览会结束之后，但一般来说，在展览会结束之后会较多。从总体上看，展览会开幕之前和展览会进行之中的会展旅游主要是商务考察，展览会结束之后的会展旅游中商务考察和观光休闲都有。

1）商务考察

商务考察指以收集有关商品的市场信息、了解有关市场的行情为主要目的的活动。许多参展商和观众参加会展旅游的主要目的是商务考察。

例如，有些参展商和观众为了各自在展览会上以更合理的价格成交，希望能更全面准确地掌握商品市场价格的第一手资料，所以他们有在展览会开幕前到当地相关的专业市场或大型的商场去实地考察的动机和需求；有些参展商和观众为了更准确地了解相关合作客户的资讯和实力，往往会到对方客户的工厂或生产地实地考察。有时商务考察也会安排在展览会结束之后，因为这时参展的主要目标已经完成，时间又较充裕，商务考察可以从容安排。

商务考察常与观光休闲统筹安排，彼此兼顾。主要目的地一般有两种：一是商品专业市场或大的商场，主要是为了收集商品销售价格、了解商品设计和流行款式、研究消费者需求等与市场有关的信息；二是商品的主要生产地或某些企业的所在地，主要是为了进一步了解企业实际情况，了解生产技术和生产规模等与产业有关的信息。

安排会展旅游时要结合展览会的功能定位和客户的特定需求，安排适合客户需要的商务考察。

2）观光休闲

以观光休闲为主要目的的会展旅游主要集中在展览会结束之后，但在展览会开幕之前和展览会进行之中部分客户也会提出观光休闲的需求，这种情形比较少见。以观光休闲为主要目的的会展旅游主要是为了在展览会之余，在游览当地的风景名胜和文化古迹等旅游景点的活动中放松身心，增长见识，也是展览会的一种延伸和补充。

例如，在国际性展览会中，有许多参展商和观众来自海外不同国家和地区，他们对展览会所在地名胜古迹和风土人情有一些耳闻但没有亲眼所见。因此他们在紧张的展览会商务活动之余，会有进一步了解当地名胜古迹和风土人情的愿望。

观光休闲为主要目的的会展旅游与以商务考察为主要目的的会展旅游在旅游线路安排上有很大的不同。商务考察的主要目的地是商品生产地和销售场所，观光休闲的主要目的地是风景名胜。因此，在筹划旅游线路时，要特别注意了解客户的需求，否则将会适得其反，使客户对展览会服务产生不好的印象。在很多时候，客户参加会展旅游具有观光休闲和商务考察的双重目的，这时，我们在安排旅游路线时就必须做到二者兼顾，不能偏废其一。

6.3.3　会展旅游活动策划

1）会展旅游联合策划

出于扩大会展影响的需要，会展组织者在选择会展目的地时，除了考虑会展本身的要求外，往往会主动迎合会展旅游者的要求和愿望，尽量考虑到“会展旅游者”的需要，将举办地放在具有高度旅游价值的地区，以提升会展的附加值。正因为如此，世界上许多著名的旅游城市都是著名会展的组织者重要的选择目标，如瑞士的日内瓦、法国的巴黎、中国的香港等。同时会展组织者还应坚持联合促销的原则，主动邀请旅游组织者参与会展活动的组织和实施，借助各方面的力量，特别是在“食、住、行、游、购、娱”六大要素的安排上，取得旅游组织者的支持和帮助，这样既能减少活动安排的压力，又能使会展旅游者更满意。

具体操作上可以一方面联合交通业、旅游业、会展业等部门共同制定具有竞争力的价格，争取更大的市场份额；另一方面通过旅游企业与会展公司联合起来进行宣传，将旅游产品的宣传工作渗透到会展的每一个阶段，充分利用各种新闻媒体和手段，以强化潜在会展旅游者的旅游意识，最终达到销售会展产品与旅游产品的目的，真正保证展览会的顺利进行。

2）针对性旅游产品策划

会展旅游者具有独特的特点：如个人文化素质高；探索和创新精神、好奇心极强；独立意识强、个性化十足；时间紧促、旅游观赏的随机性大。因此，在会展旅游产品的设计中应着重突出以下几点：旅游产品特色鲜明，含金量高；旅游产品要多样化、个性化、选择余地大；提供专业服务，在会展期间提供诸如解说、翻译、导购等必要的会展旅游服务。

3）酒店业和餐饮业的产品策划

酒店业、餐饮业和会展旅游业是紧密联系在一起的。会展业的大量客源将产生一系列的食、宿、行、游、购、娱等需求，给酒店业、餐饮业带来了巨大的商机。

相对来说，会展业的客源对酒店和餐饮的服务质量要求都比较高。如参展商和观众对酒店服务除了基本要求之外，更看重宾馆酒店所能提供的通信、商业安全以及交通条件等；其餐饮消费也具有文化品位高以及档次高等特征，而且来自不同地区或国家的参展商饮食风俗千姿百态。因此，酒店和餐饮业必须提升管理水平和服务质量，走品牌经营之路，尽力满足目标顾客的个性化需求，从而带来良好的效益。

酒店和餐饮业必须充分利用国际和国内各种会议组织、会展公司等渠道，建立稳定的多渠道营销合作关系，可以通过会展协办、赞助等形式，取得酒店和餐饮供给优先权；充分利用网络，建立宣传网页，并为潜在客户提供直接预订服务。此外，酒店还应根据自己的档次和规模，尽早加入世界著名的酒店订房系统。

4）指定展览会旅游代理

大多数办展机构都倾向于把会展旅游的有关业务委托给专业的旅游公司去安排，自己则专门搞好展览会的组织和管理工作。指定展览会旅游代理有以下几点需要强调：

（1）注重旅游代理商的资质。一般来说，参展商和观众不会将在会展旅游时得到的服务与展览会割裂开来，他们往往把会展旅游看成展览会的一个有机组成部分，将会展旅游的服务看成是展览会服务的一部分。因此，参展商和观众在会展旅游时的经历、感受和得到的服务的好坏，将直接影响到他们对展览会的整体评价，影响到他们对展览会的认知程度。因此，办展机构在指定旅游代理时，一定要选择资质好、能力强的公司，除了要考察各旅游公司的实力和服务水平外，还要注意考察它们的接待能力、收费标准和个性化服务等因素，以便以良好的旅游服务来加深参展商和观众对展览会的良好印象。

（2）注重海外旅游代理和国内旅游代理的衔接和统一。根据客户的来源或者旅游线路的不同，展览会在指定旅游代理时，可以考虑分别指定一个海外旅游代理和一个国内旅游代理；大型的展览会需要旅游代理有较强的接待能力，如果某家旅游公司的实力特别强，也可以只指定一家旅游代理，将海外和国内旅游的业务都交给它来经营。分别指定海外旅游代理和国内旅游代理与只指定一家旅游代理各有利弊。会展旅游不仅仅是旅游，它还包括交通、住宿和餐饮等一系列问题，如参展商和观众往返机票的预订、展览会期间和展览会前后的住宿等。将海外和国内旅游的业务分开委托给两家公司，有利于他们之间的专业分工，发挥各自的优势，更好地服务客户，但这样会带来他们之间的业务衔接问题；将海外和国内旅游的业务委托给一家公司，有利于它对旅游业务进行统一安排，自始至终提供统一的服务，但由于一家公司往往难以同时全面了解国内外的情况，所以很难将国内外旅游业务安排得最符合客户的需求。

（3）会展旅游服务质量要求高，个性化较强。在安排参展商和观众的旅游线路时，具有民族特色的旅游项目更能满足他们的需求。除了要安排好他们的旅游线路外，还要提供海关签证、交通指引、住宿选择、餐饮安排甚至语言翻译等多种服务。由于会展旅游的客户一般都是商务人士，他们的素质一般较高，独立意识强，个性化十足，加上会展旅游的时间一般都较短，随机性较大，所以会展旅游的安排一定要突出个性化特征。否则，将会损伤一部分客户的旅游动机，对办展机构来说得不偿失。

5）指定展览会接待酒店

为了方便参展商和观众在展览会期间的生活安排，展览会除了要指定旅游代理以外，往往还会和一些宾馆酒店签订合作协议，将这些宾馆酒店作为展览会的指定接待酒店。通常，展览会将向所有的参展商和观众推荐这些指定的宾馆酒店，而指定的宾馆酒店也将按合作协议，以比市场价更优惠的价格向参展商和观众提供住宿等服务。

为利于参展商和观众在住宿地和展馆之间的交通，保障服务质量，展览会在指定接待酒店时，往往会选择那些离展览场地较近、信誉较好的宾馆酒店。

由于参展商和观众的消费能力和消费需求可能各不相同，展览会在指定接待酒店时，要根据展览会参展商和观众需求的不同，选择一些不同档次的酒店，以供展览会参展商和观众选择。但一般来说，由于参加展览会的参展商和观众基本都是商务人士，所以展览会的指定接待酒店的档次不能太低，一般不能低于三星级。

指定了展览会接待酒店以后，展览会就要将这些宾馆酒店的协议入住价格、地址、联系人和联系办法、酒店距展馆的距离、展馆与酒店之间的交通等基本信息告诉展览会的参展商和观众。宾馆酒店一般会要求参展商和观众在办理入住手续时，出示参展商证、观众证等证明材料才能按优惠价格入住，对于这些特殊规定，展览会也要及时告诉参展商和观众。

为展览会指定接待酒店，对展览会、宾馆酒店、参展商和观众来说，是一个多赢的选择。对展览会来说，指定的接待酒店可以解决参展商和观众的住宿问题，解除他们的后顾之忧，有利于吸引更多的参展商和观众；对于宾馆酒店来说，成为展览会的指定接待酒店，就意味着有了大量的客源；对于参展商和观众来说，在这些指定接待酒店住宿，既保证了安全，又节省了费用。

【情景模拟6-1】

场景：以小组为单位，对“第一届房车节”相关配套活动进行策划。

操作：

（1）设定房车节主题，根据主题策划若干配套活动，写出具体操作方案；

（2）现场模拟布置房车节开幕式现场。

知识掌握

1.会展相关活动策划的原则是什么？

2.展览会期间都组织哪些配套活动？它们对展览会能起到什么作用？

知识应用

□ 案例分析

第十七届中国国际光电博览会成功举行

第十七届中国国际光电博览会（简称CIOE）在深圳会展中心举行，从2015年8月31日开始，为期4天。

展览开放时间由早上9点至下午5点，业内人士可以在开放时间内尽情地在展区参观采购，展区包括光通信展、激光红外展、精密光学展、LED技术及应用展以及智慧城市展等。另外在此期间举行了全球光电大会（OGC）、光和光基技术发展论坛等专题会议，涉及光学、光电子技术全产业链，成为国内外光电业界企业、研究机构、投资机构等各方多层次的技术与产品交流平台。

作为“2015国际光年”的重要一站，本次大会的目的在于让更多的人了解光学技术如何推动社会可持续发展，并且为能源、教育、通信和健康等领域的全球性挑战提供解决方案。为此，CIOE组委会除了举行展览会现场的“科学家与您面对面”科普大讲堂、智慧城市创新大会科普专区、智能硬件创客创业挑战大赛等多项科普活动外，还组织了多场院士进校园科普报告。

由于“全球光电大会”“蓝宝石市场与技术”国际论坛等都在此次的CIOE期间举行，所以本次的CIOE云集了众多的知名企业和资深人士，可以说是业界的一场饕餮盛宴。

展览会现场还举行形式多样的市场活动促进业界交流，新技术新产品专题发布会、供需采购对接会、采购招标发布会、光电人才交流大会等。同时现场可以领取各种参观指南、活动手册、会议手册等详尽资料以备会后延伸研究，现场下载CIOE最新推出的APP，则可将会刊以及各种资料、名片植入手机轻松带走，并参加抽奖等多种活动。

资料来源　佚名.第十七届CIOE今日起深圳会展中心盛大开幕［EB/OL］.［2015-09-16］.http：//www.elecinfo.com/article/13783.html.

问题：评价第十七届中国国际光电博览会上述会展相关活动。

分析提示：考虑到会展相关活动对会展的效果和影响。

□ 实践训练

中国-东盟博览会每年10月在南宁举行。如果你是会展公司的策划经理，请你为中国-东盟博览会组委会进行旅游活动策划。

要求：方案具备可操作性。

第7章

会展营销策划

学习目标

在学习完本章之后，你应该能够：

了解会展营销策划的程序；

明确会展营销策划的内涵；

熟知会展营销的战略战术策划；

掌握会展营销策划的基本原则。

【引例】

中国义乌国际小商品博览会的“微营销”战略

2012年，中国义乌国际小商品博览会（简称义博会）吹响了“微营销”号角，在创新求变的发展过程中充分利用自媒体平台，不断加入微博、微信等新元素。2014年，第20届义博会“微营销”再迈步，展览会的“微营销”队伍又增加了新成员——义博会中英双语app，更好地提升了义博会的宣传、互动及贸易服务品质。

所谓自媒体，是指任何人或机构组织能够随时访问网络，通过现代数字技术与全球知识体系相连，提供并分享他们的真实看法、自身新闻的一种途径和即时传播方式。

自媒体产生于“脸书”和“推特”的全球社交网络。当前在国内，以微博、微信为代表的自媒体，已成为网络传播最活跃的新主体。由此，出现了以微博、微信为主要平台，进行企业宣传、品牌推广为目的的营销战略，被称之为“微营销”战略。

当前，国内不少重大展览会已经纷纷开设微博和微信，“微营销”竞争正日益加剧。义博会于2012年开设了官方微博。2013年9月，又入驻公共微信平台，开通了微信服务号（义博会）和订阅号（中国义乌国际小商品博览会），利用合作企业资源在海外“脸书”“推特”“linkedin”等境外自媒体推广展览会，全面启动了“微营销”战略。

微博、微信齐上阵的“微营销”带来的便利，受到不少参展商的好评。想引起哪些采购商关注、希望进行何种合作、自己需要的产品在哪个展馆、哪里有人气最旺的展台……动动手指按几个手机按键，就能快速得到满意的答案。

其中，义博会微信经过一年多时间的运行，已经拥有过万的专业关注群体。随着第20届义博会的开幕，每天的关注人数在不断上升。

资料来源　佚名.第20届义博会“微营销”再出新招［EB/OL］.［2014-10-22］.http://zj.people.com.cn/n/2014/1022/c366877-22688318.html.

这一案例表明：对于会展企业管理者来讲，营销策划是保持会展企业市场竞争力的重要手段。它是提高企业营销效率的重要途径，也是会展企业做大做强需要采取的重要举措。

7.1　会展营销策划程序

会展营销策划是指根据会展企业的整体战略，通过对企业营销内部条件与外部环境的分析，精心构思、设计和组合营销因素，高效率地将产品或服务推向目标市场的操作程序。会展企业营销策划的内容主要包括企业营销的战略策划与战术策划。通过会展营销策划，营销管理者可以系统地整理自己的想法，科学地选择营销方法和步骤。这一过程，也使他们对于相关的变量更加敏感。例如，当谈到销售额时，营销管理者会把这一数字与已实现的目标相联系；当看到关于顾客反映的研究报告时，他们会把它作为形势分析的依据。让营销管理者系统地分析和考虑组织的营销过程，是企业营销策划的一个最重要的作用。

根据企业营销策划的目标明确原则、整体策划原则、注重实效原则、可操作性原则、创意超前原则，会展企业在制订营销策划方案时，根据如下的程序进行：制定策划目标、了解营销现状、进行市场分析、制定营销战略、制订行动方案、设计控制和应急措施以及撰写策划书。

7.1.1　制定策划目标

会展企业制订切实可行的计划和营销目标是制作策划方案的前提。一般来说，企业策划要达到的目标主要有如下几种：①维持生存；②提高市场占有率；③获取高额利润；④提高会展企业品牌市场影响力。

同一项策划，策划目标不同，会有不同的策划重点。例如，同是促销策划，一个可能是为了增大销售额，而另一个则是为了提升品牌价值，为此，前者可能会把策划重点放在销售促进上，而后者则会把策划重点放在品牌的形象宣传上。

在制定营销目标时必须注意以下几点：①目标不要太高，要留有余地；②如果是多个目标，则目标之间不应有矛盾，存在矛盾时，要明确表述目标的顺序；③策划目标需要量化，便于测量。对于不易量化的目标，也要尽量设定较为客观的评价标准。

7.1.2　了解营销现状

会展企业了解营销现状不仅包括对自身产品的市场表现、消费者需求进行深入调查，还包括了解市场上竞争产品以及对经销商的情况。了解营销现状大致有以下几点：

（1）了解市场形势。了解市场形势指对不同地区的销售状况、目标市场的行业发展动态以及可能达到的市场空间、潜在的需求状况进行了解。

（2）了解产品情况。了解产品情况是指对会展企业自身提供的产品各方面的状况，比如会展项目的服务内容和质量、相关配套的基础设施、人员配置、技术支持、项目的市场反应和知名度等进行深入细致的调查了解，找出有待加强、改进的地方。

（3）了解竞争形势。了解竞争形势是指对竞争者的情况要有一个全方位的了解，包括其产品的市场占有率、采取的营销战略以及潜在的竞争状况等方面。

（4）了解分销情况。了解分销情况是指对经销商分布状况、经营状况要进行适时调查，了解他们对销售本企业产品的积极性以及他们的意见、建议。

（5）了解宏观环境。了解宏观环境是指对会展产业政策、社会经济发展状况甚至产业所在地区政局是否稳定等都要有所了解，从中找出对自己有利的切入点。

以上是整个营销策划的基础，只有充分掌握了解企业、产品的情况，才能为后面的策划打下基础。

7.1.3　进行市场分析

一个好的营销策划必须对市场、竞争对手、行业动态有一个较为客观的分析，主要包括以下三方面内容：

（1）机会与风险的分析。通过掌握的相关信息，分析本会展企业可能遇到的威胁和挑战，寻找市场上的机会和“空档”。

（2）优势与弱点分析。认清本企业的弱项和强项，同时尽可能充分发挥其优势，改正或弱化其不足。

（3）结果总结。通过对整个市场综合情况的全盘考虑和各种分析，为制定应当采用的营销目标、营销战略和措施等打好基础。

进行市场分析是一次去粗取精、去伪存真的过程，是营销策划的前奏，企业要实事求是地认识自身的不足和遇到的挑战，准确了解自身的优势和市场的机会。

7.1.4　制定营销战略

会展企业在已制定的目标基础上进行统筹安排，结合自身特点制定可行的市场营销战略。营销战略包括以下几个方面：

（1）目标市场战略。目标市场战略是指采用什么样的方法、手段去进入和占领自己选定的目标市场，也就是说企业将采用何种方式去接近客户以及确定营销领域。它是由市场细分、目标市场选择和市场定位三个环节组成的。

（2）营销组合策略。营销组合策略是指对企业产品进行准确的定位，找出其卖点，并确定产品的价格、分销和促销的政策。

（3）营销预算。营销预算是指执行各种市场营销战略、政策所需的最适量的预算以及在各个市场营销环节、各种市场营销手段之间的预算分配。制定营销战略要特别注意产品的市场定位和资金投入的预算分配。

7.1.5 制订行动方案

营销活动的开展从时间上到协调上需要制订一个统筹兼顾的方案，会展需要选择合适的举办的时间，同时要有各种促销活动的协调和照应。各个促销活动在时间和空间上也要做到相互搭配。

1）使方案具体化

会展营销策划方案的思路和架构建立以后，应形成一个供操作的具体措施，并要明确如下内容：营销目标、实现营销目标的环境、营销战略战术、营销方案策划的人员经费、营销方案策划的效果与评估、营销方案实施的附加条件。任何一个营销方案都会受到人力、财力、时间的限制，应实事求是地分析方案实施的可行性。在制订方案时，应征询各部门的意见，与各方进行沟通、协调，争取得到各部门的支持，使策划方案能成功实施。

2）设计行动日程表

会展对时间的要求十分严格。举办会展的时间一旦确定，一般很难更改。因此，营销策划在时间上必须配合会展举办的时间，行动日程必须要精心设计，策划方案的制作和实施不能拖延，每个步骤的开始和结束都应有明确的时间规定，以保证方案能够按时、按质、按量实施，否则就会严重影响会展的成功举行，并最终导致会展策划的失败。

7.1.6 设计控制和应急措施

在这一阶段，策划人员的任务是为经过效益预测后感到满意的战略和行动方案构思有关的控制和应急措施。设计控制措施的目的是便于对计划的执行过程、进度进行管理。典型的做法是把目标、任务和预算按月或季度分开，使企业及有关部门能够及时了解各个时期的销售实绩，找出未完成任务的部门或环节，并限期做出解释和提出改进意见。设计应急措施的目的是事先充分考虑到可能出现的各种困难，防患于未然。可以扼要地列举出最有可能发生的某些不利情况，指出有关部门、人员应当采取的对策。

7.1.7 撰写策划书

这是策划的最后一个步骤，就是将策划的最终成果整理成书面材料，即策划书，也叫企划案。其主体部分包括现状或背景介绍、分析、目标、战略、战术或行动方案、效益预测、控制和应急措施，各部分的内容可因具体要求不同而详细程度不一。

营销策划书是表现和传达营销策划内容的载体，一方面是营销策划活动的主要成果，另一方面也是企业进行营销活动的行动计划。它的作用主要有：①帮助营销策划人员整理信息，全面、系统地思考企业面临的营销问题；②帮助策划人员根据企业内外部环境与企业营销问题，为企业提出解决问题的方法及其依据；③帮助营销策划人员与企业决策者进行沟通；④帮助企业决策者判断营销方案的可行性；⑤帮助企业营销管理者更有效地实施营销管理活动。

● 7.2　会展营销战略策划

会展企业的营销战略策划是指从企业整体全局的角度考虑和分析影响企业生存和长远发展的各种市场要素，采用科学的方法为企业营销进行谋划的活动。具体来说就是在经过科学决策、确定企业发展目标的情况下，从会展企业的目标市场定位、竞争策略、形象设计等方面，围绕实现该目标而进行方案构思设计。它主要包括寻找会展企业的市场营销机会、选择目标市场、市场定位策划、企业发展战略策划、企业竞争战略策划等内容。

7.2.1　寻找企业的营销机会

会展企业在进行营销战略策划时，其基本目标是寻找会展营销机会，也就是寻找吸引客户的着力点和能引起客户回应的兴奋点，即客户的需求。要了解客户的需求就得获取准确的信息，其方法是进行市场调查。开展市场调查要做好方案的设计。市场调查方案一般包括确定调查的目的、资料来源、内容、对象、方法等。根据方案实施市场调查，在调研时应注意资料信息的真实可靠性，这是企业做出正确营销判断和决定的基础。对调查结果采用科学的方法手段进行分析，得出符合客观事实的结论。会展企业在发现市场机会后，必须从宏观环境、行业环境和企业内部环境的角度考虑是否能将这种机会转化为企业的机会。

【知识链接7-1】

德国著名研究机构IFO曾经对世界跨国展览集团之一——德国慕尼黑展览公司举办的世界最大规模的机械工程设备类展览会BAUMA进行过“企业参展目标”专门调查，其结果表明：参展目标中提高企业知名度的占85%，密切老客户和结识新客户的均占70%，通过展览会宣传产品市场占有率的占63%，推介新产品的占60%，提升产品知名度的占58%，交流信息的占50%，发现客户需求的占50%，影响客户决策的占33%，最后才是签署销售合同的，仅占29%。

资料来源　陈放.参展关键是展示企业信誉［N］市场报，2005-8-17（10）.

寻找企业的营销机会一般从以下三个方面着手：市场需求空白、企业资源的优势和环境变化形成的机会。会展业与其他行业相比有一个突出的区别，即会展业的市场化程度在我国还较低，它较多受到政府的影响，企业的营销机会要求获得更多的政府行政和行业协会的支持，内部资源才能充分发挥作用，将可能存在的机会转化为企业的机会。我们在寻找市场机会时应对此有客观认识。对于已经找出的企业营销机会，企业应精心策划营销活动，保证营销取得成功。

【小思考 7-1】

有一家江苏会展企业经过调查发现，部分酒厂厂家不愿意参加全国的糖酒会，因为太笼统的展览会起不到解决区域市场问题的作用，地区性的糖酒会可以解决这个问题。江苏省政府和江苏省经贸委这几年一直在倡导振兴苏酒。作为全国酒类生产和消费大省，这几年苏酒的竞争力逐年下降，省政府一直在寻求苏酒的振兴之道。这家会展企业举办区域性的糖酒展览会是否存在市场机会？

答：对于后起的会展公司来说，寻找市场空白点进行补缺是其发展的可取之道。特别是对于一些地区性会展企业来说，政府的支持尤其重要。因此，这家企业只要能争取到政府和行业协会的支持，就能获得一个很好的市场机会。

7.2.2 选择目标市场

目标市场即会展企业的目标参展企业群体、会展企业会展项目的销售对象，它是会展企业在整体市场上选定作为营销活动领域的某个细分市场。会展企业要根据自身的资源条件，选择特定的会展项目和服务来满足参展企业的需求，实现自己的经营目标。会展企业选择的目标市场应遵循以下原则：

（1）该目标市场要有一定的市场发展潜力。会展企业进入后应具有长期的盈利能力。这要求企业要对目标市场的市场总量进行估算，包括考虑潜在的参展企业数量、购买能力及购买意愿。

（2）选择的目标市场必须与企业所具备的人力、财力、物力资源匹配，以获取最佳效益。

（3）风险最小原则。企业进入目标市场应充分考虑各种不可控因素，这些因素可能会导致原有的策划方案无法实施或达不到预定的目标。在选择目标市场时应注意将风险降到最小。

与其他行业一样，会展企业对目标市场的选择策略也有以下三种：

（1）无差异目标市场策略，即会展企业以一种会展产品、相同的营销手段满足客户需求的策略。我国展览业中的一些具有垄断性的项目凭借其垄断地位，采用这种策略可以赢得固定的参展商，并可以简化分销渠道，节约成本，形成名牌效应，但应注意单一产品无法满足消费者的不同需要。

（2）差异性目标市场策略，即会展企业根据参展商的需求特点，对整体市场进行细分，为每个细分市场提供个性化的产品、服务和具有针对性的营销组合，满足每个细分市场的需要。这种策略需要投资大、成本高，企业要合理选择产品品种，以使每一品种能有一定规模的客户。一般而言，实力雄厚的会展企业才可以选择这种策略。

（3）密集性目标市场策略，即会展企业在细分市场的基础上，选择一个或少数几个细分市场作为目标市场，提供相应的一种或几种营销组合，集中企业自身的营销力量满足该市场的需要。这种策略能够较深入地了解市场需求，开拓市场，提高市场占有率，建立相对稳固的市场地位，对中小型会展企业或一些资源独具特色的会展项目较为适宜。

7.2.3 市场定位策划

会展市场定位是指通过对会展项目自身优势、竞争者和目标市场的分析，确定其在市场目标客户心目中的地位及在该市场中希望获得的市场份额的活动。市场定位的关键在于企业设计的市场形象与目标市场客户需求特征要匹配。目标客户的需求特征与客户的社会经历、文化背景、收入水平、社会地位等因素有一定的关系，所以会展企业必须从参展商的角度出发进行产品设计定位。进行市场定位的基本流程包括：

1）确定目标会展企业客户群体特征

会展企业在确定目标企业客户的特征时，应注意会展企业的客户包括有展览需求的参展企业和前来观看的专业观众和普通观众，作为专业人士一般具有深厚的行业背景和特征。

2）研究竞争对手的状况

市场上竞争对手的定位、在目标客户心目中的位置、经营状况及其发展潜力与本企业的定位都有着密切的影响。会展企业通过对竞争对手的分析，从中寻找既适合自己又能避开竞争对手锋芒的市场定位。如果竞争对手的经营状况不佳，可考虑采取相同的市场定位取而代之。

3）寻求或创造本企业的竞争优势

对于会展企业而言，资金充足、公众形象良好、服务系统完善、管理能力强、行业基础厚、经营技巧手段多、成本低、与相关行政部门关系融洽等都是其优势，企业应积极寻求和创造目标客户所关心的同时与其他企业的优势不同的差别优势，或能给客户带来实惠、使客户满意的优势，并以这些优势为基础进行市场定位。

4）确定企业的市场定位

会展企业在进行市场定位时，可以采用以下方法：

（1）特色定位。寻找本企业在项目、品牌、服务、营销管理等方面与其他企业不同的特色进行定位。

（2）功能定位。展览会有成交、展示、信息、发布四大功能，如果某项功能特别突出，就可以用来进行定位。

（3）利益定位。强调项目能带来某一特定的优势利益。

（4）参展企业类型定位。根据参展企业的不同类型进行定位，如出口型企业、地区型企业等，以直接引起该类企业的注意。

（5）竞争定位。从竞争对手的项目特征出发，突出本企业会展项目的市场定位策略。这种定位策略有借势造势的优点。

【案例分析7-1】

2016中国义乌进口商品博览会的市场定位

“在去年首届中国义乌进口商品博览会取得巨大成功的基础上，2016进口商品博览会将以‘汇聚全球精品，引领中国消费’为主题再次出发，于5月13日至16日举行，致力打造中国进口日用消费品展览会第一品牌。”2016年3月17日，2016中国义乌进口商品博览会组委会在上海推介会上表示，与去年相比，今年进口商品博览会将呈现四个“最”：规模最大、效果最好、影响力最广、服务最优；四个“为主”：以日用消费品、食品等六大类别为主，以境外二三线企业品牌为主，以欧美、日韩、东南亚国家为主，以国外源头货为主。

组委会表示，境外中小企业生产的商品大多属于二三线品牌消费品，质量可靠、品质优良，但他们没有进入中国市场的畅通“入口”。而义乌作为小商品贸易之都，有得天独厚的市场优势，拥有辐射全国、全球的小商品销售网络，拥有通江达海的物流运输体系，义乌可以依托这些优势，为境外中小企业提供全球性的展览、贸易平台，帮助它们把商品销往中国各地，乃至世界各地。

基于这些优势，本届展览会定位为服务中小企业，着重引进国外二三线品牌，致力促成国外二三线品牌以总代理、总经销的方式落户义乌各大市场，形成国外二三线品牌总代理集聚中心，进而销往全国各地。

资料来源　佚名.2016中国义乌进口商品博览会七大亮点精彩纷呈［EB/OL］.［2016-03-21］. http://wqb.yw.gov.cn/wqdt/201603/t20160321_888984.html.

分析提示：中国义乌进出口商品博览会组委会根据对市场考察的情况进行差异化定位，确定会展产品的服务对象为境外中小企业，使展览会具有鲜明的特色，容易被产品目标市场所识别。

【知识链接7-2】

举办会展必须通过细分市场，准确定位，形成明确的主题和特色，才会具有竞争力。展览与展销是两种截然不同的办展形式，要明确区分两者的不同定位。展览的目标顾客是业内客商，所交易的是订单，而展销的目标顾客是消费者，交易方式与大卖场类似。经济发展过程中的市场细分趋势，使专业性展览取代综合性展览占据主导地位，如服装展已细分出女装展、男装展、童装展等，五金展已细分出建筑五金展、日用五金展、锁具展、装饰五金展等。大而杂的展览已经很难在市场立足。许多会展皆因混淆了展销与展览的区别，把展览会降格为集贸市场，名牌精品展示与地摊式的小贩吆喝杂混一堂，破坏了会展形象而导致失败。

资料来源　华谦生.会展策划与营销［M］.广州：广东经济出版社，2004.

7.2.4　企业发展战略策划

企业发展战略策划就是将战略目标转化为行动计划的过程或方法。会展企业在实施其所选择的战略目标和行动计划的过程中，如果内外部环境发生变化，应及时对目标和计划做出调整，随时监控战略目标和行动计划的实施进展。

在策划发展战略的过程中，必须考虑到每个产业都会经历培育、成长、成熟和衰退的四个阶段，会展业的发展与其题材所在的产业发展息息相关，会展企业的产品同样会经历培育、成长、成熟和衰退的四个阶段。在不同的发展阶段，会展产品的营销策略会有所不同。在培育期，企业在营销策略上应立足于站稳市场，不以盈利为目的，着眼于扩大产品的知名度和规模，努力为客户提供优质服务；在成长期，会展规模迅速扩大，在行业内的知名度不断上升，企业应重视客户关系的维护和管理，改进服务，加强对竞争对手的研究并完善产品的功能；在成熟期，会展产品进入一个相对平稳的发展时期，企业应注意加强自身的形象建设，并通过各种手段努力扩大市场规模，如将某些题材的展览会分列单独成展，或在原有题材基础上将某种与现有题材相关的题材融合进来以扩大市场等，并想方设法稳定客户；在衰退期，会展企业可以采取转型、坚守和放弃三种应对策略，视情况而定。

在发展战略策划中，会展企业要尽可能准确预测企业所处的竞争环境的变化以及本企业的产品所处的发展阶段，并适时制定发展对策。

7.2.5　企业竞争战略策划

会展企业为了在市场竞争中保持自己的优势，在制定战略时要考虑自己在行业中所处的地位，采取相应的竞争战略。根据各个企业在市场中所占的份额，一般把市场参与者分为领导者、挑战者、追随者和补缺者。处于领导者地位的企业希望保持自己的领导地位，挑战者希望取而代之成为领导者，追随者跟在领导者后面并与之和平共处，市场补缺者则致力于某些被其他竞争者所忽视的规模很小但利润丰厚的细分市场。会展企业在认清自己所处的位置后可以分别采取如下的竞争战略：

1）会展市场领导者竞争战略

会展市场的领导者是在市场竞争中自然形成的，比如广交会就是在中国外贸行业展览会中的领导者。会展行业的市场领导者要保持它的领导地位，有以下三种基本策略：

（1）扩大会展市场规模。处于领导地位的会展企业在总市场扩大时得益最多。扩大市场规模可以从开拓新客户、增加新题材和增加对现有客户的销售量三个方面入手。

（2）保护现有的市场份额。在努力扩大市场总体规模的同时，处于领导地位的会展企业必须时刻注意保护自己的现有业务不会受到竞争者侵犯。市场领导者可以采取阵地防御、侧翼防御、先发制人、反击防御、运动防御和收缩防御等策略。

（3）扩大市场份额。会展市场领导者在市场规模难以扩大时，也可以通过进一步增加市场份额来保持自己的领先地位。例如，可以采取收购、兼并、占领原有竞争者的市场来扩大自己的市场份额。

【案例分析7-2】

第101届广交会增设进口展馆

被称为“中国出口贸易晴雨表”的广州出口商品交易会，在第101届更名为中国进出口商品交易会，并首次设进口馆。广交会是目前中国规模最大的展览会，增加进口功能后，它将从促进出口的单向平台转变为推动进出口贸易协调发展的双向平台。在为中国出口企业搭建平台的同时，广交会也将为对中国市场有兴趣的国外商人提供了一个深入了解中国市场需求的平台，为中国消费者提供了一个更为广阔的选择平台。据了解，第101届广交会进口展区内专门设置了机械设备、小型车辆及配件、电子信息及家电、珠宝首饰等9个产品区。据广交会新闻发言人、中国对外贸易中心副主任徐兵介绍，第101届广交会进口展区展品分工业品、消费品两大类。有来自36个国家和地区的314家企业参展。

资料来源 根据相关资料整理。

分析提示：中国会展业先行者和领导者广交会增设进口展馆，通过扩大市场规模进一步巩固其领导地位，获得了更多的市场份额和行业利润。

2）会展市场挑战者竞争战略

会展市场挑战者的产品是在市场上已经存在市场主导型的同类产品，在现有的市场格局中处于次要地位，处于该地位的企业不满意目前现状意图改变市场结构。其竞争策略包括：

（1）全面包围。挑战者以优于对方的资源全方位向竞争者发起进攻以取得胜利的策略，它往往会引起对方激烈的反应，采取这种策略必须要有绝对的优势。

（2）正面挑战。正面挑战最常用的方法就是“价格战”，以减价同对手竞争，争夺原属于领导者的客户。

（3）侧翼进攻。侧翼进攻分为两种：一是攻击对手较弱的某细分市场；二是攻击对方较弱的某一地区，将该地区的客户全面占领。

（4）迂回包抄。这是简洁的挑战策略，避开对方的现有市场迂回包抄，如将自己与竞争对手同类型的展览会增加新的题材，或在对方没有开发的地区招展等。

（5）游击战争。游击战争即对对方不同的领域进行小规模、间断性地攻击，以消耗和打击对方士气，并最终占领该据点，如有选择的降价、密集的促销活动等。

3）会展市场跟随者竞争战略

会展市场跟随者跟随在领导者后面并与其和平共处，追随者不会超过领导者，但由于它往往借助领导者的力量在其已开辟的市场上通过模仿占得一席之地，利用自己的局部优势分享主导会展市场的某些资源，获得稳定市场份额和可观的利润。大多数公司喜欢追随而不向领导者挑战，因为追随者很少需要或不需要前期的开发费用，风险也低。

在采用市场追随者战略时，企业必须清楚地了解如何保持现有的客户及如何赢得新客户，给予目标市场一些独特的利益，保持低成本和高质量的服务，及时进入领导者开发的新市场。

市场跟随者应为自己设定独特的发展路线，努力避免会展主导者的竞争报复。跟随者获得成功的关键在于正确理解市场细分与集中的关系，进行有效的市场开发研究，强调利润而不是市场占有率。

4）会展市场补缺者竞争战略

有一些会展细分市场由于其规模小，主导型会展企业在经营时往往很难面面俱到或不愿意经营，这就为一些小的会展企业提供了查缺补漏的机会。例如，由于展览场地不足，使一些参展商申请不到展位；又如，由于展览题材的限制，一些边缘题材不能进入主导展览会等。采用这种战略的关键在于寻找一个可以安全获利的细小市场，此类市场一般具备以下特征：①有足够的规模和购买能力使企业获利；②是会展市场主导者忽视的空缺；③企业有能力为该市场提供产品和服务；④企业能有效地保护自己，避免受到大企业的攻击。

7.3　会展营销战术策划

会展企业的营销战术策划注重企业营销活动的可操作性，是为实现企业的营销战略所进行的战术、措施、项目与程序的策划，也即企业根据已经确定的营销目标和市场定位，对于企业可以采用的各种各样的营销手段进行综合考虑和整体优化，以求达到理想的效果。它主要包括会展产品策划、价格策划、销售渠道策划、促销策划、服务策划等内容。

7.3.1　会展产品策划

美国著名管理学大师菲利普·科特勒说："产品是指市场上能满足消费者需要和欲望的任何东西，包括实体商品、服务、财产、经验、事件、人、地点、信息和创意。"而会展产品几乎包括菲利普·科特勒先生定义中的所有指向。面对激烈的市场竞争，一个企业要立于不败之地，产品策划是关键，一个成功的产品策划可以为企业带来无限商机，一个失败的产品策划则可以使企业陷入困境。要想使产品策划获得成功，企业必须对产品有一个正确的认识。

1）会展产品的整体内涵

对于会展产品而言，可以从三个层面去理解它的内涵：

（1）会展产品核心价值。会展产品的核心价值是指能满足消费者需要的基本服务和利益。对于会展企业来说，它所提供的产品消费主体是参展商。参展商真正要购买的是获得与客户进行信息沟通、交流、贸易合作的机会。在产品策划中必须以产品的核心价值为出发点和归宿，设计出满足参展商需要的产品。

（2）会展产品实体。会展产品的实体是会展产品核心价值的载体，它是以有形的形式出现的，如展览馆的摊位、展览器材等。

（3）会展服务。它是指会展消费者购买产品时所得到的各种服务，如会展企业提供的咨询、接待、广告宣传、展台设计、礼仪、交通运输等。

会展企业全面认识理解会展产品的内涵，有利于全面满足不同层次的需求，有利于产品策划在某一层面、某一角度进行诠释，使产品形成有别于同类竞争产品的独特个性，从多个侧面树立企业形象。

2）会展产品策划的原则

会展产品的策划是对会展产品开发、生产和经营进行的谋划和筹算，对企业开拓市场有着极其重要的意义。会展产品在策划时应遵循以需求为中心的原则。

一个产品的成功或失败取决于产品整体对消费者需求的满足程度，消费者需求是产品策划的起点，也是产品策划的落脚点，因为产品策划是以满足消费者需求为依据，并且由消费者的检验决定其成败的。

对会展企业来说，参展商的参展是展览会取得成功的关键，会展企业必须满足参展商的多层次的需求才能够吸引到足够多的客户前来参展。参展商的核心需求具体体现在：参展商能在展览会上结识新客户，扩大贸易合作关系，增加贸易量；通过参展树立企业形象，宣传企业的产品，扩大品牌知名度。在参展商的参展愿望中，参加展览会的专业观众质量的高低、人数的多少是他们最为关注的。如果观众少，质量不高，参展公司没有取得参展效益，下次就不会再参展了。因此，能否为展览会提供或吸引到众多的专业观众是展览会能否成功的关键因素之一，会展公司要在组织专业观众上下功夫。

参展商参展时还会遇到许多实际问题，如了解场馆环境、展位尺寸、展品运输、现场搭建、展期活动安排、参展人员的吃住行等，会展企业必须全面考虑这些问题并制订方案妥善解决，切实做好参展商的组织服务工作，急参展商之所急，想参展商之所想。

【知识链接7–3】

香港贸发局在为展览会提供专业观众方面的做法是：建立世界一流的厂商资料库，根据不同专业将厂商分类，举办展览时，向相关厂商发出邀请，厂商获邀请后收到寄送的条码磁卡，凭卡入场。

资料来源　刘松平，梁文.会展市场营销［M］.北京：中国商务出版社，2004.

3）会展产品的组合与开发

会展产品的组合与开发是会展产品策划的主要内容。会展企业在开发产品上，从市场需求、会展资源的关联性及经济效益等角度进行资源重组，并通过提升会展产品形象、提高会展产品品质、引入和应用高新技术，设计大创意、大手笔的会展项目产品进行会展产品升级。在会展产品的组合决策中，包括会展产品组合的扩展、简化或改进策略，通过对产品的重新组合，充分利用企业的资源，提高经济效益，使会展产品的深度和广度相得益彰。

【案例分析7–3】

广州举办亚洲最大乐园及景点展览会

2016年3月9日，“2016亚洲乐园及景点博览会（简称AAA2016）”在广州广交会展馆A区开幕，本次展览会展览总面积达60 000平方米，展位3 000个，参展商400家，跃居全球同类展览会第二大规模，并一举成为亚洲最大的乐园及景点展览会。

AAA2016由广东鸿威国际会展集团有限公司联合多家单位打造。2016年开春，鸿威将旗下“中国（广州）国际电玩暨游艺设备展览会（简称CIAE）”“中国（广州）国际主题公园与文旅产业展览会（简称TPAE）”两大品牌展览会进行了整合，升级为“2016亚洲乐园及景点博览会”，为全球乐园及景点行业提供了高端便捷的商贸平台。

AAA2016开幕首日便吸聚了火爆人气，现场更是一片欢乐繁忙的景象。参展企业纷纷忙着给采购商介绍产品，采购商则忙着体验各类心仪产品。官方数据显示，本届博览会的国际规模也比往年更大，吸引了来自美国、法国、韩国、瑞士、比利时、土耳其、印度、阿根廷、迪拜等30多个国家和地区的游乐制造商和专业采购商到场。

资料来源　佚名.2016亚洲乐园及景点博览会开幕［EB/OL］.［2016-03-11］.http：//travel.sina.com.cn/china/2016-03-11/1140324125.shtml.

分析提示：产品组合是吸引参展商和专业观众的重要因素，会展企业应根据市场需要进行合理设计、调整，以保持会展项目的长盛不衰。

4）会展产品品牌策划

在现代营销理念中，产品品牌已经成为产品的重要的组成部分，产品价值中包含了品牌的价值，品牌甚至成为一个公司生存和发展的根本。因此，会展产品的营销策划离不开品牌策划。会展产品品牌策划参见本书第5章。

7.3.2 价格策划

会展产品价格策划的优劣直接关系到会展市场需求的大小、市场占有率的高低和会展企业的经济效益，价格策划是会展企业营销策划的最重要的策划项目之一。在价格策划中，必须以消费者需求价值作为确定价格和调整价格的基础。为了保证定价的合理性，要有一套科学完善的会展产品价格策划程序，如图7-1所示。

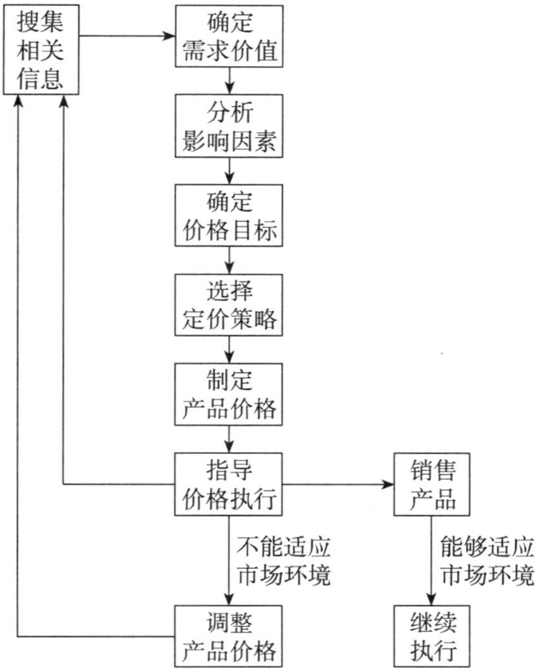

图7-1　会展产品价格策划程序

1）搜集相关信息

会展企业需要搜集企业内外与价格有关的信息，包括消费者、竞争者和成本等方面的信息，同时还要搜集价格执行过程中的市场反馈信息，了解价格执行情况，以便决定是否需要调整价格。

（1）消费者信息主要包括消费者的需求价值，消费者对本企业产品的认知价值，消费者的价格敏感度及其影响因素，以及与消费者需求有关的信息。

（2）竞争者信息主要包括竞争者的价格目标、定价策略、价格水平，以及竞争者的优势和劣势。

（3）产品成本信息主要包括固定成本、变动成本、最佳产品规模等。

（4）市场宏观经济信息主要包括国家税收、财政、信贷、金融等政策及其变化趋势，国家价格法规，市场供求信息及其变化趋势，国家宏观经济发展态势，政府经济发展规划等。

2）确定需求价值

消费者的需求价值是指消费者希望在一定价格水平上从产品中所获得的最佳利益或满足，对于确定产品价格水平来说，是最重要的影响因素之一。会展企业在制定价格时，应使价格不高于需求价值，从而使消费者感觉到物有所值甚至物超所值。

3）分析影响因素

会展企业在分析价格影响因素时应重点分析：

（1）消费者的因素。需求能力、需求层次、需求潜力、需求的价格弹性、期望价格等。

（2）竞争者的价格。

（3）成本因素。成本因素包括固定成本和变动成本。会展企业经营规模越大，单位固定成本越低。成本是价格的下限。

（4）其他因素。需求、竞争、成本是影响价格形成的最主要因素。此外，国家经济、行政和法律手段对价格决策的影响也是十分重要的。

4）确定价格目标

价格目标是定价和调价的指导方针，直接影响和制约着企业的价格行为。企业选择的价格目标通常有：

（1）利润目标，即以营利为主要目标，包括以当前利润最大化为目标或以会展企业满意的利润为目标。

（2）销量目标，包括最大销量目标、保持或扩大市场占有率目标。

（3）生存目标，即以求得企业生存，在激烈的竞争中站稳脚跟为目标。

5）选择定价策略

定价策略是为了实现价格目标而制定的定价行动方针。定价策略的选择要从企业的实际出发，在全面了解各种影响因素的条件下，在确定定价方法的基础上，在价格目标的指导下进行。以价值为基础的定价策略主要是参照消费者需求的经济价值和他们对本企业产品的经济价值的认知来制定的，包括：①高价策略，价格高于大多数消费者认知的经济价值；②中价策略，价格与大多数消费者认知的经济价值相当；③低价策略，价格低于大多数消费者认知的经济价值。

6）制定产品价格

产品实际执行价格的确定，是实施价格目标和价格策略的结果，是在定价策略规定的范围内，在经过分析、判断、计算、比较而确定的一个既符合消费者期望又能使消费者获得经济价值满足的，并能使企业获得合理利润的具体价格。定价的方法有：

（1）以成本为中心的定价方法：

价格=成本+税金+利润

这种定价方法简便易行，如果这样计算出来的价格能被市场接受，企业就销售这种产品，否则，企业就放弃。但这种定价方法可能会使市场走俏的产品失去获取高额利润的机会。

（2）以竞争为中心的定价方法：

价格≤竞争产品价格

这种定价方法的特点是，企业并不重视价格与成本、价格与需求的必然联系，而是参照竞争对手的价格水平确定本企业产品的价格。企业用这种定价方法一般是为了维持或扩大市场占有率。常见的方法有：随行就市定价法、渗透定价法等。

（3）以需求为中心的定价方法：

价格=需求价格

会展企业主要从客户的角度出发考虑他们对价格的期望和接受程度，根据客户的反映和接受能力指定价格。采用这种定价方法要求企业要准确估计客户对产品的认知度和需求强度，并且针对不同的细分市场对产品的需求价格的差异确定不同的价格，包括需求认可价值定价法、需求差别定价法和需求心理定价法。

7）指导价格执行

企业应对价格执行情况进行跟踪调查，了解价格适应市场的情况。如果价格能够被市场接受，销售情况较好，则企业继续执行该价格；如果价格未被市场接受，或市场环境发生变化，原定价格已经不能适应市场变化，如竞争对手大幅度降价，则企业需要及时对价格水平进行调整。

8）调整产品价格

企业所确定的价格不可能是一成不变的。随着市场环境的变化，企业也应审时度势，对价格进行及时的调整，僵化的价格只会给企业带来巨大的经济损失。价格的调整有升有降，调整的时间有长有短，调整的幅度有大有小，调整的方法灵活多样，一切都要以市场价格为转移。

7.3.3 会展项目分销渠道策划

会展产品必须通过一定的方式和途径到达客户手中才能实现它的价值，会展产品从会展企业向最终客户直接或间接转移所经过的通道就是会展项目的分销渠道。它的起点是会展项目的主办、承办单位，终端是参展企业。一条有效、合适的分销渠道可以最大限度地做好售前、售中、售后服务，促进销售，降低营销成本，扩大销量，减少营销风险，提高企业利润水平，还可以及时准确反馈客户的信息，使企业产品开发更符合客户的需求愿望。

会展产品作为一种特殊的服务项目，它的分销渠道与其他的产品相比有自己的特点：①直接分销渠道多于间接分销渠道，在使用间接分销渠道时，其层级也很少。这主要是为了加强对销售的控制和获得更清晰的日常信息反馈。②会展分销渠道是一种短而窄的分销渠道。这是因为会展项目专业性强、费用较高。③会展项目的分销渠道是一种多通路的分销渠道。会展企业根据不同层次或地区参展企业的不同情况，采用不同的分销渠道，如在本地区采用直接渠道，对外地采用间接渠道，或同时采用长渠道和短渠道。

1）影响分销渠道设计的因素

会展企业在设计分销渠道时，应考虑如下因素：

（1）目标市场的特征。目标市场客户规模大小与分布状态、购买批量、购买频率、购买偏好等特征都会影响分销渠道的设计。当客户多、分布广、需求潜力大时，可考虑采用间接分销渠道；当顾客购买批量大、频率低、形式单一，购买较稳定时，可采用直接分销渠道。

（2）企业的特征。企业知名度高、美誉度好、规模大、财力雄厚、销售经验丰富、服务能力强，则可采用直接的广泛的市场销售活动，反之，则需依赖中间商或代理商进行分销。

（3）渠道成员的特征。企业追求的目标是最有效地使产品到达目标市场，企业在设计分销渠道时，应尽可能使消费者与中间商相匹配。

2）设计一个有效的分销渠道的原则

要使分销渠道有效运作，就要在选择渠道成员时遵循广覆盖、低成本、易于控制的原则，应尽可能做到以下几点：①该分销渠道具有市场辐射功能，能够不断扩大市场；②应尽可能具有稳定的产品流通功能；③应尽可能具有产品分销和服务配套功能；④必须具备低成本、高收益的特征。

3）组建分销渠道系统

（1）选择合适的会展分销渠道成员。可供会展企业选择的渠道成员类型包括专业媒体、协会和商会、从事代理招展业务的会展公司等。很多行业都有自己的专业报纸杂志，这些专业媒体对本行业比较了解，在本行业内的影响力使它们拥有一批客户。对渠道成员的经营实力和管理能力、信用水平进行考察，并且要明确渠道成员各自的责任。

（2）管理会展分销渠道成员。会展企业应建立完善的渠道管理制度，主要内容应包括：①与渠道成员保持和加强沟通；②正确处理与渠道成员的关系；③对渠道成员的工作业绩和努力状况进行定期评估；④根据渠道成员工作业绩进行激励，提高其销售积极性；⑤对某些经营不善、不严格执行合同或执行不力的渠道成员，及时进行调整和更新。

（3）调整会展分销渠道。会展企业在调整分销渠道时应该全面研究如下问题：原有渠道选择是否得当；渠道管理和渠道控制是否有力；经营效率低下的渠道有哪些；减少该渠道后可能产生的负面影响等。在深入分析上述问题后，权衡利弊得失再做决定。会展企业调整分销渠道的方式主要有三种方式：①增减会展分销渠道中的代理商；②增减某一会展渠道；③改变整个分销渠道。

7.3.4　会展促销策划

会展促销是会展企业通过各种营销宣传手段，向参展企业传递会展项目与服务的有关信息，以实现会展企业的有效沟通，从而影响参展企业的购买行为的行动。会展企业通过会展促销，可以传播会展企业的产品信息，让参展企业了解会展项目与服务的有关内容；可以刺激参展企业的需求，通过劝说和提示参展企业认购有关会展项目，达到扩大销售的目的；可以强化本企业的竞争优势，使参展企业意识到会展项目的特色和优势；可以在公众心目中树立良好的形象，为企业的长远发展创造有利条件。在进行会展项目策划时，选择促销策略要认真研究如下几个方面：促销目标、参展企业、本企业的竞争优势、成本效益、要素整合、可行性分析、效果的评估等。

会展的促销可以通过广告、人员促销、公共关系等方式进行。

1）会展促销的原则

会展企业在进行促销时，要注意会展行业服务的“生产和消费的无形性、多样性、不可储存性”的特点，制定促销的指导原则。

（1）创新原则。创新原则就是利用客户求新、求奇的心理制定促销措施，促销策划重在创意内容的新奇上，使其能引起消费者的心理共鸣，促销选用的工具也要能够烘托主题，使促销方案顺利进行。

（2）突出优势原则。突出优势原则就是利用促销活动突出会展项目的特色和优势，使与会客户对项目留下深刻印象，产生认购冲动。

（3）强化有形展示。强化有形展示是指会展企业要努力将客户看不见的各种无形服务用有形的形式展示出来，让这些服务看得见、摸得着，让客户切实感受到自己参加会展项目能获得的利益。例如，对于参展商，要告诉他们会有什么样的观众参加展览会，观众的人数多少等；对于观众，要实事求是地告诉他们参展企业的情况，在展览会上能看到什么样的展品等。

（4）注重宣传推广的持续性。注重宣传推广的持续性是指会展项目的推广要有连续性，对项目的主题、定位、优势、特点的宣传要始终如一，使其在客户的心目中留下深刻的印象。

（5）注重内部营销。注重内部营销是因为会展项目实际上就是给客户提供服务，这些服务要通过会展企业的员工来完成，会展企业的员工要明白应向客户提供哪些服务、如何提供服务，并且要努力提高服务质量。会展企业要让内部职工明白对客户的各种承诺，鼓励员工向客户提供高质量的服务来实现这些承诺。

2）会展广告促销策划

会展企业的广告策划对树立会展企业形象和品牌在消费者心目中的地位具有先声夺人、深入人心的作用。广告策划要根据企业营销策划的总体目标展开，要以是否达到企业营销策划的总体目标的要求作为衡量标准。

（1）广告媒体的选择。广告媒体的宣传对象是会展项目的目标客户群，所以在选择广告媒体时要了解目标客户接受各类媒体的特点。广告媒体可以分为：电子传播媒体，如电视、电脑、广播等；印刷传播媒体，包括报纸、杂志、图书、海报等；户外传播媒体，如重要指路牌、广告牌、霓虹灯、灯箱、旗帜、横幅、气球等。通常来说，消费性的会展项目，可以选择大众媒体，包括大众报刊、电视、电台，以及人流集中地的招贴、旗帜等；专业性的贸易展出项目，就要选择使用专业媒体，包括专业报刊、内部刊物、展览刊物等。不同媒体的优劣比较，见表7-1。

表7-1　不同媒体的优劣比较

广告媒体	优点	缺点
报纸	时效性强，较有弹性，对当地市场覆盖率高，可信度高，费用较低	延续时间短，广告表现力差，广告不易记住
杂志	声誉与可信度高，持续时间长，表现力强，易于被传阅，地区和人口选择强	广告周期长，发行量少，价格偏高
广播	覆盖面广，地区和人口选择性强，成本低，信息传播不受时间与地域限制，及时、灵活	缺乏视觉吸引力，表达不直观，听众记忆起来相对困难
电视	视听并存、图文并茂，富有感染力，传播范围广，速度快	费用高，时间短，观众选择性小，存在一定设计制作难度
直接邮寄	灵活性强，读者的专业性强，受时空限制少	针对性不强，限制创造性的表现，人员时间经济投入相对高，有时会引起收件人的反感
户外广告	灵活性强，可重复展示，成本低，醒目	针对性不强，限制创造性的表现，内容局限性大
网络广告	成本低，受时空限制少，读者的专业性强，地区覆盖面广	诚信度不高

（2）广告内容的策划。创意是广告策划的灵魂，广告为达到其预想的目的，发挥其功能，必须要有好的创意。好的创意要经过精心构思，要有效地表现广告主题，使创意渗透在广告策划的各个方面。好的广告创意一般具有三个特征：以广告主题为核心，以新颖独创为中心，以形象生动为特色。在广告内容制作上，要注意内容全面、简洁、清楚、准确，要有吸引力，并且要重质重量。

3）会展人员促销策划

会展人员促销是指企业的从业人员通过与目标客户的直接接触来推动项目销售的

促销方法。它具有双向信息沟通、促销方式灵活的特点，是会展企业一种重要的促销方式。它起到寻求客户、传递信息、扩大销售、提供服务、建立关系的作用。在现代市场经济环境下，促销人员在进行促销时应做到：明了客户的需求、满足客户的需求、开发和满足客户尚未认识的需求。

（1）明确会展促销任务，了解促销对象。这是人员促销策划的前提。首先，要明确客户需要什么样的会展项目，客户希望从这些项目中得到什么利益。其次，要明了客户的消费能力，考虑客户的分布状况，然后确定合适的促销方案，执行合理的促销活动方法。

（2）确定会展促销方案。会展促销方案有：①促销员对单个客户推销项目，即由促销员同客户面谈或通过电话与顾客交谈，促进交易。②促销员对采购小组推销项目。③促销小组对采购小组推销项目。④会议促销，即由促销员及其会展企业主管同客户通过会议沟通洽谈，讨论交易事宜。

（3）组织和培训促销队伍。促销人员的数量和质量对企业的促销效果有直接的关系。会展企业要根据实际情况确定专职或兼职人员的数量，在组织队伍时，可以按地区划分队伍，也可以按客户类别来组成销售队伍。在选择和培养促销人员时，要注重促销人员高效忠诚方面的素质潜能。会展企业应花费一定的时间对促销人员进行岗前培训，让促销人员了解公司的基本情况，熟悉会展项目的状况，了解本公司的顾客、促销技巧、促销程序和促销人员的职责。

（4）管理促销人员。会展企业应认真确定销售队伍要达到的期望目标。这些任务包括维持现有客户、找寻潜在客户、发展新客户、收集市场信息等。会展企业在促销人员的报酬方面要综合考虑其业绩、工龄、经验等因素，建立健全促销人员的管理机制和激励机制，发挥促销人员的积极性，扩大销量。

4）会展营业推广策划

会展营业推广策略是现代企业促销的主要策略之一，对加快产品销售、扩大市场份额具有十分重要的作用。营业推广，就是在营业中推广产品，即在销售现场开展促销活动。会展企业通过营业推广，能够有效地刺激客户的购买行为，在短期内达成交易；有效地影响、抵御和击败竞争者，加强与代理商的业务联系，激励销售人员的积极性。会展企业营业推广策划就是企业根据营销目标，在充分研究市场的基础上，针对不同的促销对象，在适当的时机，选择富有弹性、创造性和激励性的营业推广方式，制订有效的营业推广促销行动方案。

（1）会展营业推广策划的要求。营业推广要求做到：①针对不同的促销对象，在不同市场背景下，策划出不同的营业推广行动方案。②策划方案要对促销对象具有强烈的冲击力，能使其产生购买的欲望。③营业推广策划在促销方式的选择和创造、方案实施地点和时间等方面要不断创新，给促销对象以新、奇、特的感受和刺激。

（2）选择会展营业推广的方式。会展营业推广常用的方式有：①免费营业推广，指客户免费获得会展企业赠送的某种特定物品或利益。②优惠营业推广，指会展企业以低于正常水平价格，使客户购买到特定的会展项目或利益，如打折券、折扣优惠等。③竞赛营业推广，指会展企业事先控制好促销预算，通过举办竞赛、抽奖等推广活动，给与会企业、代理商和促销人员赢得奖金的机会。④节庆事件营业推广，即利用节日或某一事件进行推广活动，使自己成为大众关心的话题，吸引媒体的报道和客户的参与，提升企业的形象。⑤会员制营业推广，是由参加某一会展项目的人们组成一个协会，加入协会的条件是交一笔小数额会费，成为会员后，可在一定的时期内享受有折扣的优先服务的经营方式。

（3）制订营业推广方案。在选定营业推广方式之后，策划者需要继续策划行动方案，将有关内容具体化。其具体包括：实施营业推广的起始时间、持续时间；实施营业推广的销售网点或销售区域；参与行动的各方人员；实施该项活动的费用预算等。

（4）评估营业推广效果。对企业策划和实施的营业推广活动的实效进行事后评估也是策划的不可缺少的环节。认真总结每一次营业推广活动的成败得失，为今后的策划提供宝贵的经验。

5）会展公关促销策划

会展公关促销是指通过宣传、客户互动和媒体对目标客户群传达对会展项目有促销作用的信息，树立会展企业的形象，增强公众的好感和信任，从而乐于接受企业的产品或服务。会展企业的公关活动主要包括：

（1）会议。会议包括报告会、研讨会、交流会、说明会、讲座等。在展览会期间举办会议是很普遍的做法，会议和展览是相互配合的活动。会议最好邀请当地行业协会、工商会、研究会等机构参加，以便提高号召力，吸引更多有影响的人士出席，会展企业可以通过这些与会人士扩大影响。

（2）社会交往。会展企业通过扩大和社会有关方面的交往来扩大会展项目的影响，如组织联谊会、进行行业研究、对有关方面进行策略性的拜访等，通过扩大社会交往与各方建立长期稳定的关系。

（3）制造新闻。会展企业通过新闻发布会、任务专访、记事特写、新闻报道等形式进行新闻宣传，创造或设计关于本展览会、参展产品乃至志愿者题材的各种新闻，利用新闻效果达到扩大会展项目知名度的目的。

（4）公众演说。会展项目负责人或策划人员可以利用在销售会或新闻发布会发表演讲的机会，塑造会展项目的形象。

（5）公益活动。会展企业通过资助慈善事业赢得声誉，如为会展场馆所在社区改进生活设施、捐助希望工程等，赢得人们的好感，提高会展企业的形象。

7.4 招展策划

招展就是会展企业（办展机构）招揽有需求和意向的参展企业参加展览会的展出的活动。招展策划就是对招展活动方案进行的策划，是展览会整体策划中最基础的工作和最重要的环节之一。会展企业的招展活动主要包括：展区展位的划分及招展项目说明、进行招展分工和选择合适的招展代理、进行招展宣传推广、编制招展预算和制订招展进度计划。

7.4.1　展区展位的划分及招展项目说明

1）展区展位的划分

展位是参展企业展示其产品或服务的地域空间范围。合理地划分展区和展位可以提高参展商的展出效果，提高展览会现场服务和管理质量水平，吸引目标观众到会参观，提高展位出租率和会展企业的盈利能力。展区和展位是在展览会进行招展之前就已经划分好的，展位包括标准展位和特装展位，参展商可以自由选择。在进行展区和展位的划分时，应遵循如下基本原则：①按专业题材划分展区；②便于观众参观；③有利于提高参展商的展出效果；④有利于提高展览会的档次；⑤有利于展览会现场管理和现场服务。

2）招展项目说明

会展企业要将展览会的信息传递给参展商，让其了解展览会的情况，引起其参与展览会的兴趣。招展项目通常以招展函的形式进行项目说明。在编制招展函时要遵循“内容全面准确、简单适用、美观大方、便于邮寄和携带”的原则。招展函一般包括五个方面的内容：①展览会的基本内容，包括展览会的名称、标识、展览会举办时间和地点、办展机构名单、办展起因和办展目标、展览会特色、展品范围和价格；②市场状况介绍，即结合展览会展览题材所在行业以及地区市场的状况进行简要介绍；③展览会招商和宣传推广计划，包括展览会招商计划、宣传推广计划、相关活动计划、展览会服务项目；④参展办法，包括如何办理参展手续、付款方式、参展申请表和办展机构的联系方法等；⑤各种图案说明，包括展览馆、展区周边地区交通图、往届展览会图片。

7.4.2　寻找目标参展商及观众

招展就是要招揽到目标参展商前来参加展览会。招展工作的第一步是通过广泛收集目标参展商的信息，建立完整适用的目标参展商数据库。

1）收集目标参展商信息

收集目标参展商的信息，除了要收集他们的名称、地址、联系电话、传真、E-mail、网址、联系人等基本信息外，还要收集他们生产的产品种类、目标市场、企业规模等信息，并从宏观上对这些信息加以分析和把握，分析该行业的结构状况、企业的地区分布，了解行业的市场特点。目标参展商的有关信息可以通过以下方法来收集：

（1）通过企业名录收集；

（2）通过商会和行业协会收集；

（3）通过政府主管部门收集；

（4）通过同类展览会收集；

（5）通过专业报刊收集；

（6）通过外国驻华机构收集；

（7）通过专业网站收集；

（8）通过电话黄页收集。

2）建立目标参展商数据库的原则

目标参展商数据库是将所有目标参展商的有关信息按照一定的规则建立数据库，它是招展工作中目标客户信息的重要来源。建立目标数据库应遵循的原则有：①数据库信息必须真实可靠；②数据库分类要科学合理，便于查找和检索；③数据库可以及时修改。

7.4.3 做好招展分工和选择合适的招展代理

展览会的招展分工包括招展单位分工安排、本单位内招展人员分工安排、招展地区分工安排。

1）招展分工

当展览会是由几个单位共同来负责招展时，必须明确各招展单位之间的分工，制定各招展单位必须共同遵守的招展原则，划定各招展单位的计划招展的面积、各单位负责的招展地区，规定展位费的收取办法。招展单位之间的分工必须合理、协调和可操作，兼顾各方面的利益，以积极调动各单位的招展积极性，保持彼此之间信息畅通，避免几家招展单位同时争抢同一个目标参展商或招展单位而导致竞相压价。在进行招展分工时，要考虑到各招展单位的招展实力，充分发挥各单位的优势。

在招展单位内部，也要对招展人员进行合理分工安排，明确各招展人员负责的地区范围，分配重点目标客户的名单，制定各招展人员的信息沟通和工作协调的办法和统一安排展位的措施，避免招展人员之间招展任务不明确、跟进措施不力、彼此之间信息不畅通的现象。

2）选择招展代理

招展代理有四种形式：独家代理、排他代理、一般代理和承包代理。公司、相关协会和商会、有关媒体、外国驻华使馆商务处、驻外贸易代表处等都可能成为招展代理。为保证招展代理的资质可靠，会展企业在指定某一机构为代理前必须对其进行资质考察，只有符合条件的才能被正式确定为代理。对于不同的展览会、不同的代理形式应制定不同的代理期限：对于独家代理和排他代理，刚开始时不应将期限定得过长，可先试用一届（年），再视业绩确定是否续约。对于一般代理，代理期限一般是一届（年），期满后视情况再决定是否继续或向独家代理与排他代理转变。对于承包代理，代理期限一般是一届（年），期满后视情况再决定是否继续聘用。对于那些业绩稳定、信誉良好的代理商，可以与其建立长期的代理关系。

聘用代理商要明确他们的权利与职责，并做好代理商的管理工作。在对代理商进行管理时，应做好：①制定定期书面报告制度，要求代理商必须定期汇报招展情况、意见、建议、市场分析等；②做好参展价格的控制，防止招展价格混乱；③做好代理风险的防范工作，包括多头对外的风险、代理商欺骗客户的风险、损坏办展机构的声誉和形象的风险、收款和展位混乱的风险、展位临期空缺的风险等。

7.4.4 进行招展宣传推广

招展宣传推广是为了促进展览会更好的招展而有目的、有针对性地举行的一些宣传推广活动，这些宣传推广活动是围绕着展览会招展的基本策略和目标而制定的，有很强的协调配合性。

制定招展宣传推广的策略时应考虑：宣传推广的出发点、主题、亮点，如何突出展览会的个性化特色，如何从客户出发，处处体现出客户利益。

招展宣传推广的渠道可以根据实际招展工作的需要，选择如下方式：召开新闻发布会，在专业和大众期刊杂志上做广告，向有关人员直接邮寄展览会资料，在国内外同类展览会上宣传推广，在网上宣传推广，通过有关协会和商会宣传推广，利用外国驻华机构和我国驻外机构进行宣传推广等。

招展宣传推广在时间和地域的分布和安排上要注意与实际招展工作紧密配合，并且要走在实际招展工作的前面，为招展工作造势、造知名度，宣传推广在时间上要连贯，要有统一的理念和策略做指导，在地域上要因地制宜，但又不彼此冲突。

【小思考 7-2】

问：客户对我公司的展览会有好感，如何加强对方的意向？

答：①介绍我公司展览会的优势；②介绍我公司展览会的宣传力度（重点是针对对方产品，我们将采取的买家组织方式）；③介绍我公司展览会的筹备和进展情况（重点是有哪些与对方有关的企业已经报名参加）；④提醒对方报名越早，在组委会对外宣传和展位选择等方面越有利。

7.4.5 编制招展预算

招展预算是为保证招展各项工作的顺利进行而做的费用支出预算。它是在各招展工作筹划基本已定的基础上，对展览会招展可能需要的费用支出做出的整体安排和具体支出计划。招展预算的编制应从招展工作的实际需要出发，本着统筹安排、合理利用的原则，实事求是地编制。

展览会的直接招展费用主要包括：

（1）招展人员的费用；

（2）招展宣传推广费用；

（3）代理费用；

（4）招展资料的编制和邮寄费用；

（5）招展公关费用；

（6）其他不可预见费用。

招展预算要编制得细致，费用支出要合理，要本着节约的原则，严格控制展览会的招展成本，防止招展费用的失控。招展预算的费用支出要注意时间安排上与实际需要相配合，不能出现开始时费用充足而最后费用不足，或者在开始不愿支出而最后拼命追加费用支出等不良现象。

7.4.6 制订招展进度计划

招展工作开始实施之前，应对招展工作及其要达到的效果进行统筹规划，事先安排好什么时候应该开展什么样的招展活动，采取什么样的招展措施、到什么阶段招展工作要达到什么效果，完成什么样的任务。制定了招展进度安排，就可以对展览会招展工作进行总体控制和监督，及时对照检查，发现问题，调整策略，使招展工作能更顺利地完成，从而保证展览会的成功举办。

【知识链接7-4】

在实际操作中，刚创立的新展览会项目的招展进度计划一般是：在展览会开幕前12个月就要开始招展工作，举行有针对性的招展宣传推广活动，使行业内企业对该展览会有一定认知；在展览会开幕前9个月，招展营业推广活动大规模实施，招展宣传活动转为对招展活动的直接支持性宣传，招展工作有一定的实际效果；在展览会开幕前6个月，重点客户拜访工作基本结束，招展宣传推广活动范围缩小，目标更明确，展览会招展任务完成大半；在展览会开幕前3个月，展览会招展任务基本完成，招展工作转为落实和巩固前期招展成果，实施各种客户跟踪服务，为展览会顺利开幕做准备。

资料来源 华谦生.会展策划与营销［M］.广州：广东经济出版社，2004.

招展进度计划一旦制定，就要按计划将招展工作一步步展开，努力按计划完成每阶段的招展任务。当然，如果具体情况发生变化，招展进度计划也可以进行局部的调整以适应新情况的需要。但一般来说，如果不是该计划本身制订得不合理，招展进度计划一般不要做过多的调整，否则，招展工作进度将会受到很大影响。

【情景模拟7-1】

场景： 企业将要举办一次服装展销会，请针对不同的促销对象，策划出不同的营业推广行动方案。

操作：

（1）由个人自主负责，开展方案的构思和设计。

（2）根据本章所学知识设计行动方案，把方案制作成PPT。

（3）在课堂上陈述方案，并接受老师和同学们的提问。

（4）教师对各项目组的方案进行点评。

知识掌握

1．会展企业如何进行目标市场定位？

2．试述会展营销战略策划的内容。

3．试述会展营销战术策划有哪些。

4．简述会展营销策划的基本程序。

5．如何进行招展推广宣传活动？

知识应用

□ 案例分析

第×届花卉博览会招展工作方案

一、第×届花卉博览会（以下简称“花博会”）招展工作的主要内容

“花博会”组委会以花卉为载体，采取招展与自筹，花展与商贸相结合的市场运作方式，为国内外花卉园艺界提供展示最新成果、实现花贸合作与交流的机会，促进花卉事业的进一步发展。本届花博会将面向国内外花卉园艺生产经销企业、花卉组织、全国各地园林部门、旅游单位、全国各大名优企业、园艺爱好者等招展，展示大型花卉造型、花坛、花境、室内外植物展览、盆景、插花、奇花异果、花鸟鱼虫、观赏石、园林产品及园林机具等内容。同时还将组织花卉贸易、花卉科普、花艺大赛、文艺演出、花饰表演、家庭养花咨询、学术交流等活动。

二、“花博会”招展目标

“花博会”招展目标是：通过高质量的招商招展，吸引50个以上的国家和地区、200个以上的境内外展团、2 000家以上的花卉企业参加“花博会”，使“花博会”交易额达10亿元。

三、“花博会”招展面临的有利条件和不利条件

（一）有利条件：

1．“花博会”的影响逐步扩大。四年一届的中国花卉博览会是全国A级花卉展览，是我国规模最大、档次最高、影响最大的国家级花事盛会，被誉为花卉界的“奥林匹克”，分别在华东、华北、华南地区举办的花博会一届比一届办得好，一届比一届影响深远，“花博会”较强的影响力和吸引力以及良好的发展趋势为各参展商家提供了良好的发展机遇，本届“花博会”必将引起各花卉组织和企业的高度关注。

2．“花博会”有高规格的组织体系。花博会作为中国花卉协会（以下简称中国花协）亲自主抓的一项花卉博览和交易大会，有高规格的组织体系，林业部、农业部等九部委将联合下文促使各省市区组队参展，九部委和四川省、成都市的主要领导将出任组委会的领导，省、市各相关部门的负责人为执委会领导，中国花协还将利用自己广泛的联系邀请境外花卉组织和团体参展，这为“花博会”的招展工作提供了坚实的组织保障。

3．西部花卉市场前景诱人。西部自然资源丰富，花卉在全国业界地位十分重要，不仅是花卉生产的重要基地，也是一个巨大的花卉消费市场。举办地也是全国花卉消费大省，其省会是全国三大花卉批发集散地之一，年花卉消费量名列全国第三。随着城市化进程及城镇化建设的加快，花卉苗木的市场需求还将进一步扩大，“花博会”是各花卉企业抢占西部花卉市场的前沿阵地。

4．举办地给予的政策优惠。举办地政府提供2 000万元用于为各省市区花协提供各种优惠、补贴、奖励，为每个省市区花协提供50万元的参展基本补助和10万元的组织奖，并将为每个展团成立“一对一”服务组，从交通运输、施工布展到展览期间提供全方位、全过程、全天候的个性化服务。这必将提高各省市花协和花卉企业的参展积极性。

（二）不利条件：

1．“花博会”的影响有限。“花博会”属于正在成长的过程中，在全国的知名度和影响力不是很高，这为招展工作增加了一定的难度。

2．招展时间紧，任务重。招展工作的时间只有2年多的时间，而在这有限的时间内，要完成数十个国家和地区、上百个境内外展团、上千家花卉企业的招展，任务相当繁重。

3．交通不便。“花博会”举办地处于西部地区，参展企业的交通运输、施工布展和交易都有诸多不便，这为招展工作带来了难度。

4．招展经验不足。作为第一次在西部地区召开的“花博会”，举办地的招展经验特别是国外招展经验相对较少，制约了招展工作的顺利开展。

四、“花博会”招展工作的重点及方式

（一）招展工作重点

以花博会现有的影响力和吸引力，根据对以往“花博会”招展情况的分析，“花博会”招展工作的重点是国内招展。拟成立专门的招展工作机构，确定负责人和工作人员，并完成招展工作方案和优惠政策的制订。国外招展主要是充分利用中国花协和国外知名展览公司的力量进行招展。

（二）招展方式

1．借助中国花协招展。借助中国花协的力量，加强与境外花卉团体、组织建立工作联系，加大境外（特别是对荷兰、美国等花卉业发达国家）招展力度，力争把“花博会”办成历届境外展团和境外参展企业最多的花事盛会。

2．借助各省、市、区花卉协会招展。充分发挥各省、市、区花卉协会在国内招展中的组织者和领导者的作用，充分调动其积极性，吸引更多的花卉企业前来参展，把“花博会”办成国内花卉界的大聚会。

3．借助新闻媒体招展。在报纸、电视台、电台、“在线花博会”网站等新闻媒体上发布举办博览会的广告，公布吸引招商招展的有关优惠政策，加强与《中国花卉报》等花卉界龙头媒体的招商合作，积极在网上开展招商引资工作。在国外一些报纸、杂志等新闻媒体上刊登广告、利用花卉世界网络系统进行招商。

4．主动招展。邀请各国驻华使领馆、国际展览局、国际园艺生产者协会、国外有关贸易协会和大公司、大集团前来参观考察，积极组织外出重点招展活动，并以组委会的名义邀请其参展。派驻招商小分队，直接到相关国家与当地政府、专业协会、商会联络接洽或组织当地大型花卉企业举办座谈会。积极组队参加国内外大型花卉展，宣传“花博会”，邀请感兴趣的企业前来参展。发挥中介机构的作用，与国外知名展览公司签订合作协议，尽可能多地吸引国外企业参展。

5.以企招展。加强与国内外知名花卉企业的联系，邀请他们前来考察、洽谈，以良好的环境、优惠的政策、丰厚的回报来促使他们组团参展。同时，加强对本市重点花卉企业的扶持力度，充分发挥其影响力大，说服力强的优势，借助他们宣传“花博会”，介绍企业参展。

五、“花博会”招展工作的计划步骤

招展分四个阶段实施：

1.第一年9月至12月，启动阶段。成立招商招展组，制订招商招展计划与目标，印制招商招展资料；组委会成立后，在北京召开新闻发布会和招商招展新闻推介会，向外正式推出招商招展项目。

2.第二年1月至12月，推进阶段。通过各种招商招展方式，面向国内外开展招商招展工作，在美国加州、日本东京、荷兰阿姆斯特丹等国外花卉业发达地区召开新闻发布会，开展活动周，举办各种招展推介会，并邀请国内外有一定影响的花卉企业、协会、个人和各国驻华使领馆来本市考察，对“花博会”进行全方位招展。

3.第三年1月至6月，攻坚阶段。向招商招展对象发出邀请，重点对有意参展的企业、组织进行公关，促使其下定参展决心。

4.第三年7月至9月，汇总阶段。对确定来参展的企业、协会、团体等进行汇总和最后的落实，对展位使用进行统筹安排。同时对还在犹豫的企业、协会、团体等进行最后公关。

资料来源 佚名.花卉博览会总体策划方案［EB/OL］.［2012-05-19］.http://www.shszc.com/wenmizhishi/chunxiaofangan/22888.html.

问题：结合案例，试分析招展工作的重点包括哪些方面？

分析提示：招展工作是展览会举办成功的关键，招展应围绕企业举行展览会的目标进行策划和安排，如何吸引参展商前来参展是招展工作的重中之重。

□ 实践训练

一家经营家具展览的会展公司计划在明年9月份举办一次家具展，请为这家公司草拟一份营销策划方案。

第8章 会展项目管理策划

学习目标

在学习完本章之后，你应该能够：

了解会展物流的重要性；

明确会展沟通管理的重要性；

熟悉会展危机管理的方法；

掌握会展服务的主要内容。

【引例】

2016丝博会暨第20届西洽会参展须知

一、大会参展布展时间

西安曲江国际会展中心、西安绿地笔克国际会展中心展览会时间安排：

布展：2016年5月9至11日　8：30-18：30

2016年5月12日　8：30-11：30

封馆：2016年5月12日　12：00

展期：2016年5月13至17日　9：00-17：00

撤展：2016年5月18日　8：30-18：30

2016年5月13日工作人员和参展商8：00进馆。

2016年5月14日至17日，工作人员和参展商8：30进馆；16：30开始清馆，17：00闭馆。

二、展位申购程序

2016丝博会暨第20届西洽会的消费品版块、信息与高新技术产业板块、装备制造产业版块展位按照光地和标准展位分别申购，在筹备会展位分配会议上实行抽签排序方式进行，各代表团在填报《展位申购表》后，采取抽签形式，确定申购展位的顺序，选择申购光地和标准展位，具体程序如下：

填报《展位申购表》——抽签确定申购展位顺序——划定光地或标准展位位置——签字认可。

三、参展要求

（一）团体参展和单独参展的企业，必须三证齐全（营业执照、企业代码证、税务登记证），展品符合《中华人民共和国产品质量法》和《中华人民共和国知识产权法》，以及大会各展馆的相关规定，严禁侵犯知识产权和假冒伪劣商品参展。

（二）各组展单位须签订《组展单位责任书》，负责所组织企业必须符合所在版块的展览展示要求，并确保所组织的企业资质、展品符合大会要求；单独参展企业须签订《参展合同书》，自觉遵守大会各项规定。

（三）各组展单位于5月1日前将参展企业资料汇总表上传至指定网络平台（www.onlinew.com.cn），企业资质经执委会审核、核发证件及现场二次复核等程序予以确认，确保参展企业资质符合大会内容及要求。

（四）各组展单位须指定现场值守安全员，负责展览会期间本展区的现场管理，各参展企业要自觉规范参展行为，不得提前撤展，严禁转租倒卖展位，违者严格按照大会有关规定及所签合同协议，查封展位，清理出馆，并对当事人追责处理。

四、布展要求

（一）各组展单位须签订2016丝博会暨第20届西洽会《参展单位安全消防责任书》，并按相关规定办理入场手续后，方可入馆布展。

（二）要严格遵守《消防法》《治安管理处罚法》等国家法规以及大会有关规定，落实安全施工责任制，全面加强安全管理，接受安保部门的指导管理，确保安全施工。

（三）各代表团申购的光地须统一集中布展，光地展区内将不提供搭建标准展位服务；各代表团必须严格按照规定的特装施工限高和通道标准进行搭建施工，布展材质要符合安全和环保要求，特装生根安全牢固，各区域和展区之间不得出现边界堵塞和封闭现象。

五、大会证件和现场管理

（一）严格执行执委会《证件管理办法》各项规定（另行通知），加强证件管理。大会所有有效证件由执委会办公室统一制作、统一办理，其他证件一律无效。要按照规定的程序和要求，进行证件的申领、办理、发放、使用和回收。禁止私自制作、发放、转让、出售和倒卖证件，违者依法依规查处追责。

（二）全面加强展览会现场管理。切实落实以下环节的管理：

1.实行人货分进。西安曲江国际会展中心会场人员入口不得携带展品进入，展品按有关规定由东南门专设的展品通道进入。布展期间，布展车辆及展品均由东南门入馆；展览会期间，展品只出不进，特殊情况需要增补展品的参展单位需提前一天填写《展品进馆申请表》，经组展单位现场值守安全员签字确认和所在展馆现场管理组组长审核同意后，到现场总值班室（B4馆二层）办理入馆手续，次日10：00前持入馆手续、本人参展商证和身份证由东四门进入，持其他证件者不得携带各类展品进入展馆。

2.强化会期安检。西安曲江国际会展中心会场自布展首日起即实行双重安检。布展期间，分别对进馆的施工人员、证件和布展材料、展品进行双重安检，展品不符合所属版块要求的严禁入馆。展览会期间，大门设立外围首次安检、人像采集系统，对入场人员、证件进行人像采集、验证，对所带展品进行安检；各展馆入口设立二次安检，对入馆人员票证再次核检。

3.确保封馆时间。西安曲江国际会展中心会场5月12日12时准时封馆安检。各参展单位要提前做好布展施工的各项准备工作，按时间按进度准时完成布展施工任务，严格遵守大会规定的封馆时间，凡未按规定时间完成布展施工的参展单位，均清理出馆，确保封馆后的安检工作顺利进行。

4.加强现场巡查。执委会对展览现场采取定时、不定时巡查清理；各代表团、组展单位要指定一名现场值守安全员，加强本展区自查自清，及时疏导人流，防止踩踏事故，保证展品及参会人员、财产的安全，并配合现场巡查人员对所辖区域进行检查，及时处置现场突发事件。

展览中如出现违反安全管理有关规定，以及销售侵犯知识产权和假冒伪劣商品、转租展位、倒卖展位、小商贩在本展区内摆摊设点等问题，而现场值守安全员未履行职责，执委会将对有关展区通报批评。

5.加强责任制管理。会期由执委会、安保、工商、质检、海关、卫生防疫、展馆等部门，组成现场管理服务机构，实行责任制，落实各环节的分工和责任，细化管理和服务，及时协调解决参展单位出现的问题，为参展企业提供热情周到的服务工作。

（三）加强各会场的现场管理。绿色生态产业板块、丝绸之路旅游文化展、丝绸之路商品贸易展、科技成果交易展和农特产品交易展，在大会执委会统一督导下分别制订相关方案，严格实施，确保参展安全和秩序。

资料来源　佚名.2016丝博会暨第20届西洽会参展须知[EB/OL].[2016-04-19].http://www.xbhz.net/common.aspx?typeid=21.

这一案例表明：展览会的组织者对展览现场的管理非常重视，要求参展商严格按照参展须知中的各项规定执行。展览组织者能否有效控制管理展览现场，处理各种突发事件是展览会能否成功举行的重要影响因素。

● 8.1　会展服务与展览现场管理策划

8.1.1　会展服务的概念和特征

我国的会展业在飞速发展，每年都有各种主题、成千上万的展览会在举行，如何让本企业的展览会成为众多展览会中的品牌展览会、知名展览会是每一个展览会策划人员都在思考的问题。优质的展览会服务正日益成为展览会之间竞争最为锐利的武器之一，展览会服务能够提高参展商和专业观众的满意度，它已经渗透到展览会的方方面面，成为展览会的重要组成部分。

1）会展服务的概念

会展服务是指贯穿展览会举办前后、为参展商或专业观众提供的便于展览会顺利进行的各项活动总和，一般包括展具租赁、展台搭建、交通物流、鲜花植物、宾馆酒店、旅游娱乐、翻译订票、传真复印等内容。

2）会展服务的特征

会展作为一种社会经济活动从性质上来看其属于服务业，会展服务在具有服务性产品一般特征的同时还具有其独有的区别性特征，这些特征直接影响着会展服务的内涵和特征。会展服务主要具有以下几个基本特征：

（1）无形性。从广义上说，会展服务本身即是会展产品。有“现代营销学之父”美誉的菲利普·科特勒给产品下的定义为：产品是指能够提供给市场从而引起人们注意，供人取得使用或消费，并能够满足某种欲望或需要的任何东西。产品不仅仅包括有形商品，还包括服务、人员、地方、组织、构思或者这些实体的组合。有形商品包括产品实体和随同产品所提供的各种服务；服务属于无形商品，服务的无形性是指服务在被购买之前是看不见、尝不到、摸不着、听不到也闻不出来的。会展服务本质上是抽象的、无形的，在很多时候参展商和专业观众对会展服务只能通过感觉感受而不能像触摸实际物品那样触摸得到。参展商和观众只有真正购买了会展产品、消费了会展产品才能感受到会展服务的优劣，因此很难准确地控制和测量服务质量的好坏。目前对于会展服务品质我们可以通过合理的员工绩效考核、科学的服务质量评估来管理，也可以通过有计划的企业内训提升员工的服务意识，特别是针对性极强的岗位技能培训，是保障会展服务品质的有效管理工具。近年来，我国的会展场馆都特别注重企业内训。例如，广州“琶洲”新馆落成之前就开始有计划地对员工进行上岗培训，顺利地完成了“广交会”分期举办任务。会展服务过程中人为因素控制难度大，作为展览会组织者应多关心员工的工作满意度，营造“以人为本”的工作环境。为员工创造一个良好的工作环境，有利于提高员工的服务热情和服务能力。

（2）差异性。服务是以人为中心的活动，是由人提供的一种行为或表现，由于服务操作人员的服务经验不同，各人的素质、修养和技术水平存在差异。另外由于接受服务的对象在对服务的期望值、以前所接受服务的经验、自身的素质等各方面也存在不同，因此他们对服务的感受程度也会存在差异。作为展览会策划者要能认真分析参展商和观众的不同消费心理，提供差异化和个性化服务，同时对会展服务要勇于创新，在保持服务品质的基础上不断加入新理念。

（3）不可分割性。有形的工业品或消费品在从生产、流通到最终消费的过程中，往往要经过一系列的中间环节，生产与消费的过程具有一定的时间间隔。而会展服务产品则与之不同，它具有不可分割性，即会展服务的生产过程与消费过程同时进行，也就是说会展服务人员提供服务给顾客时，也正是顾客消费服务的时刻，二者在时间上不可分离。由于会展服务本身不是一个具体的物品，而是一系列的活动，所以在服务的过程中消费者和生产者必须直接发生联系，从而生产的过程也就是消费的过程。服务的这种特性表明，顾客只有而且必须加入到服务的生产过程中才能最终消费到、享受到这种服务。

会展服务的不可分割性能促使展览会更好地控制服务质量、缩短服务流程、精简服务渠道，更多地采用直接供给的方式提供服务；大量客户能亲自参与服务流程，有利于展览会和客户直接交流，信息对等，并建立密切的联系。同时，会展服务的不可分割性也对会展服务提出了巨大的挑战，由于会展服务人员只能提供一对一的服务，当参展商或专业观众人数较多时（如开幕式），就会出现因人手不够而造成混乱的情况。从另一方面来看，服务质量的好坏并不完全取决于服务人员的现场服务，还有赖于展览会所有相关服务人员及部门的配合和协调，如果部门之间的分工不合理、配合不协调，现场的服务人员提供的现场服务再好也达不到理想的效果。因此展览会的组办者要明确分工，强调配合。

（4）不可储存性。服务产品的不可感知形态以及服务的生产与消费同时进行，使得会展服务不可能像有形的消费品和工业品一样被储存起来，在展览会需求高峰期的时候出售；而且消费者在大多数情况下，亦不能将服务携带回家安放；当参展商对某项展览会服务不满意时也无法像一般物品一样要求退货。因此，不可储存性的特征要求会展服务企业必须重视展览会服务时间和空间的布局，尽量避免出现闲忙不均、淡旺季节区分明显的情况，要充分考虑如何解决服务供求不平衡所导致的各种矛盾。

8.1.2 展览现场管理的概念和主要内容

1）展览现场管理的概念

从生产流程来看，展览现场是产品服务、招展等有形和无形成果的总和；从展览要素来看，展览现场是人流、展品流、信息流总和的载体和平台；从展览的直观形态来看，展览现场就是展览，没有展览现场展览也就不存在，展览所具有的无形要素、功能、品质都被整合于展览现场的有形之中。

展览现场管理则是指展览会从布展开始，包括展览会展览期间到最后展览会闭幕这一段时间对展览会布展、展览和撤展等事务的组织管理，是对展览举办过程的全程监控、协调，使得展览会按照预定目标顺利进行。

【知识链接8-1】

第12届中国-东盟博览会展览现场管理规定

一、展位及场地管理

（一）展位规格及配备的具体内容。

标准展位：面积为9㎡（3m×3m）/个，含公司中英文楣板、三面围板（过道转角展位有两面围板及两块楣板）、洽谈桌1张、椅子2张、射灯2盏、500W单相插座一个、纸篓一个，铺设地毯。

光地展位：不含任何配置。

（二）展位管理的具体内容。

1.东博会展位仅供通过审核的参展单位使用。参展企业名称须与《展位确认书》及楣板名称相符。凡在展位使用中出现下列情况的，均予以取消参展资格：

（1）以联营名义将展位转给联营单位使用；

（2）以供货或协作名义将展位转给供货、协作单位使用；

（3）以非参展单位（指未经资格审查、复核和备案的单位）名义对外签约；

（4）以借用名义将展位转给（借给）其他单位使用；

（5）未经许可擅自对调、对换展位；

（6）向供货、联营、协作等单位高价收取参展费用；

（7）其他违规转让或转租（卖）展位的行为。

总公司或集团公司（以下统称总公司）直属子公司可以总公司名义参展（即以总公司名义办理资格审查、复核和备案）并使用总公司的展位，此情况不视为违规。

2.参展企业须携带《展位确认书》原件及企业营业执照（复印件）等资格证明材料参展，积极配合现场管理人员查验。

（三）展品管理的相关要求。

1.展品须与《展位确认书》中确认的展品一致，如出现展品不符，视情节轻重予以处罚，情节严重者，即取消参展资格。

2.参展商及其他参会人员不准占用公共场所摆放展样品及其他物品。对展位以外摆放的各类展样品和物品，由相关执法部门予以暂扣。经产品质量监督部门检验核实合格的产品予以退还，凡核实属假冒伪劣产品由工商部门予以销毁。在对违规摆放的物品处理中造成的任何损失和产生的费用由物主承担。

3.请参展商按时进馆和离馆，自行提高安全防范意识，并采取有效的保护措施，妥善保管好展样品和个人随身物品。东博会秘书处对每个专题展厅都安排保安24小时值班，但对展品丢失或损坏不负责任。

（四）未经允许，不准利用公共场地搭建广告牌。

（五）凡违反上述规定的，东博会秘书处视情况予以警告、暂扣、没收违规展样品，查封展位，取消参展参会资格。

（六）对违反中国法律法规的企业或个人，东博会秘书处将移送相关执法部门处理。

二、进出馆管理

（一）所有人员凭有效证件进出展馆。

（二）参展商须提前向东博会秘书处招展部门申报展品名称和数量，根据《展位确认书》确定的参展展品，如有变动和调整，请参展商于2015年9月5日前向东博会秘书处重新申报确认。

（三）展品进入展馆必须由安检人员根据《展位确认书》确定的展品名称及数量进行查验，查验不合格的物品一律不准进入展馆。

（四）展品须于布展期间送达展位，正式展览期间，不准进入展馆。

（五）参展商须遵守东博会有关撤展规定，不准提前撤展。

三、现场销售管理

除东盟国家不复运出境的展品经东博会秘书处同意可现场销售外，其余参展商一律不准在现场销售展品，违者予以暂扣。

四、知识产权保护

（一）严禁参展商展示或出售假冒商品、侵犯他人商标和专利等违反知识产权的行为。

（二）关于知识产权保护的相关处理办法。

1.根据中国商务部等部门联合发布的《展览会知识产权保护办法》的规定，知识产权管理部门在东博会现场设点提供知识产权保护方面的服务，并受理相关投诉，经确认如涉嫌侵犯知识产权的参展商将被取消参展资格。

2.知识产权权利人投诉时须提交以下材料：

（1）合法有效的知识产权权属证明：涉及专利的，应当提交专利证书、专利公告文本、专利权人的身份证明、专利法律状态证明；涉及商标的，应当提交商标注册证明文件，并由投诉人签章确认，商标权利人身份证明；涉及著作权的，应当提交著作权权利证明、著作权人身份证明；

（2）涉嫌侵权当事人的基本信息；

（3）涉嫌侵权的理由和证据；

（4）委托代理人投诉的，应提交授权委托书。

五、消费者权益保护

（一）严禁参展商及其他与会人员展示或出售伪劣产品。

（二）关于水费者权益保护的相关处理办法。

1.工商管理部门在东博会现场设点提供消费者权益保护方面的服务。

2.根据《中华人民共和国产品质量法》的相关规定，产品质量监督管理部门东博会现场质监小组为客商提供产品质量检验服务，对涉嫌产品质量问题的展样品进行现场检验，对产品质量不合格的展样品立即予以暂扣，并取消参展商参展资格。

3.根据《中华人民共和国药品管理法实施条例》的相关规定，禁止展示无审批文号的药品和医疗器械及以个人名义展示药品和医疗器械，禁止现场销售药品和医疗器械，违者由药品监督管理部门立即予以暂扣，并取消参展商参展资格。

六、噪音控制

（一）严禁在展位上叫卖展品。

（二）展位声像设备的音量须低于50分贝。

（三）对屡次违反且不听劝告者，东博会秘书处将进行相应处理。

七、其他

严禁在展馆内使用任何电器设备烧煮食物。

资料来源　佚名.第12届中国-东盟博览会参展商手册［EB/OL］.［2015-09-20］.http：//www.caexpo.org/index.php?m=content&c=index&a=lists&catid=16&page=2.

2）展览现场管理的主要内容

展览是有形产品和无形产品的总和，因此展览现场管理的内容既包括展览的生产层面，如布展、物流运输、安全检查以及其他服务等，也包括消费层面，如对参展商和专业观众提供的各种服务。归纳起来展览现场管理主要包含以下几部分内容：

（1）布展管理。进入布展阶段就意味着展览现场管理开始了。所谓布展，从参展商的角度看，是指参展商为准备展览而在展览会开幕前对展位进行搭装、布置和将展品陈列在展位上的一系列工作；从办展组织机构的角度看，是指对展览会现场环境进行布置以方便参展商参展和对参展商的有关工作进行协调和管理。

展览会布展是展览会开幕式前的现场筹备工作，一般在展览会开幕前几天进行。不同题材的展览会布展需要的时间长短不一样，有的展览会布展时间较长，如大型机械展、汽车展等；有的展览会布展时间较短，如纺织品展、建材展等。展览会布展时间的长短主要取决于展览题材及展品的复杂程度，展览会规模大小对布展时间也有一定影响。对于一般展览会，布展时间一般为3～5天。

对于参展商而言，要根据自己的实际情况确定布展时间的长短。布展时主要应注意以下几个方面：①展位若需要进行特殊装修，要提前向展览会主办机构申请，按照要求办理相关手续。②为搭建展台的施工人员提前办理施工证。施工证不得涂改、复制、转借、转让、倒卖等，不得超出本展位范围施工，施工证由组团单位、参展单位或其委托的施工单位免费申请领取，不对施工人员单独发放，一般情况下发放标准为每标准展位2个施工证；每9平方米特装展位3个施工证。③当大型展品进入展馆布展要涉及运输时必须办理专门的运输证件，运送样品的车辆必须按规定停放并听从安保人员的指挥。图8-1为参展商在设计搭建自己的特装展位。

对于办展机构而言，要准备的工作主要包括以下几个方面：①标准展位的搭建。办展机构要根据最后落实的参展企业数量搭建标准展位，规划好展览区域和每一个展位的具体位置，方便参展商在自己租用的展台摆放展品。工作人员在搭建标准展台时要注意对展位面积认真丈量，因为每一个参展商所租用的参展面积不一定相同，若少划分或多划分展地都会影响展览的顺利进行，因此务必按事先对参展商的承诺如实办理。②展馆环境的布置。展馆环境的布置包括很多细小的内容，如地毯的铺设（在展馆的公共区域、某些标准展位等处要铺设红地毯），广告牌的设置，展馆外围的气球、横幅的安放，馆内卫生的打扫等。③相关服务网点的搭建。为了能向参展商提供更为全面的服务，办展机构通常在现场临时搭建一些服务点，方便参展商和专业观众的参展，如餐饮点、医疗救护点、客服中心、投诉中心等。图8-2为中国-东盟博览会布展时工作人员对电子查询机进行布置、安装和调试。④现场施工管理和验收。

图8-1 参展商在设计搭建特装展位

展览会要派出专门人员管理各承建商的现场施工，如现场用电和用火，噪音、展位高度控制、电线的安装和走向、灯光的设计和使用、搭建展台的材料的防火性能、展位之间的宽度控制、重型机械的地面承重、是否破坏场馆内公共设施等，要避免施工现场秩序混乱和出现安全隐患。⑤展位楣板的制作、安装和核对。在展台的楣板上都标有参展商的单位名称和展位号，有的还有参展企业的单位标识和展品商标。这些信息内容对参展商十分重要，工作人员应认真检查核实，不能出错。⑥现场安全保卫工作。布展期间，展馆内人员复杂，且涉及用电用火，有一定的危险性，因此办展机构还要负责展览会的一般安全保卫工作，如进馆前的检查、危险物品不允许带进展馆等，但是对参展商展品的丢失、损坏等不负责任。

图8-2 中国-东盟博览会布展时工作人员对电子查询机进行布置、安装和调试

上述的布展工作结束后，展览会办展机构就可以开始准备开幕式的相关事宜，对外正式宣布展览会开幕。

【案例分析8-1】

第十六届中国东西部合作与投资贸易洽谈会安康市代表团布展工作方案

第十六届中国东西部合作与投资贸易洽谈会（以下简称西洽会）于2012年4月5日至9日在西安举行。本届西洽会在曲江国际会展中心B3馆设置陕西专馆，省政府给我市分配展位25个。按照《西洽会总体方案》要求，制订本届西洽会安康代表团布展工作方案。

一、布展总体要求

布展工作紧扣“坚持循环发展，建设美好安康”的主题，本着“体现特色、注重实效”的原则，以吸引投资为目的，围绕绿色产业建设和新型工业发展，突出推介一批清洁能源、新型材料、富硒食品、生物医药、安康丝绸、生态旅游等招商项目和展示推销一批地方特色精品；突出文化氛围、投资环境、项目特点、产品特色的宣传展示和推介；注重增强服务功能和洽谈气氛的营造。特装布展，力求简洁大方，特色鲜明，富有现代气息。

二、布展形式和展示内容

25个展位整体以“安康展示洽谈厅”总体形象展现，开放式布展，展厅分为三大部分。第一部分为安康市综合展区，用2个展位的空间，紧紧围绕构建绿色能源基地、建设新型材料强市、打造富硒食品之都、创建生态旅游胜地和培育特色物流中心，集中推介展示安康清洁能源、新型材料、富硒食品、生物医药、安康丝绸、生态旅游六大产业。重点展示开发优势和重大招商项目以及产品、实物、模型。第二部分为县区展区，各县区、高新区各2个展位，恒口新区1个展位，重点推介展示各县区区域经济开发优势和重大招商项目以及本地产品、实物、模型。第三部分为安康特色文化形象展示部分，用于展示安康地域文化，突出“建设美好安康”的主题，通过安康地域文化小品和茶艺等表演形式，搭设小舞台，利用“汉水文化”展板重点展示安康特色文化及取得的文化成就。每个展位设置有灯箱式展板，配备洽谈桌椅、展品展台，展洽厅放置多媒体、电脑等设备。

各参展单位可在自己展位宣传推销本地特色产品，可制作宣传、推介安康风情、招商项目、投资开发优势等影像光盘在展厅播放。

三、设计、布展和展品的提供

展厅设计、制作由市招商局统一负责，各县区和市级各相关部门积极配合。

1.综合展区及特色文化展区布展分别由市级相关部门提供资料、图片、展品。市发改委负责清洁能源，市工信局负责安康丝绸，市科技局负责富硒食品，市旅游局负责生态旅游，市国土资源局负责新型工业材料，市食品药品监督管理局负责生物医药，市文化文物广电局负责特色文化及文艺节目演出，紫阳县负责茶艺表演。每个产业设计1幅展板（高2米，宽1.5米）。

2．各县区、高新区、恒口新区围绕布展总体要求，重点组织进入省市两级重点项目册的企业参展。布展突出推介项目特点和产业发展优势，做好形象展示，促进招商洽谈和产品推销。每县区设计2幅展板（高2米，宽1.5米）。

3．各县区、高新区和各单位确定一名布展工作人员，负责提供图片、文字资料，务必于2月20日前与市招商局衔接确定好展板的设计方案。展板文字、图片要对应，文字要求100字以内，最好有口号式文字；图片要求高清晰度、高分辨率，不用往届照片，全部提供电子版资料。

4．各县区、各单位务必于2月20日前，分别将各自参展内容，即展品名称、数量、宣传光盘内容等以书面的形式报市招商局审核。3月15日前将宣传光盘资料报市招商局。

5.4月4日16：00之前各自将展品带入展馆布展，洽谈会结束时各自撤展，展示期间各自负责展品安全。

6.2月20日前各县区将落实的参展参会企业详细信息资料报市招商局，由市招商局负责向大会会展部申报和确认参展事宜。

7．展板数量及尺寸一律等布展总体设计方案定稿后确定，市招商局统一通知各县区、高新区及市级相关部门。

8．各县区和各相关单位在洽谈会期间要组织相关企业、项目业主参会、参展，安排熟悉项目和资源情况的人员在展位值班，做好宣传、接待、洽谈。

四、工作进度安排

2012年2月29日前完成展洽厅总体设计，报大会执委会会展部审核，同时上报参展参会企业名录；3月10日前完成全部会展设计策划实施方案；3月18日前完成总体设计和展板设计审定；3月28日进馆搭建、布展；4月4日15：00全部就绪，进行预展；4月5日到4月9日投入使用。

布展组联络员：喻先生；电话：略。

资料来源 安康市招商局.第十六届中国东西部合作与投资贸易洽谈会安康市代表团布展工作方案［EB/OL］.［2012-03-05］.http：//zs.ankang.gov.cn/html/zxxqh/gzdt/2012/0305/9437.html，2012-03-05.

分析提示：展览会布展是展览会开幕式前的筹备工作，是办展机构对展览会现场环境进行布置和对参展商的有关工作进行协调和管理，因此在布展时间、展位设计、展区布置等方面要做好合理安排，以保证展览会的效果。

（2）专业观众管理。会展观众有专业观众与普通观众之分，专业观众是指从事与展览会上展示产品相关的设计、生产、销售、服务的观众以及参展商的潜在购买者。专业观众也称为“贸易观众”，它是会展组织者宣传和吸引的主要目标，因为专业观众是吸引参展商参展的主要因素。

展览会的成功与否很大程度上取决于参观者的数量和质量。展览不仅需要参观者，而且需要达到一定数量和质量的专业参观者。参展商参展主要是为了拓展产品销路和市场，展览会交易额是衡量参展成功与否的主要标准，而专业观众是参展商真正的潜在客户。专业观众的数量和质量直接影响参展商的参展效益和以后再次参展的可能性。所以组织者应在尽可能大的范围内选择和吸引符合要求的目标观众。国外展览会新出现的一个理念是集中力量对专业观众进行营销，保证专业观众的观展效益。结合我国的实际情况，展览组织者对专业观众的现场管理主要应注意以下几个方面：

其一，建立专门的登记中心，配备相应设备。展览会应该在展览举办现场选择合适的地点（如展馆的序幕大厅、观众的进馆大厅等）设立专业观众登记中心来开展展览会的专业观众登记工作。登记中心内应有专业观众登记表格、笔、茶水、电脑、参观指南、会刊等必要设备和资料，并设有专门的志愿者或者工作人员对专业观众进行引导，维持良好的登记秩序。

其二，专业观众分类登记。展览会可以根据对专业观众的邀请情况，将专业观众登记中心分为“特邀专业观众登记处”和“无邀请专业观众登记处”，这样既可以减少专业观众现场登记的工作量，提高登记效率，也更利于专业观众信息的整理和管理。现在很多展览会都在为专业观众办理的证件上贴条形码，观众进出馆都要用读码机进行验证，以此来掌握观众进馆的次数和时间长短。用这种方法也可以很好地控制馆内的人流量，保证展馆内不拥挤。

其三，做好专业观众的引导服务。参观指南和会刊对专业观众的参观有一定的引导作用，除此之外展览组织者还要设立明显的引导标志，让观众能够有的放矢地参观，提高参观效率。

其四，做好观众对接服务。观众对接服务一般是对重点观众和重点参展商的定向服务，主要有以下两种类型：一是由展览组织者特邀重点观众。对这部分观众除做好有关接待工作外，参展商尤其应提前将展览的有关安排、重点参展商及展品情况通报给有关人员。这部分重点观众在现场观展洽谈时，展览组织者要安排专门的陪同引导，及时提供相关服务和有关动态。二是由参展商特邀重点客户。对这部分观众的服务要做到由专人负责并及时了解和掌握参展商和观众的现场需求。

此外，展览组织者要设立咨询服务台，对现场观众提供咨询服务，以使更多的观众及时、方便地参观到他们想要参观的展品和企业。

其五，其他注意事项。除了以上所提到的几点外，在对专业观众进行现场服务的时候我们还要注意以下几个问题：①要由专人负责管理专业观众的现场事务，保持专业观众现场登记的秩序井然，保证展览会有序进行。②专业观众的资料信息要尽量完整，在现场填写信息时有些观众为了节省时间，常忽略了一些资料的填写，现场工作人员要提醒专业观众填写并在观众按照要求填写好之后才能办理进馆手续。③工作人员现场录入的观众信息要力求准确，尽量少出错误，如果来不及整理所有信息可以先录入主要信息，等展览会结束后再对其他信息进行录入。④现场工作人员的工作态度要热情友好，动作要迅速，并对展览会有一定的了解，能回答观众提出的关于展览会的相关问题。

（3）开幕式管理。展览会一般以开幕式的形式来宣告正式开始。展览会开幕式是一项大型的活动，是展览会向社会各界的第一次亮相，展览会组织者必须经过周密的策划和部署，保证开幕式在顺利进行的前提下给大家留下一个深刻的印象。

开幕式的基本议程为：介绍出席开幕式的领导和嘉宾、领导嘉宾致词、剪彩或宣布开幕。除此之外，根据展览会的实际情况往往会增加一些特色议程，如在开幕式举行过程中增加捐赠、颁奖、新产品展示等，或者在现场运用乐队、歌舞表演等形式将开幕式推向高潮。在基本议程确定之后还要落实一些细节：确定领导和嘉宾的排序并核实他们的职务、姓名；确定致词人的顺序；确定剪彩人员的站位；确定礼仪人员的分工；准备嘉宾签到簿、胸花、剪彩用品、公关用品；落实安全保卫人员的布局和分工；制定突发意外事件的应急处理预案。

开幕式的时间和地点选择要合理。展览会开幕的时间一般不宜太早，太早不利于参展商进场做准备和出席嘉宾的到场。展览会开幕式持续的时间也不宜太长，太长会让等待进场的观众产生厌烦情绪。开幕式的地点一般选择在展览会展馆前的广场或者大厅，这样方便开幕式嘉宾在开幕式结束后入场参观。如果在开幕式上安排表演活动要注意适当安排表演的时间和地点，使得表演和展览会开幕式交相辉映。

展览会组织者还要提前起草展览会开幕式的文稿。开幕式一般要起草的文稿有：议程表、主持辞、领导致词（代理稿）、贵宾致词（代理稿）、新闻通稿。

最后还要做好开幕式现场的组织管理工作，主要包括：开幕式观众的组织、领导和嘉宾的接待和引导、总协调人的临场协调和调度、安全保卫人员的临场控制、现场工作人员的临场配合与协调、意外情况的及时处理（如重要领导人或贵宾因故晚到、人员拥挤出现意外事故、音响或布景出现故障等）。

（4）餐饮服务管理。餐饮是会展现场服务的重要组成部分，目的是为参展者提供一个就餐、休息、交谈的场所和机会。餐饮服务的好坏直接影响着展览会的整体水平。展览会现场的餐饮服务要注意以下几点：

第一，展览会现场的餐饮务必卫生清洁。展览会餐饮原料必须通过正式渠道引进，要通过国家相应的卫生检查后才能采用，务必保证展览会现场观众和参展商的食用安全。

第二，餐饮价格合理。展览会组织者要对展览会提供的餐饮价格进行控制，不能超过展馆外的价格太多，要保护参展商和观众的权益。

第三，餐饮种类齐全。展览会的参展商来自世界各地，对饮食的喜好和要求各不相同，因此在展览会现场提供的餐饮种类要尽可能齐全。例如，展览会的餐饮要包括中餐、西餐和清真餐等。

（5）资料发放。在展览会现场，工作人员要对现场资料的发放进行管理，主要包括要注意现场发放资料的秩序，参展商只能在自己的展位区域内发放宣传资料；要注意对发放资料内容的审查等。

（6）商务中心。为了方便参展商在展览举办期间各项工作的开展，展览会组织者一般会成立一个商务中心为参展商提供传真、复印、礼仪、翻译、宽带上网等服务。

（7）医疗救护。在展览会举办过程中，展览会组织者要设立医疗救护中心，配备专业的医疗救护人员和必要的应急医疗设备，以防在展览会期间发生的受伤和各项突发医疗事故，保证参展商和到场观众的人身安全。

【案例分析8-2】

广州市卫监所扎实做好第119届广交会第一期卫生保障工作

4月15日，第119届中国进出口商品交易会（以下简称广交会）开幕。在广州市卫计委领导下，根据《广州市卫生和计划生育委员会关于印发〈第119届广交会医疗卫生保障工作方案〉的通知》（穗卫监督〔2016〕15号）要求，广州市卫生监督所高度重视、及早部署，为做好公共卫生保障工作，保障境内外来宾的身体健康，结合实际制订了《广州市卫生监督所第119届中国进出口商品交易会卫生保障实施方案》（穗卫监办〔2016〕5号），落实公共场所传染病防控、生活饮用水卫生监督和信息报送等各项工作。

一、市卫计委高度重视，本届广交会保障工作小组到场检查，卫生监督员驻场巡查

广交会的第一天，市卫计委党组成员、巡视员刘忠奇带领第119届广交会医疗卫生保障工作小组到达琶洲展馆，对广交会的卫生保障工作进行检查，现场了解展馆医疗点的硬件设施和人员配备情况与当日客商的就诊情况。刘忠奇肯定了近年来广交会卫生保障工作所取得的成绩，并强调要增强重大活动卫生保障事业的责任感和紧迫感，监督检查应突出重点，做好突发公共卫生事件的防控，为广交会等重大活动的顺利举行提供支持和保障。

为掌握广交会展馆实时卫生状况，驻点卫生监督员先后到展厅现场和各展区风机房进行检查。检查发现风机房各通风设备能正常运转，过滤网和送风排风管道保持清洁。三个医疗点均认真落实传染病防控措施，标识明显，配备了体温计、压舌板、医疗废物收集容器等医疗设备，紫外线灯安装高度高于地面2米，医护人员佩戴口罩、手套等个人防护用品，能做好每日就诊病人的登记和汇总，建立医疗废物交接登记本，每天对医疗点的紫外线空气、物表消毒均做好相关记录。卫生监督员要求其落实消毒隔离措施，加强对登革热及埃博拉出血热等传染病的初诊工作，防止出现漏诊及误诊，造成传染病传播。

二、做好前期卫生保障，为广交会顺利召开打下基础

市卫监所于广交会开幕前期对琶洲展馆、威斯汀酒店等单位开展了监督检查工作。4月13日，卫生监督员对中国对外贸易中心（集团）琶洲展馆的A、B、C三个展区进行卫生审查。检查人员认真听取了展馆方卫生筹备工作汇报，并在其相关人员的陪同下对展馆A、B、C区的风柜房、冷却塔、生活水泵房、消毒间以及展厅等公共场所进行了现场抽查。经查，展馆方成立了卫生保障领导小组，指派专人负责管理和落实展馆内的公共场所、饮用水和防病等卫生保障措施；于3月20日开始对展馆

A、B、C区的187间风柜房和424台风柜的8 954张滤网进行清洗，全面清洗了A、B、C三个区135台冷却塔的水盘和散热波纹片，添加了杀菌除藻药剂；计划于4月15日对三个区的冷却塔再添加一次杀菌除藻药剂，于4月22、29日广交会换展期间检查三个区冷却塔水盘水垢情况，并清除水垢，添加杀菌除藻药剂；在3月23日完成对展馆的7个生活水箱的清洗消毒，由广州市二次供水技术咨询服务中心进行检验，检验结果均为合格。从检查情况来看，展馆A、B、C区整体卫生状况良好，各功能间干净整洁、专间专用，风柜机、二次供水设备运转良好，基本符合公共场所和生活饮用水卫生要求。根据现场检查情况，卫生监督员要求其加强集中空调通风系统检查、清洗、消毒或更换，并及时进行完善记录，确保其卫生安全、无积尘以及加强筹展期的清洁工作和展览会期间通风换气，确保室内空气流动和空气质量符合国家卫生标准和要求。

为做好本届广交会开幕酒会的卫生保障工作，卫生监督员到广交会开幕酒会接待单位威斯汀酒店，重点检查了该酒店三楼宴会厅、贵宾休息室等公共场所，以及对应的集中式通风系统、二次供水的设施设备。经查，威斯汀酒店在广交会开幕前对酒店的空调系统、生活供水系统、泳池水系统和客房用品都完成了清洗、消毒和维护工作，以确保广交会接待的公共卫生及生活饮用水卫生安全。

我市将进入登革热和寨卡病毒病高风险季节，埃博拉出血热、中东呼吸综合征和黄热病等传染病的输入风险也有所增加。为切实做好我市医疗机构防控工作，有效控制疫情传播和蔓延，我市卫生监督机构及早开展专项检查，落实防控工作。截至4月13日，市卫监所已完成对23家省部属和市卫计委发证管理医院的检查覆盖。市卫监所将继续开展医疗机构传染病防控监督检查，督促落实各项防控措施，对检查中发现存在违法违规的单位进行立案查处，并予以医疗机构不良执业行为记分处理。

三、每日驻点保障，及时互通信息，做好卫生防控

广交会召开期间，广州市卫监所卫生监督员每日驻点琶洲展馆进行公共卫生保障。开展馆内公共场所、生活饮用水和传染病防控的监督，对重点区域、医疗点进行全面巡查，填写《交易会展馆公共场所和生活饮用水卫生监督检查表》和《广交会展馆传染病防控监督检查表》，配合市疾病预防控制中心工作人员进行抽样监测，检查疫情报告执行情况，确保展览会期间传染病报病系统正常运行，及时互通信息。

与此同时，市卫监所突发事件处理小组严阵以待，如发生涉及公共场所和生活饮用水卫生或传染病疫情等突发公共卫生事件，将根据《中华人民共和国传染病防治法》等要求，进行控制处理调查。

资料来源　根据相关资料整理。

分析提示：保证生命健康安全是参展者的基本需要之一，它体现出办展机构的服务意识和办展水平。

（8）票务旅游。展览会组织者为了使参展商和专业观众在展览会后能顺利返回和对当地进行旅游考察，一般情况下会在展览会现场设立专业的票务旅游服务点，为他

们提供代购票务、安排考察等服务，这些工作通常会委托专业的旅行社来负责。

（9）用电防火安全管理。展览会的服务和安全是最重要的，展览会期间，馆场面积比较大，厂家和用户及观众比较多，而且参展的电器很多，所以展览会组织者要抓好用电防火安全工作。在国家统一的用电用火规定下，不同的展览会应根据自身情况制定不同的“展馆用电用火安全管理规定”，参展商必须严格遵守。

【知识链接8-2】

第六届（广州）全球车辆——零配件采购大会用电管理规定

●展览会布展与开展期间，各参展企业凡需接装施工、设备用电，增加照明灯具或使用复印机、电冰箱、灯箱等较大功率用电设备，一律要办理用电申请手续。参展商不得私自装接，违者将予以处罚。

●参展商凡需增加用电设备负荷，须如实申报，如发现实际用电量与申报情况不符，场馆方有权对超出部分用电加倍收费或不予安装。

●各种照明灯具与展品须保持30cm以上距离；展馆内禁止使用大功率发热灯具、电炉和电热器等设备；特装展位自装用电设备，须安装漏电保护开关，电源线使用ZR-BVV难燃双塑铜芯电线或护套线，禁止使用花线。

●禁止在展馆内使用电焊机和风焊机进行现场施工；否则，展馆方有权停止供电，甚至取消施工队之施工资格。

●参展商和施工单位对展馆的接电点及摊位的用电设备应注意爱护，不得随意拆、撬、打开、乱拉乱接；违者将给予停电处罚，并原价赔偿损坏物件。

●普通搭装展位不允许自行安装照明灯具，申报安装的电源插座只能用于电视机、录像机、传真机、电脑等小功率电器设备；每个电源插座使用负荷限制在300W内，禁止用拖板相互串联使用。

●展览会期间，参展商的展品或设施如需要24小时供电或需要提供380V及以上的电力供应，须提前15日内向指定承建商提出申请，经批准后办理相关手续，由此而产生的费用由该展商自行承担。

●展馆内所有用电必须符合用电安全规定要求，严禁在展场内使用霓虹灯、电热器具及大功率灯具，违者将予以处罚。

资料来源 根据相关资料整理。

（10）治安安全管理。为了维护展览会的良好秩序，防止各类事故的发生，确保展览安全，展览会的组织者要依据社会治安有关管理规定，制定相关的安全规定，参展商和观众必须严格遵守执行。展览会现场设立的临时治安管理中心应有警察轮班值守，负责处理展览期间的治安事件。除此之外，如果有领导人视察展览会现场，展览会组织者要设计专门的安全保障方案。

（11）知识产权保护管理。展览会组织者要保护参展商的合法权益。展览会应在现场设点接受知识产权权利人的投诉，暂停涉嫌侵犯知识产权的展品在展览会期间展出。

（12）撤展管理。展览会结束后，参展商的撤展工作将开始，加强对展览会撤展工作的管理是展览会成功闭幕的重要保障。展览会撤展管理工作主要包括两个方面的重要内容：

第一，安全。安全是撤展管理的首要问题，主要包括展品的安全、展览器材的安全、展览场地的安全和撤展施工的安全，尤其是要注意防火、防乱、防盗。撤展期间，办展机构应制定“出门条制度”和“巡场制度”，将不安全因素消灭在萌芽状态。

第二，服务。其主要包括装车服务、托运服务和参展人员的返程票务服务、商务旅游服务等。一般情况下，组展机构会将业务分包给指定的服务商，并安排其进入展览现场提供服务。

● 8.2 会展物流管理策划

8.2.1 会展物流的概念及特征

1）会展物流的概念

在会展业日益蓬勃兴旺的今天，作为展览活动供、需双方以外的第三方组织者所提供的一种具有后勤保障功能的服务，会展物流就应运而生了。广义上来讲，会展物流包括展览前后展品的物流，会展活动期间向参展商和参展观众分发食物的物流，以及与此相配套的会展设施的物流等 。从狭义来讲，就是以展品为主体所产生的物流过程，而这也是我们要研究的重点。会展物流就是为满足商品展览的特殊需要，将展品这种特殊的商品及时准确地从参展商所在国（地）转移到参展目的地，展览结束后再将展品从展览地运回的过程，包括展览前后的仓储、包装、国内运输、进出口报关和清关、国际运输、展览中的装卸、搬运以及在此过程中所需要的信息流动。

2）会展物流的特征

会展物流自身具有的基本特征：

第一，高度及时性。在保证运送产品安全达到的前提下还必须快速及时到达。

第二，运送的稳定性。物品在运送途中要保证不发生破损、丢失等事故，避免因此而造成的供货质量不合格导致的会展准备中断。

第三，“体系优化”的双重性。在实际运作中，常常会出现物流体系优化用户最优和系统最优的矛盾，前者是在物流过程的每一阶段从自身利益出发去寻找最小阻抗的路径。当太多的用户最优存在时就会影响系统最优，使整体效益受到影响。我们应该尽全力找到两者的最优结合点。

8.2.2 会展物流的任务和目标

会展物流的任务和目标：

（1）最少的成本；

（2）最便捷的方式，确保展览如期举行；

（3）最方便的手段解决展品进口及展品出口所涉及的海关问题。

8.2.3 会展物流体系的构建和管理

1）会展物流体系的构建

会展物流过程根据会展的不同性质也会有所不同。一般而言，构建会展物流体系所涉及的环节主要有以下几个：

（1）展览品从参展商所在地到展览场馆所在地之前的报关检验等。如果是国际展览会，很多展品都是从国外运来，入境之前必须要经过报关、商检等环节。海关对于展品的进出口报关，商检和动植物检疫有特殊的要求，例如展览品属海关同意的暂时进口货物，进口时免领进口许可证，免交进口关税和其他税费。展览品应自进境之日起六个月内复运出境。如需延长出境期限应报经主管海关批准，延长期限最长不超过一个月等具体细则。

（2）运输。如果展品的运输需要跨越国界，多式联运几乎成为必不可少的一环，各种不同形式的运输方式结合在一起，共同完成货物从参展商所在地到异国的展馆。空运方式快捷安全，但是成本较高，较适用于价值高、体积小、时间紧的展品。海运价格低廉，不过速度较慢，出现意外情况的可能性也相对较高。铁路运输的好处在于展馆一般都可以接收集装箱，运到指定的存放地，可以省去很多转运的麻烦，缺点在于费用比较高，周期比较长，对前期工作的准备造成了很大的压力。一般参展商由于参展次数有限，对整体流程的把握不是很到位，所以容易造成展品不能按时到达的现象。

如果是同城展览或者参展商到展馆的距离不是很远，那么参展商大多会选择公路运输。公路运输由于高速公路的日益发达，显示出越来越强劲的趋势，运输时间逐渐缩短，灵活性大大强于铁路货运，价格也较低，但公路运输对包装的要求要大大高于铁路运输。

（3）展品从展馆外到展馆现场的搬运。货物从展馆外到展位的搬运必须由熟悉现场并在展览施工和拆除期间能随时使用合适的设备和有经验的搬运工完成。现场的搬运工作人员应该为非常规、大尺寸的物品的运输装卸准备好相应的特殊设备，并且避免展品外观受损，影响展出效果。

（4）货物的展后运输。货物的展后运输又称为展品的回运是指参展后展品仍然回到原来的地方去，这样的物流一般在展前就已作好计划，除非展品在参展后就被顾客买走，这种情况也非常普遍。展品的回运大致也是遵循展品进馆的流程。如果参展商展后签订了售货合同，那么参展商和买家还要协商如何把这些东西运到买家处。

2）会展物流体系的管理

会展物流管理要求将会展的特点融入传统的物流管理体系中，将物流管理体系的理论精髓和前沿技术要领作用于会展物流的全程。管理的内容主要包括以下几方面：

（1）运输管理。目前国际性的展览已经占据了其全部展览的大部分，会展运输必然面临着长距离的各式各样展品的移动，任务越来越艰巨。加强展览的运输管理就要从不同的运输方式入手，包括公路运输、铁路运输、水路运输、航空运输、集装箱运输、国际联合运输 。

（2）仓储管理。仓储管理就是对仓库及仓库内的物资所进行的管理，是仓储机构为了充分利用所具有的仓储资源提供高效的仓储服务所进行的计划、组织、控制和协调过程。物流系统的整体目标是以最低成本提供令客户满意的服务，而仓储系统在其中发挥着重要作用。

（3）包装与装卸、搬运管理。包装是指设计并生产容器或包扎物的一系列活动，合理的包装能保护产品在流通过程中不受自然环境和外力的影响，从而保护产品的使用价值，使产品实体不致损坏、散失、变质和变形，能提高产品储运效率。装卸搬运在运输、仓储及最后参展之间起到桥梁作用 ，对于不同的展品或者不同的包装容器，对装卸搬运的具体要求都是不同的。应当根据不同的要求，对不同装卸搬运方式进行合理配置，推广应用组合化装卸搬运方法，提高搬运作业过程的效率。

（4）会展物流信息管理。信息化是我国会展产业与国际接轨的一个重要衡量标准，也是会展产业发展的必然趋势。在会展物流的组织与管理过程中，物流信息管理是一项非常重要的内容，会展组织管理者应会同各参展企业的有关人员必须不断对各种物流信息进行实时监控，并根据反馈信息及时调整物流过程中的具体行动措施。在构建现代化的会展物流体系时，要借助先进的科学技术手段，形成完备的信息网络。

（5）进出口管理。会展逐渐向国际化趋势发展，所以在会展物流中，进出口管理比其他任何一种物流都受到重视，特别是对于大多数展品，有进口必然就有出口，因为展品存在返回物流，这是展览会运输很特殊的一点。而且最重要的是，进出口处理的效率将直接影响到展览的举行。

【知识链接8-3】

中国出国展览品进出境报关程序

一、申报

为举办出国展览（销）会而筹集的展品出口时，组织出国展览（销）的单位持下列单证向出境地海关申报：

（1）归口审批部门的批件。

（2）展品清单一式两份。

（3）如由外贸、工贸公司主办又属实行许可证管理的商品，须提交出口货物许可证；非外贸单位主办的，不论是否属实行许可证管理的商品，则一律须提交该证。

（4）出口货物报关单一式三份。

（5）运输单据。

展品从境外复运入境时，组织出国展览（销）的单位持下列单证向入境地海关申报：

（1）展品清单一式两份，注明原出境日期、地点、运输工具名称、展出国家或地区，以及在国外展出期间对展品的出售、赠送、放弃、消耗或留给我驻外机构使用等处理情况。

（2）运输单据。

（3）《进口货物报关单》一式三份。

二、海关查验放行

上述出口展品和复运回国展品清单，经出入境地海关检查后予以验放。其中需要将复运回国的展品运至其所在地海关办理手续的，由入境地海关核准，将清单注明后，一份寄给组织出国展览单位所在地的海关，以便办理核销工作，也可按照“海关监管货物”办理转关运输手续。

【说明】

（1）展品如明确为在国外销售的，又属于应征出口税的，由海关征税放行。如未明确，而在国外发生销售，则在其余展品复运回国时，予以补征。

（2）组织出国展览（销）的单位，进口在国外展出期间购买、接受的物品、样品及其他资料，则须按海关规定，另行包装并开列清单，向入境地海关申报进口。对购买的物品，除供工作人员在国外集体使用的食宿用具外，还须交验国家外经贸部的批准文件，由海关征税或者免税后验放。

资料来源 根据相关资料整理。

8.3 会展沟通管理策划

8.3.1 会展沟通的概念

所谓会展沟通，是指在会展企业中，人与人之间的思想和信息的交换，是将信息由一个人传达给另一个人，逐渐广泛传播的过程。著名组织管理学家巴纳德认为“沟通是把一个组织中的成员联系在一起，以实现共同目标的手段”。没有沟通，就没有管理。沟通不良几乎是每个企业都存在的老毛病，企业的机构越是复杂，其沟通越是困难。往往基层的许多建设性意见未及反馈至高层决策者，便已被层层扼杀，而高层决策的传达，常常也无法以原貌展现在所有人员眼前。会展沟通管理则是会展企业组织的生命线。管理的过程，也就是沟通的过程。通过了解客户的需求，整合各种资源，创造出好的会展产品和服务来满足客户，从而为企业和社会创造价值和财富。

8.3.2 会展沟通的重要性及作用

会展沟通是会展企业管理创新的必要途径和肥沃土壤。许多新的管理理念、方法技术的出台，无不是经过数次沟通、碰撞的结果，以提高会展企业沟通效率与绩效为目的，其根本目的是提高管理效能和效率。某种意义上讲，现代会展企业管理就是沟通，沟通就是现代会展企业管理的核心、实质和灵魂。具体来说，会展沟通的作用体现在以下几方面：

第一，沟通有助于改进个人以及群众做出的决策。任何决策都会涉及干什么、怎么干、何时干等问题。每当遇到这些急需解决的问题时，管理者就需要从广泛的企业内部的沟通中获取大量的信息情报，然后进行决策，或建议有关人员做出决策，以迅速解决问题。下属人员也可以主动与上级管理人员沟通，提出自己的建议，供领导者做出决策时参考，或经过沟通，取得上级领导的认可，自行决策。企业内部的沟通为各个部门和人员进行决策提供了信息，增强了判断能力。

第二，沟通促使企业员工协调有效地工作。企业中各个部门和各个职务是相互依存的，依存性越大，对协调的需要越高，而协调只有通过沟通才能实现。没有适当的沟通，管理者对下属的了解也不会充分，下属就可能对分配给他们的任务和要求他们完成的工作有错误的理解，使工作任务不能正确圆满地完成，导致企业在效益方面的损失。

第三，沟通有利于领导者激励下属，建立良好的人际关系和组织氛围，提高员工的士气。除了技术性和协调性的信息外，企业员工还需要鼓励性的信息。它可以使领导者了解员工的需要，关心员工的疾苦，在决策中就会考虑员工的要求，以提高他们的工作热情。人一般都会要求对自己的工作能力有一个恰当的评价。如果领导的表扬、认可或者满意能够通过各种渠道及时传递给员工，就会形成某种工作激励。同时，企业内部良好的人际关系更离不开沟通。思想上和感情上的沟通可以增进彼此的了解，消除误解、隔阂和猜忌，即使不能达到完全理解，至少也可取得谅解，使企业有和谐的组织氛围，所谓“大家心往一处想，劲往一处使”就是有效沟通的结果。

8.3.3 会展沟通管理的方法和途径

有资料表明，企业管理者70%的时间用在沟通上。开会、谈判、谈话、做报告是最常见的沟通方式，还包括对外拜访、约见等。另外企业中70%的问题是由于沟通障碍引起的，无论是工作效率低，还是执行力差，领导力不高等，归根结底都与沟通有关，会展企业也不例外。因此，提高会展沟通管理水平显得特别重要。那么，如何才能提高会展沟通管理水平，使沟通更顺畅呢?

1）让管理者意识到沟通的重要性

沟通是管理的高境界，许多会展企业的管理问题多是由于沟通不畅引起的。良好的沟通可以使人际关系和谐，顺利完成工作任务，达成绩效目标。沟通不良则会导致生产力、品质与服务不佳，使得成本增加。

2）在会展公司内建立良性的沟通机制

沟通的实现有赖于良好的机制，包括外部沟通和内部沟通。员工不会做你期望他去做的事，只会去做奖励他做的事和考核他做的事，因此引入沟通机制很重要。

加强外部沟通一是通过公共关系手段，利用大众传媒、内部刊物等途径，与参展商、政府职能部门、周边社区、金融机构等，建立良好关系，争取社会各界支持，创造好的发展氛围；二是会展企业导入CIS企业形象识别系统，把理念系统、行为系统、视觉系统进行有效整合，进行科学合理的传播，树立良好企业形象，提高会展企业的知名度、美誉度、资信度，为会展企业腾飞和持续发展提供好的环境。

加强内部沟通则可以通过多方面进行：一是建立健全规范公司会议系统，使公司各种指令、计划信息能上传下达，相互协调，围绕企业各项指标的完成统筹执行。通过月例会、周例会、调度会、座谈会、班前班后会等形式，快速地将信息进行有效的传递，使大家按计划有条不紊地进行，步调一致，方向目标明确，提高工作效率和效能，使目标完成得到保障。二是针对公司全体员工展开“合理化建议”活动，设立合理化建议箱和合理化建议奖。无论是技术改造、成本控制、行政管理等各领域，全面展开。从为企业发展到献计献策，树立主人翁精神，获得好的效果，从经济各个角度收获很大。三是建立公司内部刊物，每月一期，发致公司各个层面，把公司生产经营动态进行有效汇总，整合公司信息，统一全体员工思想。各车间定期办黑板报、报纸专栏，丰富职业精神生活，同时也是沟通的一种形式。四是把每周五定为公司“沟通日”。公司总经理的门是敞开着的，欢迎各层级员工进来沟通谈话。无论是意见，还是建议一并笑纳，快速做出改进，了解各层级员工的需求动态，尽可能满足他们，真正实现“以人为本”，提高员工满意度，把员工当作绩效伙伴而非“打工者”，形成命运共同体，而非单纯利益共同体。五是每月集中给该月生日的员工举办“生日餐会”，公司给每位生日员工发生日蛋糕的同时，送上总经理签名的生日卡，使很多员工都很感动，提升对公司的忠诚度和凝聚力。还有定期举办的联欢会、运动会、表彰会、优秀员工干部旅游活动等，使大家干得起劲、玩得开心，觉得自己与公司已密不可分，人企合一，共同成长，把公司当成自己创业、施展才能的大舞台，产生良好的效果。当然，每个会展企业的大小规模不一样，不能完全照搬别人的模式，要根据自己公司的实际情况制订合适的方案。

3）从“头”开始抓沟通

会展企业的老板是相当重要的人物。老板必须以开放的心态来做沟通，来制定沟通机制。公司文化即老板文化，它直接决定是否能建立良性机制，构建一个开放的沟通机制。老板以身作则在公司内部构建起“开放的、分享的”企业文化。

4）以良好的心态与员工沟通

与员工沟通必须把自己放在与员工同等的位置上，“开诚布公”“推心置腹”“设身处地”，否则当大家位置不同时就会产生心理障碍，致使沟通不成功。沟通应抱有“五心”，即尊重的心、合作的心、服务的心、赏识的心、分享的心。只有具有这“五心”，才能使沟通效果更佳，尊重员工，学会赏识员工，与员工在工作中不断地分享知识、分享经验、分享目标、分享一切值得分享的东西。

● 8.4　会展危机管理策划

8.4.1　会展危机管理概述

1）会展危机的概念

会展活动涉及社会的方方面面，其活动的集聚性和时效性往往是其他行业有所不及的。如何认识会展危机的特征和分类是至关重要的。

有人说“会展危机无处不在，危机随时可能发生”。而对会展危机的定义，有些专家界定为："针对会展而言，危机是指影响参展商、专业观众、相关媒体等利益相关主体对会展的信心或扰乱会展组织者继续正常经营的非预期性事件，这些事件可能以无限多样的形式，在许多年不断发生。"美国前总统肯尼迪曾对"危机"两字做过西方式的解释，他认为前一字表示"危险"，后一字表示"机遇"，也就是危险机遇的意思。这种说法在国外颇为流行。

会展危机事件包括：违反展览会规定拍照、录影、侵权、盗版，虚假宣传广告，展品丢失、被盗、受损坏，突发性的安全事件如火灾、人员伤亡、传染病的流行，暴力事件的发生，如爆炸威胁、恐怖主义事件，示威游行及其造成的冲突，展览品演示活动造成的污染物排放，食品卫生处理不当造成的人身伤害，动物保护组织和环保组织的抗议活动，自然灾害的发生，如天气、地震、海啸等，展览期间可能出现的外交、政治、文化、宗教方面的冲突，以及主办者的财务危机、经营危机或参展商中途退出等。

2）会展危机的特征

（1）意外性。意外性是会展危机的起因性特征。如2001美国的"9·11事件"以及中国2003年经历的非典事件等重大意外性事件。它令人感到意外和突然，也给人们带来惊恐和不安。

（2）危害性。危害性是会展危机的结果性特征。重大的会展危机往往造成会展终止，有的还会造成巨大经济损失和社会负面影响。

（3）紧急性。紧急性是会展危机的实践性特征。其紧急性实践往往令与会者应接不暇和终生难忘。

（4）不确定性。不确定性是会展危机的本质性特征。具体到某届展览会，组展者很难预料危机何时发生，从何处发起，其危害有多大，范围有多广，持续时间有多长，损失有多少等。

只有树立全面的危机管理理念，创建科学的会展危机应急管理体系，着力于从"大处着眼，小处着手"，加强预测预报，加强综合治理，才能使会展防患于未然，并能顺利举办和可持续发展。

3）会展危机的成因

每当展览会拉开序幕，来自四面八方的人群相聚而至，从此刻开始，会展危机也就相伴而来。诸如会展活动场馆的规模和区位（社会治安状况、周边交通环境、场馆设施条件等），当地的气候条件和变化，会展活动的时间和性质、特征，会场的食物、饮品、与会人数、现场消防和动力安全等，随着各种变量因素的积累和变异，将会产生各种难以预测和控制的后果。为此，会展危机包括两大类：一类为可控制会展危机；另一类为不可控制会展危机。造成会展危机的原因概括起来主要有以下四个方面：

（1）社会因素。这里主要指经济秩序和社会宏观环境变化而导致的危机。如社会经济衰退、通货膨胀、游行示威、罢工罢市、政治动乱以及恐怖威胁和战争波及等。

这些来自社会环境的巨大冲击，是任何办会者都难以抗拒的，故称之为不可控制的危机。但组展单位如能从国家政府部门提前获得危机信息，则可采取应急措施把危害降到最低。

（2）运作因素。这是指在会展运作中，由于项目经理经营不善，管理不当，主办机构财力不足以及参会合作者严重失误或中途退出等诸多原因，造成管理失控和混乱，导致整个会展活动陷入困境。这些都属于运营层面上的管理危机，也有学者把它称为经营危机、财务危机或合作危机。值得指出的是目前国内会展业中尚存在盲目扩张、恶性竞争、弄虚作假等错误倾向，这更是会展危机产生的祸根，应该引起高度重视并坚决根治，这方面的沉痛教训比比皆是。

（3）自然因素。这是指由自然因素引起的危机，诸如突然发生地震、海啸、飓风或暴雨、洪水等重大自然灾害。这是办展者无法抗拒的，当属不可控制范畴。为了防范这些危机，办展者一定要加强与政府相关管理部门的信息沟通，一旦获悉定要“宁可信其有，不可信其无”。会展活动要做好时间上的调整，及时更改会展日期或变更场地，直至被迫终止而避免危机的发生。

（4）安全因素。这里指除社会因素和自然因素外的安全问题。诸如工作粗心大意、场馆和展位设施所引起的危险、盗窃、抢劫、爆炸等，其他如突发性的食物中毒，观众参观时人流拥堵造成倒塌伤害以及火灾、漏电、严重污染等。这些危机的产生大多属于管理层面上的问题，理应加强管理，制定出会展各项管理职能和规章制度，不断提高会展管理人员的综合素质和与会者的文明素质。

8.4.2　会展危机管理模式

1）会展危机管理的RCRR模式

对会展危机进行管理，我们可以采取RCRR模式进行：预警（Readiness）、沟通（Communication）、反应（Response）、恢复（Recovery）。

（1）预警，就是在危机发生前对可能发生的危机事件进行预测和预防，通过捕捉危机可能发生的蛛丝马迹分析危机事件发生的可能性，做到防患于未然。

（2）沟通，为了阻止危机事件的发生或者在危机事件发生后为了有效进行危机管理，办展机构内部的信息交流和与外部的沟通十分重要，尤其要重视与媒体的沟通。

（3）反应，就是危机事件发生后不要惊慌失措，要按照计划和实际情况采取必要措施，使危机得到有效控制。

（4）恢复，就是在危机持续期间和危机得到控制以后，办展机构能采取切实措施，使受到危机影响的参展商、企业和有关部门能尽快恢复到危机发生前的正常状态。

2）危机中的媒体管理

企业危机的种类很多，而关注危机、报道危机又是媒体与记者的天职。国内新闻舆论尤喜欢对企业进行曝光，而国内的消费者对曝光信息又相当敏感，所以在企业面临危机时，媒体关系就显得尤为重要与特殊。有效地发挥媒体在危机管理中的积极作用并尽量减少他们在危机管理中的消极作用是危机中对媒体进行管理的首要任务。

（1）反应必须迅速敏捷，及时通过媒体表明企业对危机的正面态度。在第一时间里介入危机，表明企业认真对待危机的态度，确保企业对危机事件的立场在第一次媒体报道中得到正确描述，同时尽可能地争取媒体甚至是政府部门的声音，帮助自己说话。如事态严重（如出现损害消费者生命财产，甚至出现命案等毁灭性危机时），企业在誓言"一定查明事实真相，追究责任，不惜一切代价对消费者负责、对社会大众负责"的基础上，对大众传媒进行公关，希望传媒站在保护民族品牌、民族企业的角度考虑事情，弄清来龙去脉后再把真相公诸于世。如要报道，也请其本着实事求是的原则，不要在媒体上措词激烈、过分渲染，避免事态的无谓扩大。要及时主动地弥补顾客的实际损失和心理创伤，并建立起关心和维护消费者权益的积极形象，重塑消费者对企业的信心。应向有关部门说明原委，争取理解和同情，注意发挥舆论领袖的作用，如企业最高领导人、行业协会、政府部门等，利用他们的权威性消除影响。还要从正面阐述真相，并在必要的情况下适时对公众作出必要的承诺。与新闻媒体部门取得联系，积极做好工作，不能让事态再扩大和蔓延，并争取新闻媒体部门同公司一起将事件圆满解决，就这一事件的原委向消费者作解释。最好的方式是公司的高层领导主动邀请各媒体的记者举行恳谈会，再次诚恳地通过媒体向社会大众解释、致歉，保证以后不会再发生类似事件。事先针对媒体铺天盖地的报道分析其中所有记者可能提出的问题，提炼成题库，事先演练好，在恳谈会上有理有据地应答。对于以前媒体的不实甚至是夸张的报道，一律不予以严词驳斥，只作解释。与此同时，应通过广告、新闻报道强势出击，全力重塑公司（展览会）的形象。

（2）保持冷静，判明情况，内部统一协调。当危机发生后，会展项目负责人首先要保持冷静，尽快全面了解事件的经过，判明有关情况。如果负责人员没有冷静的头脑，不能镇定自若，会使会展项目其他员工产生更大的心理动荡和情绪波动。军心涣散将会给危机的处理带来更大的障碍，使事态进一步复杂化。同时成立由项目或企业主管直接领导，危机公关专家参与的危机处理小组，调查情况，对危机的影响作评估，以制订相应计划控制事态的发展，集中收集、控制、发布信息。危机处理小组是危机管理的最高决策及执行机构，要制定危机处理的原则，明确企业所有员工对待危机的态度。危机面前，所有人都须以企业利益为重，同时也要让员工知道企业会为员工负责。在保持"政局稳定"的情况下，尽快地查明事情的真相，把握事件的前因后果，确立处理对策，立即采取有效的措施。

（3）保持信息开放及密切与新闻媒体的关系，及时报道，实言相告，争取主动。尽快找出与大众沟通的有效办法，是解决危机的关键。为防止企业信息发布不及时全面，造成传闻与谣言四处散播的不利局面，公关部门应采取开放的政策，积极主动地配合媒体工作，真实、客观、及时地提供他们所需的信息，保证企业与大众之间信息传播的及时畅通，增加事件透明度。媒体一旦为企业起到传声筒的作用，就可以引导公众，通过扩大企业正面信息量的方法来防止歧义产生，让外界更了解内部情况，消除对企业相关问题的猜疑。危机公关小组要明确哪些话是可以说的，哪些话是不能说的，要充分集合公司各个方面的资源，在公司内部与外界之间做好沟通的桥梁。在这一阶段，需要有专人24小时监控媒体与舆论的发展情况，并随时根据新的状况发出自己的声音。

这个阶段的工作一定要细致全面，要让新闻发布机构或公关经理始终能得到最新的信息以及公司为了控制危机而正在采取的措施。新闻发布机构要与组织的高级主管不断沟通，并运用专业知识来判断和决定哪些信息可以传播给媒体，以及应该怎样进行传播。对外新闻发布办公室应实行24小时工作制，新闻办公室晚上应该留人值班，以处理媒体晚上打来的电话，防止危机中传播失误所造成的信息真空。

（4）注意措辞，统一口径。由于企业的公关部门（或者是项目的危机小组）要处理突发事件，面对公众舆论和新闻机构，因此，对于公关人员来说，事关全局，影响甚大，一言既出，驷马难追。这就要求公关人员一方面在披露有关情况时要注意措辞，切忌随便谈论事件的有关情况；另一方面，要注意统一口径，以免有些人从公关人员的言辞差异中找疑点，捕风捉影，乱加猜测。同时，公关人员统一口径，能给公众留下企业员工齐心协力，企业领导人有能力、有决心、有诚意处理好这一突发事件的良好印象。企业应指定相对统一的发言人，向外界定期发布信息，发布确切的时间表显示进展情况、处理状况等。危机管理专家要紧急培训发言人并指导发言人的工作，发布企业信息时要掌握分寸，态度坦诚，但尽量避免重复危机事件本身，以防公众只获取信息中的负面片段而强化对所谓危机的信任。

（5）消除危机、维护形象。企业在纠正错误后，应以全新的姿态重入市场，增加广告投入，或者加大招商招展力度，给予一定优惠，还要多参加一些公益活动来树立展览的良好形象。

最后我们仍需强调，企业与媒体积极配合，密切沟通，对于危机的解决是至关重要的。当然，这种沟通与配合绝不是一蹴而就的，良好的媒体关系也必须注意平时的积累，要经常与媒体保持联系，尊重、支持他们的工作，邀请他们参加企业的重大活动，使媒体对企业有相当程度的了解，危机到来时，这种基础才会发挥更好的效果。

【案例分析8-3】

2003年上海车展遭遇SARS危机的公关处理

2003年在上海国际汽车展举办期间遇到SARS危机，导致提前闭幕，这为中国迄今为止规模最大、水平最高的国际汽车展留下一些遗憾。但是从积极的方面来看，这为车展举办方提供了一个正确处理危机，顺利度过危机的实战机会。这是可遇不可求的。有危就有机，它锻炼了队伍，提高了会展企业的竞争力和战斗力。通过这次危机处理他们总结出三点体会和三点思考。

一、三点体会

1．反应必须迅速、快捷，处理必须及时、正确。综观车展期间，SARS疫情的形势瞬息万变，开幕当天的下午，在部分展商、媒体中就流传着有2名记者染上SARS

的传言。危机发生时，必须分秒必争，措施要比危机更快。得知传言后，主办方上海市国际展览有限公司立即追查谣传的源头，很快查清原来是海南旅游卫视的节目主持人在完成采访任务后没有通知其他同事就自行返京了，且身体状况良好。源头查清后，他们连夜将事实真相写成中英文公告放在每一个展馆的入口处广而告之。新浪、搜狐等网站还将公告贴在网上。由于措施准确，各种传言不攻自破。

2.信息必须公开、透明、准确。为了消除参展商和观众的疑虑和担心，主办方每天发布一个公告，将当天的消毒措施、医学观察报告等信息张贴在展馆显著位置，提高信息的公开性和透明度。由于信息准确，减少了参展商、观众的担忧，起到稳定人心的作用。主办方通过市政府新闻办及时将车展提前闭幕的消息发给上海的新闻单位，并且在第一时间内，通过主办方自己的渠道发给本市、外地及各国驻华通讯社、电台、电视台、网络、报纸、杂志等相关媒体，以便及时将此信息告知公众。各新闻媒体同时刊发了退票须知，使观众及时得到准确的信息，办理了退票手续。

3.正确处理与参展商、媒体、观众的关系。一是要从大局出发，讲清道理。主办方清醒地认识到，在SARS面前，展商、媒体、观众的健康安全是第一位的，一切工作必须要从维护公众利益这个大局出发。二是要学会换位思考，从多角度来考虑问题。危机来临后，主办方一直在思考这样一个问题，如果我是参展商、我是观众，我会怎么办?因此，主办方及时召开了一次展商会议和一次具体撤馆会议，拟定退票须知，具体落实各项细节。当有的参展商在撤馆遇到具体问题的时候，主办方安排专人看管展品，使参展商放心。个别观众没看清退票须知，很远赶来退票，主办方采取个别情况个别处理，减少了矛盾。三是重长远、不计一时的损失。提前闭幕使很多已购票的观众无法参加，主办方事先准备了充足的现金确保观众全额退票，同时赠送1张汽车光盘，让他们不参观展览会也有机会一睹世界名车的风采。

二、三点思考

1.必须有风险意识。在全球化时代，各种风险，如恐怖主义袭击、自然灾害、社会冲突、流行疾病无时无刻不在干扰和侵袭我们的生活。20世纪，中国的展览活动很少有遇到突发事件，而21世纪初，这样的例子已有很多，SARS是个典型的例子，因此展览企业只有确立起自觉的风险意识，才能从容应对突然降临的种种灾难。

2.必须要有预防意识。事实表明，SARS对展览业的影响是展览企业无法预料、无法避免和无法克服的。然而，如果展览企业具备充分的预防意识，准备较详细的预防措施，还是能够尽可能地减少SARS对业务经营活动的影响。如果合同条款更为全面、规范，如果保险公司能有更多保险险种和服务，如果展览企业、参展商和观众都能具备高度的预防意识，那么，参展商、观众和展览企业的根本利益就有可能找到一个更好的结合点。

3.必须要有应急意识。首先要在思想上高度重视，不可认为这是可有可无的事，必须做到思想上充分准备；其次是组织上落实，人员配备必须及时到位，且要尽快熟悉情况，做到工作线条清晰；三是应急预案制定完成后必须对预案进行演习，车展主办方在车展开幕前安排了各个环节的人员进行了数次演练，遇到应急情况后能在第一时间做出反应，做到沉着应对；四是在人力、物力、财力上充分准备，保证应急情况发生后及时采取相应的措施。

资料来源 陈先进.通过上海车展浅析展览会的危机处理［EB/OL］.［2003-07-30］.http://news.xinhuanet.com/expo/2003-07/30/content_1000406.htm.

分析提示：在会展筹办或举行期间，一些突如其来的意外事件会严重威胁展览会的成功举办，所以办展机构在策划会展项目时，要对可能发生的危机准备应对方案，进行有效的管理，否则会严重影响到展览会的成功举办和办展机构的声誉。

【小思考8-1】

作为项目经理你该如何处理？

在一次机械展现场由于电路铺设不慎，发生一起火灾，造成现场参展商四人受伤，工作人员两人受伤。同时电路中断，包括空调在内的全场机械设备停止运行。工作人员由于加班数天，疲惫不堪，加上缺乏应急训练，处理该事件时候非常慌乱，而且火势仍在延续。请问如若你是负责该展览会的项目经理，如何处理上述事件？

答：首先应对危机进行分析和反应，如成立危机恢复小组；做到及时沟通，对需要恢复的对象进行排序，最重要的是对受伤人员的救治；最后要能够整合资源寻求重新发展的机会。

【情景模拟8-1】

场景：假如现在是SARS病毒流行突发期，展览会还有最后两天，你该如何处理。

操作：

（1）6个人组成现场管理小组，负责展览会疏散撤离工作。

（2）小组长智慧协调各方面工作。

（3）其他同学观察并提出问题和建议。

（4）教师对模拟情况进行点评。

知识掌握

1.会展现场管理的主要内容是什么？

2.会展物流的概念和特征是什么？

3.如何加强会展物流体系的构建？

4.会展危机的概念是什么？

5.如何处理会展危机？

知识应用

□ 案例分析

2014北京国际车展展览会服务全面升级

作为世界顶级车展之一，2014北京国际车展于2014年4月21日至29日在中国国际展览中心新老展馆同时举办。为组织好本届车展，主办单位和场馆方不断吸取国内外在展览会组织上的先进经验，努力提高管理和服务水平，尽最大努力为展商和各界观众提供良好的参展和参观环境。

一、不断改善和提高的现场服务

2014北京车展在总结了以往车展在现场服务的经验和不足后，本届车展保留和新增的主要现场服务措施有：

1. 在新展馆南登录厅集中组织了一条龙服务窗口，主要包括：主办联系、主场服务、医疗救护、安全保卫、运输服务、邮政服务、票务服务等，展商和观众遇到的主要问题都能在此迅速找到解决问题的部门和人员。

2. 展览会现场继续设有新闻中心、各出入口及各馆门口设立咨询服务台。

3. 在现场新增了饮水服务点、手机充电处、警务工作室等。

4. 大量增加了展览区域内的引导和指示标识系统。

5. 在馆外组织安置了大量的单体式临时卫生间，以方便展商观众使用。

6. 制作并安放了供观众使用的临时休息座位。

7. 场馆内引入主流餐饮品牌、增加餐饮服务点。

8. 协调当地政府相关部门，建立内外融合的沟通机制，现场设有当地政府有关部门组成的现场办公室。

9. 与各参展商签署文明参展公约，共同促进展览会的精神文明建设，杜绝不文明现象的发生。

二、本届车展在票务工作上的创新

为方便观众观展，2014北京车展的门票有两项新的变革：

一是将全面采用新型PVC介质门票。新门票将进一步提升安全等级，采用了在2008年奥运会和2010年世博会等大型活动中广泛应用的RFID无线射频识别技术，将含有购票信息的芯片封装在PVC介质门票中，并在门票上增设副券，运用多种票面防伪技术印刷，有效杜绝假票。

二是新增手机APP购票。观众可登录北京车展官方网站预定门票。同时还首次开通车展官方客户端“车展中国”购买门票。除此之外，针对爱车人士专门开办了团体订票和网络订票直通车的服务，为观众购票提供便利。

三、本届车展的交通组织工作

组委会特别提醒，看车展，乘坐公共交通最为方便、快捷。市民可以从市内任意地铁站点乘车，经地铁 13 号线望京西站换乘地铁 15 号线至新国展站。另外，以东直门为始发站的直达公交车 915 路、916 路、918 路、923 路、955 路在马连店站下车步行 150 米抵达主会场新国展。地铁 5 号线沿线市民可从天通苑北站乘坐 933 路公交车直达新国展。鉴于机场高速路日常车流量已趋于饱和，机动车可选择经京承高速前往新国展。

资料来源　佚名.2014 北京车展 21 日开幕，展览会服务全面升级［EB/OL］.［2014-09-19］. http：//www.ixdcw.com/info/show.php?itemid=34230.

问题：根据案例分析展览会期间做好参展商和专业观众服务工作的重要意义。

分析提示：专业观众和参展商是展览会成功举办的重要保证。优质的展览会服务能够提高参展商和专业观众的满意度，正日益成为展览会之间竞争最为锐利的武器之一。

□ 实践训练

到本地的某一展览会现场进行考察，对展览会现场管理方面的情况进行分析，对存在的问题提出解决方案。

第9章

会展策划文案

学习目标

在学习完本章之后，你应该能够：

了解会展文案的特点；

熟知会展文案的内容结构；

掌握会展文案的写作。

【引例】

第三十六届（2016春季）全国摩托车及配件展示交易会参展邀请函

尊敬的全国摩托车及配件企业的朋友们：

由中国汽车工业配件销售有限公司主办并承办的“第三十六届（2016春季）全国摩托车及配件展示交易会”将于2016年5月16日至18日在哈尔滨国际会展中心召开。

哈尔滨是个美丽的城市，初夏也是旅游观光的好时节。黑龙江是中外闻名的避暑胜地，来自各方的朋友们将领略享有“东方小巴黎”“东方莫斯科”之称的哈尔滨的独特风景，体会中西文化的特殊交融；哈尔滨是连接东北亚区域经济贸易的纽带，是开拓俄罗斯、朝鲜、韩国、日本等国家市场的窗口和桥梁，此次展览会将秉承“突出俄罗斯、面向东北亚、辐射全世界、服务全中国”的办会宗旨，实现商务活动和休闲度假的完美结合。

本届展览会将充分借助哈尔滨在黑龙江的巨大影响力和对东北地区以及俄罗斯的辐射作用，集中展示一大批当代摩托车及其零部件行业的高新科技产品和近年来国内企业开发研制的领先技术及新产品。预计参展厂商有1 000余家，展出面积4万平方米。为了增进国内外摩托车及配件界同行之间的交流，给中外厂商提供良好的商机，也为广大参观者提供高品位、高质量、丰富多彩的文化大餐，展览会将安排更多的活动丰富您的行程。

第三十六届（2016春季）全国摩托车及配件展示交易会将以其强大的参展阵容集中展示摩托车行业最新的品牌展品，各具特色的展台设计，丰富而强烈的文化气息，悉心安排的组织策划来展示摩托车及配件行业的新风采和新趋势，并一如既往地为广大参展企业提供更完善、更专业、更优质的服务。

我们热情邀请中外摩托车及配件界的同行、朋友参加和光临第三十六届（2016春季）全国摩托车及配件展示交易会，并通过交易会增进友谊、沟通信息、促进合作、共同发展。

中国汽车工业配件销售有限公司

全国摩配会组委会

二〇一五年三月

资料来源　根据相关资料整理。

这一案例表明：会展文案是实施会展管理的重要工具。会展活动本身具有高度的组织性，任何一次会展活动的成功举行都需要依靠一系列的会展文案才能完成策划、立项、实施、总结等工作环节，从而实现对会展活动流程的组织与管理。

● 9.1　会展筹备阶段的文案

会展筹备阶段的文案是指一次会展从确定展览题材、收集信息、进行展览项目立项策划一直到会展正式开幕前的预先准备阶段涉及的所有文本文案。

会展筹备阶段的文案主要包括展览会立项策划书、展览会招展函、观众邀请函、广告文案等。

9.1.1　展览会立项策划书

展览会立项策划书，是根据掌握的各种信息，对即将举办的展览会的有关事宜进行初步规划，设计出展览会的基本框架，提出计划举办的展览会的初步规划内容。展览会立项策划书的内容结构如下：

（1）办展市场环境分析。其包括对展览会展览题材所在产业和市场的情况分析，对国家有关法律、政策的分析，对相关展览会的情况的分析，对展览会举办地市场的分析等。

（2）提出展览会的基本框架。其包括展览会的名称和举办地点、办展机构的组成、展品范围、办展时间、办展频率、展览会规模和展览会定位等。

（3）展览会价格及初步预算方案。展览会价格就是为展览会的展位出租制定一个合适的价格。展览会展位的价格往往包括室内展场的价格和室外展场的价格，室内展场的价格又分为空地价格和标准层位的价格。在制定展览会的价格时，一般遵循“优地优价”的原则，即那些便于展示和观众流量大的展位的价格往往要高一些。展览会初步预算是对举办展览会所需要的各种费用和举办展览会预期获得的收入进行的初步预算。

（4）展览会工作人员分工计划。这是对展览会工作人员的工作进行统筹安排。

（5）展览会招展计划。这主要是为招揽企业参展而制定的各种策略、措施和办法。

（6）展览会招商计划。这是为招揽观众参观展览会而制定的各种策略、措施和办法。

（7）展览会宣传推广计划。这是为建立展览会品牌和树立展览会形象，并同时为展览会的招展和招商服务的。

（8）展览会筹备进度计划。这是在时间上对展览会的招展、招商、宣传推广和展位划分等工作进行的统筹安排。它明确在展览会的筹办过程中，到什么阶段应该完成哪些工作，直到展览会成功举办。展览会筹备进度计划安排得好，展览会筹备的各项准备工作就能有条不紊地进行。

（9）展览会服务商安排计划。

（10）展览会开幕和现场管理计划。现场管理计划是展览会开幕后对展览会现场进行有效管理的各种计划安排，它一般包括展览会开幕计划、展览会展场管理计划、观众登记计划和撤展计划等。现场管理计划安排得好，展览会现场将井然有序，展览会秩序良好。

（11）展览会期间举办的相关活动计划。这是对准备在展览会期间同期举办的各种相关活动作出的计划安排。与展览会同期举办的相关活动最常见的有技术交流会、研讨会和各种表演等，它们是展览会的有益补充。

（12）展览会结算计划。

9.1.2 展览会项目立项可行性研究报告

完成了展览会立项策划书，并不意味着该立项的展览会就可以举办了。项目立项只是对举办什么题材的展览会和如何举办该展览会提出了一个初步的意见，制订了一套初步的方案，至于该展览会是否真的可以举办和该方案是否真的可行，还需要对该展览会项目及方案进行可行性分析。可行性分析的结论及其他必须考虑的因素，才是决定最后是否可以举办该展览会的最终依据。

展览会项目立项可行性研究报告是在对展览会立项进行可行性分析的基础上完成的研究报告。展览会立项可行性分析是展览会项目立项策划的继续。展览会项目立项策划主要是在掌握各种信息的基础上，初步提出计划举办的展览会“是什么样的”；展览会立项可行性分析则是在仔细研究各种信息的基础上，深入分析举办展览会立项策划提出的“那样的展览会”是否可行，为最后是否举办该展览会提供科学的决策依据。如果展览会立项策划通过可行性分析，证明计划举办展览会的市场条件具备，项目具有生命力，各种执行方案策划合理，项目在经济上可行，风险较小且有一定的社会效益，就可以通过该展览会立项策划，决定举办该展览会了。

展览会项目立项可行性研究报告的内容结构主要包括以下几项：

1）市场环境分析

（1）宏观市场环境：包括人口环境、经济环境、技术环境、政治法律环境、社会文化环境等。

（2）微观市场环境：包括办展机构内部环境、目标客户、竞争者、营销中介、服务商、社会公众等。

（3）市场环境评价：采用SWOT分析法，即内部优势、内部劣势、外部机会、外部威胁分析。

2）展览会项目生命力分析

（1）项目发展空间，即分析举办该展览会所依托的产业空间、市场空间、地域空间、政策空间等是否具备。

（2）项目竞争力，具体包括展览会定位的号召力、办展机构的品牌影响力、参展商和观众的构成、展览会价格、展览会服务等。

（3）办展机构优劣势分析。

3）展览会执行方案分析

展览会执行方案分析的对象是该展览会的各种执行方案，分析的重点是各种执行方案是否合理、是否完备和是否可行。具体包括：①展览会名称和展览会的展品范围、展览会定位之间是否有冲突；②办展时间、办展频率是否符合展品范围所在产业的特征；③展览会的举办地点是否适合举办该展品范围所在产业的展览会；④在展览会展品范围所在产业里能否举办如此规模和定位的展览会；⑤展览会的办展机构在计划的办展时间内能否举办如此规模和定位的展览会；⑥办展机构对展览会展品范围所在的产业是否熟悉；⑦展览会定位与展览会规模之间是否有冲突；⑧招展计划评估；⑨招商计划评估；⑩宣传推广计划评估。

4）展览会项目财务分析

展览会项目财务分析是从办展机构财务的角度出发，分析测算举办该展览会的费用支出和收益。展览会项目财务分析的主要目的是分析计划举办的展览会是否经济可行，并为即将举办的展览会指定资金使用规划。财务项目一般包括：①价格定位；②成本预测，举办展览会的成本费用一般包括：展览场地费用、展览会宣传推广费用、招展和招商的费用、相关活动的费用、办公费用和人员费用、税收、其他不可预测的费用；③收入预测，举办展览会的收入一般包括：展位费收入、门票收入、广告和企业赞助收入、其他相关收入；④盈亏平衡分析；⑤现金流量分析。

5）风险预测

从展览会立项可行性分析的角度看，风险就是办展机构在举办展览会的过程中，由于一些难以预料和无法控制的因素的作用，使办展机构举办展览会的计划和举办展览会的实际收益与预期发生背离，从而使办展机构举办展览会的计划落空；或者是即使展览会如期举办，但办展机构有蒙受一定的经济损失的可能性。它包括市场风险、经营风险、财务风险、合作风险等。

6）存在的问题

存在的问题包括通过以上可行性分析发现的展览会项目立项存在的各种问题、研究人员在可行性分析以外发现的可能对展览会产生影响的其他问题等。

7）改进建议

针对上述问题，提出对展览会项目立项策划的改进建议，指出要成功举办该展览会应该努力的方向等。

8）努力的方向

根据展览会的办展宗旨和办展目标，在上述分析的基础上，针对存在的问题，提出要办好该展览会所需要具备的其他条件和需要努力的方向。

9.1.3 展览会招展函

1）展览会招展函的概念

招展函是办展机构用来说明展览会以招揽目标参展商参展的小册子。招展函是展览会进行展位营销时主要的核心资料之一，也是目标参展商最初了解展览会情况的主要信息来源。为了能使目标参展商对展览会有足够的了解，并对展览会做出基本的判断，招展函介绍展览会的内容必须准确而全面。

2）展览会招展函的内容结构

（1）展览会的基本内容。其内容主要包括：展览会名称和LOGO、展览会的举办时间和地点、办展机构名单、办展起因和办展目标、展览会特色、展品范围和价格等。

展览会名称和LOGO：展览会的名称和LOGO一般被放在展览会招展函封面最醒目的位置，展览会的名称一般用较大的字体。如果展览会是国际性的，展览会的名称还包括其英文名称。

展览会的举办时间和地点：一般被放在招展函的封面，其中举办时间也会放在招展函的内页，只不过封面的举办时间通常是展览会的正式展览时间，而内页的举办时间往往还包括展览会的布展、撤展和对专业及普通观众的开放时间等。

办展机构名称：包括展览会的主办单位、承办单位、协办单位和支持单位等，有时候还包括展览会的批准机构。它们一般被放在展览会招展函的封面。

办展起因和办展目标：简要说明为什么要举办该展览会以及计划办成什么样的展览会。对于连续举办多次的展览会，对往届展览会进行回顾也是一项必不可少的内容。

展览会特色：使用非常简洁的语言来高度概括展览会的特色，如展览会的宣传口号、展览会的主题等，要易记易懂，易于传播。

展品范围：详细地列明展览会的展品范围，有时候还包括展览会的展区划分，供参展商作出参展决策时参考。

价格：列明展览会的各种价格，包括空地价格、标准展位价格、室外场地价格等。

（2）市场状况介绍。其主要包括：行业状况和地区的市场状况等。

行业状况：结合展位的定位，对展览会展览题材所在行业的状况做简要介绍，如行业生产、销售、进出口及发展趋势等。

地区的市场状况：简要介绍办展所在地区的市场状况，如果展览会是国际展，那么所介绍的地区范围就不仅仅是展览会所在的城市和省份，可能还包括整个国家及其周边国家。至于地区范围究竟该包括哪些地区，主要取决于展览会的定位和市场辐射范围的大小。

（3）展览会招商、宣传和推广计划。其主要包括：展览会招商计划、宣传推广计划、相关活动计划、展览会服务项目等。

招商计划：简要介绍展览会，计划邀请专业观众的办法、范围和渠道。

宣传推广计划：简要介绍展览会宣传推广的手段、办法、范围和渠道以及展览会计划如何扩大其影响的措施。展览会宣传推广计划是参展商比较关注的项目，需要详细列明。

相关活动：简要介绍展览会期间将要举办哪些相关活动，各种活动的举办时间和地点以及参展商参加活动的联系办法等。

服务项目：招展函还要告诉目标参展商，如果参展，将能从展览会获得怎样的服务，这些服务包括展览会提供的各种有偿服务和免费服务等。

（4）参展办法。其主要包括如何办理参展手续、付款方式、参展申请表和办展机构的联系办法等。

如何办理参展手续：告诉目标参展商，如果要参展，将怎样办理参展手续。

付款方式：列明展览会的开户银行、开户名称和账号、收款单位名称、参展商参展的付款办法、应付定金的数额和付款时间等。

参展申请表：预留参展商参展申请表，一旦目标参展商计划参展，就可以填写该表并传真给办展机构预订展位。

联系办法：列明办展机构的联系地址、电话、传真、网址和E-mail等，供目标参展商联系之用。

（5）各种图案。除以上内容外，招展函还会有一些图片和其他图案，如展馆图、展馆周边地区交通图、往届展览会现场图片等。如果有需要，有些招展函还对展馆做一些简要介绍。这些图片既可以对展览会相关情况做进一步的说明，也可以起到美化招展函的作用。

9.1.4 观众邀请函

1）观众邀请函的概念

观众邀请函是办展机构根据展览会的实际情况编写的、用来进行展览会招展的一种宣传单。观众邀请函是专门针对展览会的目标观众尤其是那些专业观众而发送的。观众邀请函的主要作用在于邀请专业观众到会参观，发放的针对性非常强。因此，寄发给专业观众的邀请函一定要突出有多少数量、什么层次的参展商将要参展、展览会期间有什么样的配套活动。

2）观众邀请函的内容结构

观众邀请函不仅是展览会直接营销的一种手段，同时也能扩大展览会的宣传，有助于展览会的招展。一般来说，观众邀请函主要包括四大部分的内容：

（1）展览会的基本内容。

（2）展览会招展情况。

（3）展览会期间计划举办的相关活动。

（4）参观预登记表或回执表。

3）观众邀请函的写法

（1）标题。一般由展览会名称和“观众邀请函”组成。

（2）称谓。写明邀请对象的单位名称。邀请个人参展须写个人姓名，并用敬语。

（3）正文。正文的写法有两种，一种是先写一段文字介绍展览会的概况，然后用“现将有关事项告知如下”引出主体部分。主体部分多采用序号加小标题的形式。另一种是不分项目标号，全篇运用自然段落展开说明。

（4）落款。写主办单位或组委会的名称。

（5）发文日期。

【例文9-1】

2015中国森林食品交易博览会采购商及专业观众邀请函

尊敬的先生/女士：

中国森林食品交易博览会（简称森交会），创办于2012年，属国家林业局6大国家级展览会之一，是我国唯一的森林食品专业展览会。从2015年开始每年一届，本届大会将于2015年9月1—21日在中国吉林省长春市国际会展中心召开，全国30多个省、市地方林业厅、局、四大森工集团为代表组织，权威打造“全国优质森林食品采购商走廊”，属于国家核心的首个权威级专业森林食品盛会。

本届大会近1 000家国内外优质森林食品类企业参展。展览会以“生态森林产品，健康提升品质”为主题，突出原生态、健康、安全的森林稀缺资源食品。

做健康中国人，食生态森林食品。中国森林业食品以解决国民生活品质问题为核心诉求，提升森林食品品牌，增强中国森林食品国际交易。

现邀请您届时莅临指导并参加相关活动，非常期待您的参观与采购。

展览时间：2015年9月18—21日

展览地点：中国吉林省长春市长春国际会展中心

展品范围：五大主题馆、十五个展示区

一、规划与信息发布馆（1号馆）

1.重点省、市地区林业产业规划与政策信息发布展示区

2.PEM（对接洽谈）区

3.生产厂家产销现场活动区

二、森林粮、药、果、饮品馆（1、2、3、4号馆）

1.林粮展示区

2.林药展示区

3.林果展示区

4.林饮展示区

三、森林食品孵化馆（2、4号馆）

1.新技术、新产品展示区

2.电子商务展示区

四、森林食品国际馆（5号馆）

1.国际展示区

2.集团展示区

3.大企业特装展示区

4.金融服务林业

森交会组委会为您的光临准备了尊贵礼遇，竭诚为您服务：

1.免费吉林地区、长影世纪城、伪满皇宫博物院等地旅游；

如果您想在商道上占有稀缺资源，请您联系我们；

如果您想在参会之余放松心情，游览景点，请联系我们为您准备免费门票。

2.免费四星级酒店住宿：您只需要通过电话或者中国森交会官网www.zgsjh.cc预约登记，将企业资料及采购意愿提交组委会。根据您提供的详细资料符合专业采购商的标准，您将享有免费入住四星级酒店的礼遇。

3.免费机票：

您在展览会现场通过组委会设立的采购商大会，如与供应商达成10万订单意向采购协议及预付5万元采购定金，经组委会确认后报销您的往返机票费用。

4.采购商大会：

我们为您寻找了全国最权威的森林食品，通过国家林业局政府平台，在“全国优质森林食品采购商走廊”原生产商里面以地方特产、地方名优特产、地理标志产品等为基础的原产地稀缺森林食品，为您在生产厂家处申请了最优惠的采购价格。我们为您准备了国家首批十大森林食品采购商证书，为您在流通渠道里拥有权威地位筑路搭桥。

5.PEM大会（一对一洽谈）：

我们为您量身对接全国最权威的稀缺资源森林食品。集聚地域、价格、品质优势为您独享选择。

6.国宝级食材、食品部分参展厂商，各省林业厅长带队销售（货真价实）：

（1）东北保护林区：红松子、黑蜂椴树蜜、刺五加蜜、灵蛙油、榛子。

（2）西部保护林区：油橄榄、山核桃、松茸、竹燕窝、块菌、新疆果王。

（3）东南丘陵林区：油茶、香榧、黄精、焦枣。

（4）森林药食健康、保健类：人参、鹿茸、黑枸杞、辣木子、铁皮石斛。

（5）森林食材创新科技类：花椒面膜、灵蛙面膜、花椒精油、红松子精油。

2015中国森林食品交易博览会组委会

2015年8月19日

附件1　**采购商与专业观众回执表**

公司名称										
地址							邮编			
电话				传真			网址			
公司类型		口国内贸易型		口国内生产型			口国内终端销售型		口国际采购型	
参会人员	姓名		职务		性别		手机		电邮	
	姓名		职务		性别		手机		电邮	
	姓名		职务		性别		手机		电邮	
您的意向采购产品	（请列举）									
您的意向洽谈对象	口　不想针对性公开洽谈 口　需要洽谈，请予安排，希望洽谈的对象，可将单位、公司名称列出，我们将协助您联系									

注：以上表格请详细正确填写，便于组委会为您提供准确有针对性的服务。参加的采购商请将采购目录和公司简介发给组委会，我们将制作现场及网站广告，免费的重点推广贵单位，为您搭建最好的采购平台，争取最好的采购成果！

回执邮箱：lei.yong@zgsjh.cc

资料来源　根据相关资料整理。

9.1.5　会展广告文案

广告是指通过大众传播媒介向公众介绍商品、企业信息的一种宣传方式。是会展宣传的重要方式，也是吸引目标公众的主要手段之一。

广告文案写作范围包括广告作品的所有语言文字。广告文案的所有构成部分，包括广告标题、广告正文、广告口号及广告附文，都是广告文案的写作范围。具体写法如下：

1）标题

（1）直接标题。直接标题就是直接以会展的名称作标题。

（2）间接标题。间接标题即在标题中不直接出现会展的名称，而是采用言情、喻理、双关、顶真、问答等方式吸引读者。

（3）综合标题。综合直接标题和间接标题两者之长。

2）正文

正文的写法有陈述式和感染式。正文的写法要同标题的写法风格一致。

（1）陈述式。陈述式广告不讲究表达技巧，注重用准确、平实的语言介绍会展的内容。

（2）感染式。感染式广告讲究表达艺术，采用文学手法，可采用问答体、诗歌体、幽默体等。

3）广告语

广告语是能够传达广告物形象信息的最有鼓动性和感染力的语句。广告语一般是固定不变的，而且没有固定的位置。

4）广告附文

广告附文是广告正文后，对那些需要参展或参观的读者提供的进一步信息，一般包括广告主或联系人称谓、通讯地址、联系方法、开户银行和账号等。

9.1.6　会展通讯

在展览会的筹备阶段，展览会的目标参展商和目标观众往往很想了解展览会的筹备进展情况如何。例如，展览会的目标参展商希望了解展览会将会邀请什么样的专业观众到会参观；展览会的目标观众则希望知道有哪些企业带着什么样的产品来参展；国外的客户希望知道当地的市场状况。他们对这些信息的了解程度，将在很大程度上影响到他们做出是否参展或参观的最终决定。如果上述信息不能及时传递到他们手中，展览会可能因此而失去大批客户。如何才能将上述信息及时准确地传递到上述客户手中呢?制作会展通讯是解决这一问题的常用手段。会展通讯是办展机构根据展览会的实际需要编写的、用来向展览会的目标客户通报展览会有关情况的一种宣传资料，它常常是一本小册子，或者是一份小小的报纸。会展通讯编印出来以后，办展机构就以直接邮寄的方式及时地将它邮寄给其目标客户（即展览会的目标参展商和目标观众），或者通过电子邮件发送给其目标客户，并在展览会的专门网站上发布。

会展通讯的邮寄有赖于展览会目标观众数据库和目标参展商数据库的建立和完善。如果没有这两个数据库，会展通讯的邮寄就会出现困难。

1）会展通讯的作用

办展机构之所以要及时编制和向目标客户直接邮寄会展通讯，是因为会展通讯有以下五个方面的重要作用：

（1）它可以及时准确地向展览会的目标客户传递展览会的有关信息，与目标客户保持经常的联络和信息沟通。

（2）它可以扩大展览会宣传推广的范围和渠道，建立展览会的良好形象。会展通讯一般是通过直接邮寄向目标客户发送，针对性非常强，效率很高，宣传效果明显。

（3）它可以促进展览会招商。通过会展通讯里有关当地市场和展览会招商内容的通报，往往能对促进企业参展产生积极的作用，对已经参展的行业知名企业的通报则能对其他企业参展产生积极的示范作用。

(4) 它可以吸引展览会观众。通过会展通讯，及时地告诉展览会的目标观众有哪些企业已经参展，展览会将展示哪些产品，有哪些新产品将在展览会上首次亮相，这对吸引观众到会参观有较大的帮助。

(5) 它可以为展览会目标客户提供良好的信息服务。会展通讯的内容往往不仅包括展览会的有关情况，它常常还包括展览会展览题材所在行业的国内外市场信息和行业动态。

2) 会展通讯的内容

会展通讯要切实地起到上述作用，就必须包括较为实用和丰富的内容，否则，会展通讯将流于形式，不会受到展览会目标客户的欢迎，也起不到其应有的作用。一般来说，会展通讯要包含以下内容。

(1) 展览会的基本内容。包括展览会的名称、举办时间和地点、办展机构、展览会的logo、本展览会的特点和优势等。

(2) 展览会展览题材所在行业的市场信息和行业动态。不仅包括国内外同类展览会的情况，更包括本展览会所在行业的国内外市场状况、行业动态和发展趋势等。

(3) 展览会招展情况通报。除了通报所有参展企业名单之外，一般还会将一些行业知名企业的参展情况重点通报。

(4) 展览会招展情况通报。包括招展的渠道、招商宣传推广、招商措施和招商效果等。

(5) 展览会宣传推广情况通报。包括各种宣传推广渠道、办法和时间安排，用以增强客户参展和观众参观的信心。

(6) 展览会期间举办的相关活动情况的通报。如专业研讨会、产品发布会等，以方便客户提前安排时间，做好参与该活动的计划和准备。

(7) 参展（参观）回执表。包括参展（参观）申请人的单位名称、地址、联系人、联系办法、参展（或感兴趣的）产品介绍、办展机构的联系办法和联系人等。参展（参观）回执表的目的在于方便客户及时反馈其参展（参观）的信息。

3) 会展通讯的写作要求

会展通讯通过直接邮寄发送到目标客户并对他们的参展（参观）决策产生影响，为此，必须要保证客户在拿到展览会通讯时愿意看、能够看，否则，会展通讯即使邮寄到客户手中，客户也会将它当作垃圾宣传物扔掉，这样，会展通讯就起不到任何作用。因此，在编印会展通讯时要做到：

(1) 使会展通讯具有知识性、时尚性和趣味性。会展通讯的内容切忌死板，提供各种信息时不要像记流水账，让人读起来索然无味。会展通讯要富有趣味性。尽管会展通讯是为展览会服务的，但会展通讯的内容不能只局限在有关展览会的信息上，还必须及时传递相关行业的动态和市场方面的信息，使客户在接受行业动态和市场信息时了解展览会。

（2）外观美观大方。会展通讯的制作要符合展览会的定位和档次，外观要赏心悦目、美观大方，整体版式设计要便于邮寄，文字字体和编排要便于阅读。

（3）内容短小精悍，信息真实可靠。会展通讯里的各种文章不宜冗长，内容要简洁流畅，短小精悍，所传递的各种信息要经得起推敲，要做到真实可靠。

在国外，很多展览会都编印会展通讯。而目前国内办展机构在筹办展览会时，编印会展通讯的还不太多，很多办展机构还没有充分认识到会展通讯的重要作用。其实，编印会展通讯的成本并不高，尤其在如今电子商务如此发达的时代，如果通过网站或者电子邮件发送会展通讯，成本将更低。在实际操作中，会展通讯不仅是展览会直接营销的有力武器，也是扩大展览会宣传推广、促进展览会招展招商的重要手段。作用大、成本低、效果明显，可谓一举数得。

9.2 会展运作阶段的文案

9.2.1 会展新闻稿

展览会新闻机构会组织一系列的新闻工作和活动，主要有发布新闻稿、提供新闻资料袋、举行记者招待会和产品报告会等。与展出者有关的工作与活动主要有新闻稿（综合新闻稿、专题新闻稿、新产品新闻稿、新展出者新闻稿、活动新闻稿等）、新闻资料袋、记者招待会、摄影专场、产品报告会等。展出者可以利用相关工作，争取参与这些活动，向展览会新闻办公室提供产品宣传，提供张贴来布置记者招待会会场，并将自己的资料送到展览会的记者招待会现场。展出者一般可以从展览会组织者编发的《展出者手册》中了解展览会的新闻工作、相关活动和服务情况。

新闻资料主要用于宣传，其目的是使潜在参展者了解展出项目，引起他们的兴趣。新闻资料内容要求简短、全面。简短是指言简意赅，表达出主要的内容。全面是指资料要包括展览会的基本情况，如时间、地点、内容、性质等；市场的规模、特点、潜力等；组织者联系地址、参展手续、申请截止期以及集体展出的优势等方面的情况。

1）会展新闻稿的写作结构

一篇新闻稿的结构通常由标题、引题、导语、主体、背景和结尾六个部分组成。

（1）标题。标题即新闻的题目，要概括事件的主题，有时可加副标题。标题浓缩新闻内容，传递最新信息，给读者第一印象，是读者选择新闻的依据和自读新闻的向导。

（2）引题。引题在标题前面引出标题，作用是为标题交代背景、说明原因、烘托气氛、揭示意义等。印刷字号仅小于标题。可虚可实，以虚为主。

（3）导语。导语是紧接开头之后的第一句话或第一自然段，是新闻的开头，要揭示主题，起到统帅全篇的作用。导语写作要求简短生动，内容鲜明、准确。

（4）主体。主体是对导语作进一步解释和深化主题的重要部分。主体紧接导语之后，是新闻的展开部分，它以充足具体的材料展现新闻的主题。

（5）背景。背景是衬托新闻事实的材料，它交代新闻事件的环境和条件，有助于读者理解新闻内容和深化新闻主题。

（6）结尾。消息写作是否需要结尾，如何结尾，要依据内容而定。

2）会展新闻稿的写作要求

（1）要素要齐全。一般地说，构成新闻事实有五个要素：何人、何事、何时、何地、何因，称之为“新闻五要素（5W）”，或再加上“结果”要素构成“5W+1H”。在一定的前提和条件下可以省略某些要素，但必须保证不使读者产生误解或理解困难。

（2）结构要合理。与其他文体相比，新闻有其特殊的地方。一般说来，文学作品的高潮通常是放在整个作品的后面或是结尾部分，而新闻需要先声夺人，在开篇吸引读者的注意力。

9.2.2 会展业务合同

1）会展业务合同的概念和特点

会展业务合同有广义和狭义之分。广义的会展业务合同是指所有围绕会展业务而依法订立的各种合同的总称。狭义的会展业务合同主要是指会展主办或承办单位与租赁会场、展馆等，或者与供应商、销售商洽谈业务时依法所订立的设立、变更、终止各方民事权利义务关系的一种书面合约或契约。

会展业务合同除了具有和一般合同一样的共性外，其个性特点表现为五个方面。

（1）主体的特定性。会展业务合同的各方当事人均是与会展有某种联系的公民、法人或其他组织。

（2）内容的财产性。会展分营利性会展和非营利性会展，无论哪种会展，其涉及的业务合同主要是指财产性的合同。也就是说，会展业务合同的目的和内容是特定的经济利益和经济关系。

（3）标的物的单一性。会展业务合同权利义务指向的对象是单一的，它仅仅是指涉及会议、展览的产品、行为或智力成果等。

（4）形式的固定性。会展业务合同的订立应当采用书面形式，以更好地规范当事人之间的权利义务关系，得到法律的有效保护。

（5）订立的合法性。会展业务合同必须依法签订。除了我国《合同法》外，不同的会展业务合同还有不同的法律依据。

2）会展业务合同的种类

展览会业务合同种类繁多，根据不同的标准可以做不同的分类。主要的会展业务合同包括参展合同，会展租赁合同，会展买卖合同，会展承揽合同，会展运输合同，会展用电、水、气、热力合同和会展委托合同等。这些合同可以单独签订，也可以合并签订，这要视具体情形而定。

（1）会展租赁合同。租赁合同是出租人将租赁物交付给承租人使用、收益，收取承租人支付费用的合同。会展业务中的租赁合同是双务、有偿和诺成性合同，是标的物的收益权与租金对待转移的合同。它具有以下特征：

第一，会展租赁合同以转移财产使用权为目的。物的所有人对物享有占有、使用、收益和处分权。如果物的所有人或者依法有使用权及收益权者将其对物的使用权、收益权在一定时期内有偿转让，这就是租赁。租赁和买卖不同，如果其所有人将前面所述的四项权能全部转移，并收取价款，就是买卖行为。在会展业务中，往往涉及会场、展馆、柜面、会展用品等的使用问题。

第二，会展租赁合同是双务合同。会展租赁合同中的出租人承担让承租人对物进行使用、收益的义务，而承租人则负担支付租金的义务。他们各自的义务也就是对方的权利。所以，会展租赁合同属于双务合同。

第三，会展租赁合同在当事人之间既引起债权法律关系，又引起物权法律关系。会展租赁合同导致承租人获得物权性质的租赁权和先买权。具体表现为：①在会展租赁合同存续期间，出租人不得将该租赁物再出租给第三人，即一个物上只能够设立一个租赁权；②出租人在会展租赁合同存续期间出售租赁物的，其行为不得影响租赁合同的效力。所谓先买权，则是指出租人出卖其出租物时，在同等条件下，承租人有优先购买的权利。

（2）会展买卖合同。买卖合同是出卖人转移标的物的所有权于买受人，买受人支付价款的合同。根据性质的不同，买卖合同可大致分为：工矿产品买卖合同、农副产品买卖合同、国际货物买卖合同、知识产权买卖合同等。

会展业务中的买卖合同主要是指参展商（即供应商）将其参展产品的所有权转移给销售商或普通消费者时，依法订立的、由销售商或消费者支付价款的合同。

会展买卖合同具有以下特征：①会展买卖合同的标的物是会展的物、技术或行为。②会展买卖合同是双方有偿合同。会展中买卖双方在协商一致后，买受人有取得该转让物的物权的权利，出卖人有移交该出卖物物权的义务。③会展买卖合同是双务合同。会展买卖合同双方互负一定义务，供货商必须将财产所有权转移，销售商必须向供货商支付价款。④会展买卖合同是诺成性合同。一般而言，当事人之间意思表示一致，会展买卖合同即告成立，而不需要以实物的交换作为合同成立的要件。但是，法律有特别规定的除外。

（3）会展运输合同。运输合同是承运人将旅客或者货物从起运地点运输到约定地点，旅客、托运人或者收货人支付票款或者运输费用的合同。以运输工具的不同为划分标准，会展运输合同可分为：公路运输合同、铁路运输合同、航空运输合同、水上运输合同四大类；以运输对象的不同为划分标准，会展运输合同可分为：旅客运输合同、货物运输合同两大类；以运输方式的不同为划分标准，会展运输合同又可分为：单一运输合同、联合运输合同两种。《合同法》对运输合同作了如下规定：①从事公共运输的承运人不得拒绝旅客、托运人通常合理的运输要求。②承运人应当在约定期间或者合理期间内将旅客、货物安全运输到约定地点。③承运人应当按照约定的或者通常的运输路线将旅客、货物运输到约定地点。④旅客、托运人或者收货人应当支付票款或者运输费用。⑤承运人因未按照约定线路或者通常线路运输而增加票款或运输费用的，旅客、托运人或者收货人可以拒绝支付增加部分的票款或者运输费用。

（4）会展承揽合同。承揽合同是指承揽人按照订做人的要求完成一定的工作，订做人接受承揽人完成的工作成果并给付约定报酬的合同。会展承揽合同还具有如下特点：①会展承揽合同为双务、有偿合同。②会展承揽合同的一方，即订做人为会展承办单位。③该合同承揽人承揽的工作均与会展有关。

（5）会展仓储合同。仓储合同是由储存人提供场所，存放存放人的货物、物品，仓储管理人只收取仓储费和劳务费的劳务合同。会展仓储合同的特点包括：①以保管人向参展商提供仓储保管服务为合同标的，即保管人为参展商储存参展物品。“储存”包括两个方面：一是堆放参展物品，二是保管参展物品。②保管人必须以仓库为堆放参展物品的场所。③参展物品必须是动产。④保管人必须是以仓储保管业务为其业务经营范围的人。⑤该合同为双务、有偿合同。⑥该合同为承诺性、要式合同。

（6）会展供用电、水、气、热力合同。供用电、水、气、热力合同，是指供电人、供水人、供气人、供热力人向用电人、用水人、用气人、用热力人提供电、水、气、热力，用电人、用水人、用气人、用热力人支付费用的合同。其特点是：①合同一方当事人为会展承办单位，另一方是有供电、供水、供气、供热力能力的单位。②这种合同是有严格计划性的合同。③从法律性质上看，它属于特殊的买卖合同。

3）会展业务合同的条款

由于会展业务合同的种类不同，所以其具体条款也不完全相同。

（1）会展租赁合同的主要条款：①租赁物的名称，即会展租赁合同的标的，可以是动产，也可以是不动产，但必须是具体、特定的非消费物，以及自由流通物。②租赁物的数量。③租赁物的用途。租赁物的用途是会展租赁合同中非常重要的条款，如果承租人没有按照约定用途使用承租物的，出租人可以解除合同，并要求承租人赔偿损失。④租赁期限。租赁期限是会展租赁合同的主要条款之一，双方可以约定，也可以不约定。⑤租金及其支付的期限、方式。⑥租赁物维修等条款。

（2）会展买卖合同的主要条款：①双方当事人的名称或者姓名、地址。②标的物的名称、品质、数量及包装方式。③标的物价格、金额、货币及价格术语。④价款支付方式、时间、地点。⑤标的物交付的方式、时间、地点。⑥标的物的保险及运输方式。⑦检验标准和方法。⑧结算方式。⑨纠纷解决方式、管辖机构及适用的法律。⑩合同的份数，使用的文字及其效力。⑪订立合同的时间、地点及当事人签字。⑫其他条款（指前述各条件未涉及的内容）。

（3）会展运输合同的主要条款：①货物的名称、规格、数量、价款。②包装要求。③货物起运地点及到达地点。④货物承运日期及到达日期。⑤运输质量及安全要求。⑥货物装卸责任和方法。⑦收货人领取货物及验收办法。⑧运输费用及结算方式。⑨托运方的权利义务。⑩承运方的权利义务。⑪收货人的权利义务。⑫托运方责任。⑬承运方责任。⑭其他条款。

（4）会展承揽合同的主要条款：①双方的姓名或名称、地址、法人代表的姓名。②委托的标的物（应写标的物的全称）。③标的物的数量、质量、包装、加工方法。④制作标的物的原材料的质量、规格、数量及检验方法、计量单位。⑤制作的价款、酬金及计算的依据、方法。⑥合同履行的地点、期限、方式。⑦工作成果质量、性能、技术要求、指标及检验方法。⑧报酬的支付时间及支付的方式。⑨争议解决的方式（协商、调解、仲裁、诉讼）⑩其他条款（双方当事人约定的有关内容）。

（5）会展仓储合同的主要条款：①仓储合同双方当事人的名称或者姓名、地址。②仓储物的品名或品类。③仓储物的数量、质量包装。④仓储物保管条件的要求。⑤仓储物入库与出库的手续、时间、地点、运输方式。⑥仓储物自然损耗的标准和对损耗的具体处理办法。⑦仓储物计费的项目、标准、计算方法。⑧仓储物结算的方式。⑨仓储物合同的有效期限。⑩仓储合同的变更、解除。⑪损害赔偿责任的具体划分。⑫违约责任。⑬纠纷解决的方法。⑭其他条款。

（6）会展供用电、水、气、热力合同的主要条款：①供电方式、供电质量和供电时间。②用电容量和用电地址、用电性质。③计量方式和电价、电费结算方式。④供用电设施维护责任的划分。⑤合同的有效期限。⑥违约责任。⑦其他条款（双方共同认为应当约定的）。

4）会展业务合同的写作结构

合同的表现形式一般是单一的，有口头、书面之分。参展合同的形式是书面的。书面合同分为标准合同书和非标准合同书两种。标准合同书是由一方当事人预先拟订合同条款，对方当事人只能够表示全部同意或不同意；非标准合同书则是合同条款完全由当事人协商一致。参展业务合同书的结构主要包括三个部分：首部、正文和尾部。

（1）首部。①标题，即参展合同名称，如“展馆租赁合同”。②合同双方当事人的身份情况。必须要先写当事人的名称或者姓名和地址，姓名后面可以用括号说明其简称。简称可以是“甲方”和“乙方”，也可以是“主办方”和“参展方”等。

（2）正文。①开头。写明合同订立的依据、目的、双方是不是自愿订立等。②主体。写明合同的主要内容，双方权利义务等。③其他条款。其他条款包括合同的有效期限、合同的份数和页数等必要条款。

（3）尾部。尾部是落款部分。由合同各方当事人签名或盖章，并写明合同订立的时间。如有附件，应在正下方、签名处标注附件的名称和序号。

5）参展合同的写作要求

（1）合同主体要合格。当事人订立合同，应当具有相应的民事权利能力和民事行为能力。如商品展销会的举办单位和参展经营者必须要有合法的经营资格。又如，会展仓储合同的保管人必须是经过工商行政管理机关批准的，并且依法从事仓储保管业务的法人或经济组织。

（2）合同内容必须合法。合同的内容要遵守相关法律和《合同法》规定的平等、自愿、公平、诚实信用等原则。除此之外还要尊重社会公德。

（3）合同条款要具体、明确、全面。为了减少当事人双方的纠纷，合同的条款必须具体、明确、全面地规范双方的权利与义务。

（4）合同手续齐全。合同手续是否齐全、合法，直接关系到合同是否生效的问题。在订立会展业务合同时，要重视手续的重要性，严格检查对方签字人的权限，一般应当由当事人的法人或自然人亲自签字。

（5）文字准确、规范、通俗。准确，就是文字要真实反映合同各方的意思。规范，就是字、词、句、标点符号必须符合国家对文字方面的有关规定。通俗，就是要大家看得懂，避免用词高深莫测。合同的订立就是保证当事人能够理解条文所表达的含义。

【例文9-2】

2013北京国际商品交易博览会参展合同

甲方：北京得华鼎成文化传播有限公司

地址：略。

电话：略。

乙方（参展商）：略。

地址：略。

电话：略。

甲、乙双方在平等自愿的基础上，经过充分、友好协商，并根据《中华人民共和国合同法》规定，现就乙方参加由甲方承办的“2013北京国际商品交易博览会”相关事宜，达成如下互利共赢之友好协议：

一、展览会主办方、承办方、时间及地点

（一）展览会主办方包括：北京市顺义区人民政府、中国信息化推进联盟、中国国际经济技术合作促进会、中国国际名牌协会、北京天竺房地产开发区管理委员会等单位。

（二）甲方公司为本次展览会的承办方。

（三）展览会日期：2013年10月22日至 2013年10月27日。

其中，2013年10月22日至2013年10月23日为布展时间；2013年10月24日至2013年10月27日为展览时间。

（四）展览会地点：中国国际展览中心（新馆）（北京市顺义区天竺）。

二、乙方公司基本情况

公司名称（中文）：略。

公司地址（中文）：略。

参展事务联系人：略。

电话：略。

传真：略。

参展类别：略。

三、乙方确定参加“2013北京国际商品交易博览会”，并租用甲方的下述展位：

（一）乙方参展的展馆名称：________。

（二）乙方参展的展位形式：9m^2标准展位________个。

光地展位（36m^2起定）________m^2。

（三）乙方参展的展位位置：甲方提供的展位图中红色填充区域（附件1）。

（四）乙方租用甲方展位费用合计：人民币________元整。

（五）特别约定：甲方特别考虑到与乙方之友好关系，若乙方于本合同签署之日________个工作日内向甲方交付全部展位费用，甲方愿在前款基础上给予乙方展位费用优惠，乙方本次应支付的展位费用合计为：人民币________元整。

四、甲方就“2013北京国际商品交易博览会”，还将向乙方提供下述服务：

（一）向乙方提供本届展览会会刊内页共计1个页码企业介绍（注：须乙方提供文字内容）。

（二）向乙方提供停车位共计1个。

（三）向乙方提供共计________张参观门票。

（四）特别声明：考虑到双方历来之友好关系，甲方同意，对上述提供给乙方的服务不再收取费用。待乙方提出上述服务以外的服务要求，再按实际发生费用结算。

五、乙方应自本合同签订之日起________个工作日内，将展位费一次性汇入甲方指定账户。如逾期未到账者，视同乙方自动放弃所选展位，甲方有权将该展位另作安排。

甲方指定账户如下：

户　名：北京得华鼎成文化传播有限公司

开户行：略。

账　号：略。

六、双方权利与义务

（一）甲方权利和义务：

1.甲方应按约定标准向乙方提供展位服务工作；

2.甲方应按约定向乙方收取参展费用；

3.甲方未按约定提供展位致使乙方不能正常展示的，应减收或退还相应租金，乙方有权要求甲方继续履行或解除合同；

4.甲方查实乙方在布展期最后半天仍未报到入馆，又没有任何合理原因的，甲方可以将其展位安排他用，乙方已交展位费不予退还；

5.甲方应该与乙方积极配合，共同维护展览会形象，不得出现有损展览会形象的行为；

6.甲方将协助展馆的保安工作。但甲方应要求乙方对其来访者、参展人员及其展品所可能遭受的任何损失、风险，做好安全保卫工作。

（二）乙方的权利和义务：

1.乙方应按本合同约定，及时、足额交纳展位费等相关费用。乙方在交纳参展费用后，有权按约定使用甲方提供的展位服务。

2．乙方的贵重、易损物品，乙方自行妥善保管或自行购买商业保险；乙方展品在运输等环节中发生损坏，丢失或延运等损失，乙方应找相关承运单位解决。乙方需对其展品运输进行保险。

3．乙方承诺在规定的时间内付清参展费用，并按约定的时间参加展览会，否则按双方约定办理。

4．乙方承诺在规定时间内在租用的展位范围内进行装修设计、展示及拆除，不占用展览会通道及其上空。乙方不在展场内悬挂广告旗（场内挂旗由甲方统一安排）。如乙方展位范围不符合消防规定标准，甲方将向乙方发出书面通知，乙方应尽快纠正解决。

5．乙方自行承担场地管理费、证件费以及电源接驳费用；乙方承诺在规定的时间内向主场运营公司申报报馆手续。乙方须指定正规搭建公司进行展台搭建工作，并承担施工引起的全部责任。

6．乙方承诺在所租用的展位内进行规范展示，不妨碍和影响其他参展公司或观展人士；音频视频的音量须控制在75分贝以内；乙方参展内容不得是易燃、易爆、有毒等危险品，乙方不在展览会上出售未获预售许可证或手续不全的产品；展览会期间，乙方有义务去审慎保证其员工的人身及财产安全，乙方对其参展期间的人员和财物应自行办理必要的保险手续。

七、一般约定

（一）展览会展场安排由组委会统一进行，乙方须服从组委会安排，乙方可参照展位平面布置图选租展位，但甲方有最终整体调整的权利，乙方须服从安排。

（二）展位限高5米，如乙方展位高度超过上述标准，甲方将发出书面参展违规通知，乙方应及时纠正。

（三）由于不可抗力，包括但不限于战争、罢工、疫情、恶劣天气、政治因素等，导致展览会停办或延期举办，主办单位和承办单位应及时通知乙方参展公司，并应重新安排举办展览会的日期和地点，但甲方对由此而给参展公司造成的延误损失不承担责任。

（四）展馆的相关管理规定、条例等文件属于本合同参展规则的组成部分，均需须遵守中华人民共和国颁布的相关法律法规，遵守展览场馆方面的相关规定。如乙方违反本合同及展馆的相关管理规定，须自行承担损害赔偿等法律责任。乙方所展出任何产品不得侵犯他人的知识产权，否则，乙方对展出行为承担相应责任。甲方保留对参展规则的最终解释权。

（五）“甲方未按约定提供展位服务”和“乙方未能及时足额支付展位费用”均构成违约，违约方应向对方支付违约金。违约金应以本合同总价款为基数，计算出累计的违约天数，并按每日千分之五的标准计算。

八、其他

（一）本合同在履行过程中如发生争议，甲乙双方应协商解决，协商不成则任何一方有权向甲方所在地人民法院提起诉讼。

（二）本合同壹式贰份，甲乙双方各执壹份，均具同等法律效力。

（三）本合同经甲、乙双方签字盖章后生效。

（四）本合同复印件及传真件加盖公章后有效。

（五）本合同附件，与本合同具有同等效力。

九、附件

附件1：2013北京国际商品交易博览会展位平面图（须双方盖章确认）

甲方：北京得华鼎成文化传播有限公司　　　　乙方：

（盖章）　　　　（盖章）

代 表 人（签字）：　　　　代 表 人（签字）：

年　月　日　　　　年　月　日

资料来源 根据相关资料整理。

9.3　会展结束后的文案

9.3.1　感谢信

1）感谢信的含义

感谢信是发信的组织或个人向收信的组织或个人表达诚挚谢意的常用社交礼节性文书。

2）感谢信的格式与写法

（1）标题。感谢信的标题一般有三种写法：第一种写明发信单位、致信对象和文种，如“广西宠物及水族用品展览会致组团单位及宣传媒体的感谢信”；第二种写明致信对象和文种，如“致××酒店全体员工的感谢信”；第三种仅写“感谢信”三个字，标题应当居中。

（2）称谓。标题之下顶格书写受谢单位的名称或个人姓名，后加冒号。受谢对象较多时可用统称，如“尊敬的客户”。

（3）正文。正文一般可分为三部分来写。先交代表示感谢的原因；其次赞扬对方的高尚品德、优良作风、可贵精神和合作诚意；最后一部分可再次表达敬意和感谢，或提出进一步加强合作的愿望。

（4）祝颂语。根据双方的关系选择相关的祝颂语。

（5）落款。落款即署名，单位发出的感谢信署单位的名称并加盖公章；以领导人名义发出的感谢信由领导人亲署姓名，并写明身份或职务。

【例文9-3】

感谢信

尊敬的展商：

感谢所有参展公司一直以来对××展的参与和支持！尤其是老展商、媒体单位和参与本次展览会工作的服务商。我们将一如既往以热情、认真、专业、专注的态度为广大客户服务。

第六届××展于4月20日在××国际博览会中心圆满落幕，但××展的工作永不落幕，“××网上展厅”将继续为国内外机构的合作、投资商提供常年的交易平台和便捷服务。我们也将继续加强与国内外机构的合作，进一步拓展××展的时间、空间和发展领域。

第六届××展给众多展商带来了无限商机。第七届××展将于××××年××月××至××日在××举行，明年的展览会将会以××新国际博览中心×万平方米的超大面积展示行业高新技术产品，相信第七届××展将会带给大家新的机遇！

再次衷心感谢海内外新老朋友的支持！

××国际展览机构

××××年××月××日

9.3.2 展览会工作总结

总结通常有两重含义，即总结工作和总结报告。总结工作不是独立的业务工作，而是管理工作的组成部分。总结的功能是统计整理工作资料，研究分析已做工作，为未来工作提供数据、资料、经验和建议。总结对经营管理有着重要意义和作用。总结报告，就是书面总结，是会展工作中使用极为广泛的一种事务文书。

一般地，最后总结报告的内容主要有：

（1）对会展策划进行总结；

（2）对会展筹备工作进行总结；

（3）对会展招展工作进行总结；

（4）对会展招商和宣传推广工作进行总结；

（5）对会展服务进行总结；

（6）对会展现场管理工作进行总结；

（7）对会展的指定服务商工作进行总结；

（8）对会展的时间管理办法进行总结；

（9）对会展的客户关系管理措施进行总结。

知识掌握

1．参展手册包括哪几个方面的内容？

2．参展手册的结构是怎样的？

3．网络作为大众媒体的优、缺点各是什么？

4．广告文案写作的内容和范围包括哪些？

5．会展新闻稿的种类有哪些？

6．会展业务合同有什么写作要求？

知识应用

□ 案例分析

国际茶文化节中国新品名茶博览会即将举办。

独特的形式、丰富的内容、无比的魅力。

汇聚20多个国家，30个国内省、市及中国香港、澳门、台湾地区，近千万人次的热情参与。

舞台广阔，商机无限。

国际茶文化节中国新品名茶博览会是一个广阔的舞台，充满着无限商机，蕴藏着巨大的潜力。会展组委会将为参展商提供最优质服务，使参展商能够获得最大的收益。期待着你们的积极参与。

一、举办时间：××××年××月××日至××月××日

二、举办地点：正大广场

三、活动内容：

1.展览展销

茶叶、茶包装、茶饮料、茶制品、茶食品、茶用具、茶艺术品、茶科技产品、茶生活、茶物资、茶机械等茶相关产品。

2.系列活动

开幕仪式、名茶展示、名茶评选、名壶鉴赏、茶艺交流、实效推介、商务洽谈、国际茶席邀请展等。

四、报名方式：

请有意参展的单位填妥相关回执后，回传至本次会议组委会，并按照组委会的要求，办理有关参展手续。

五、联系方式：

联系单位：略。

联系地址：略。

联系电话：略。

传真：略。

联系人：略。

电子邮箱：略。

网址：略。

问题：这是一份会展广告文案，请结合会展广告文案的内容结构及写作时需注意的问题对本案例进行分析，并仿写一份会展广告文案。

主要参考文献

［1］潘哲初.现代广告策划［M］.上海：复旦大学出版社，1999.

［2］汤寿椿.企业营销策划［M］.北京：高等教育出版社，2000.

［3］科特勒.营销管理［M］.梅汝，梅清豪，周安柱，译.10版.北京：中国人民大学出版社，2001.

［4］马勇，王春雷.会展管理的理论、方法与案例［M］.北京：高等教育出版社，2003.

［5］华谦生.会展策划与营销［M］.广州：广东经济出版社，2004.

［6］吴信菊.会展概论［M］.上海：上海交通大学出版社，2004.

［7］胡平.会展管理［M］.北京：高等教育出版社，2004.

［8］龙泽.如何进行会议管理［M］.北京：北京大学出版社，2004.

［9］王起静.会展项目管理［M］.北京：中国商务出版社，2004.

［10］阿诺德.展览会形象策划专家［M］.周新，译.北京：中国水利水电出版社，2004.

［11］余明阳，姜炜.博览学［M］.上海：复旦大学出版社，2005.

［12］王保伦.会展经营与管理［M］.北京：北京大学出版社，2006.

［13］镇剑虹，吴信菊.会展策划与实务［M］.上海：上海交通大学出版社，2005.

［14］阎蓓，贺学良.会展策划［M］.北京：高等教育出版社，2005.

［15］张红.会展概论［M］.北京：高等教育出版社，2005.

［16］王春雷，陈震.展览会策划与管理［M］.北京：中国旅游出版社，2006.

［17］刘松萍，李晓莉.会展营销与策划［M］.北京：首都经济贸易大学出版社，2006.

［18］毛军权，王海庄.会展文案［M］.上海：复旦大学出版社，2006.

［19］向国敏，丁婷婷.会展文案［M］.北京：旅游教育出版社，2006.

［20］王保伦.会展经营与管理［M］.北京：北京大学出版社，2006.

［21］周彬.会展策划与实务［M］.上海：立信会计出版社，2006.

［22］许传宏.会展项目策划与组织［M］.重庆：重庆大学出版社，2007.

［23］张金祥.会展实务［M］.重庆：重庆大学出版社，2007.

［24］过聚荣.2006—2007年：中国会展经济发展报告［M］.北京：社会科学文献出版社，2007.

［25］郑建瑜.大型活动策划与管理［M］.重庆：重庆大学出版社，2007.

［26］杨劲祥.会展实务［M］.大连：东北财经大学出版社，2008.